OSCAR HOFMAN

Die Mondhäuser

Standardwerke der Astrologie

Oscar Hofman

Die Mondhäuser

Eine Wiederentdeckung des westlichen Mondtierkreises

ISBN 978-3-89997-294-8

Aus dem Englischen übersetzt
von Johanna Ballhaus und Reinhardt Stiehle

Abbildungen mit freundlicher Genehmigung
von The Wessex Astrologer

Umschlag: Judith Machnow, Tübingen
Druck: 1a media, Stuttgart

Chiron Verlag, Postfach 1250, D-72002 Tübingen
www.chironverlag.com

Inhalt

Vorwort

Seit 1980 hat sich die traditionelle Astrologie mehr und mehr verbreitet. Altes Wissen, das für immer verloren schien, ist wiedergefunden worden, und nun, im Jahre 2023 hat sich die traditionelle Astrologie ihren Platz in der astrologischen Welt erobert. Diese Entwicklung war 1980 noch nicht zu erwarten gewesen. Sie ist eng mit einem astrologischen Phänomen, nämlich mit dem Rhythmus der Großen Konjunktionen von Saturn und Jupiter verbunden. Diese erscheinen 200 Jahre im Zeichen desselben Elements und wechseln dann in das nächste Element. Das wird in unserer sublunaren Welt widergespiegelt durch tiefe soziale, kulturelle, politische und technologische Umwälzungen. Genau dieser Prozess begann 1980, als sich die die Großen Konjunktionen in das Luftelement bewegten, nachdem sie 200 Jahren im Erdelement waren.

Ein Bestanteil dieses Übergangs in das Luftelement ist immer ein Strom neuen Wissens und in der astrologischen Welt hat sich das in der Wiederentdeckung der Schätze der Tradition von mehr als 20 Jahrhunderten manifestiert. Die Englischen theosophischen Astrologen, die unsere himmlische Kunst Ende des 19. Jahrhunderts wiederbelebten, hatten viele Methoden über Bord geworfen, die alte Astrologen seit Urzeiten benützten, um ihre eigene Form der Astrologie zu schaffen. Das sind die Wurzeln dessen, was man heute »Moderne Astrologie« nennt. Traditionelle Astrologie ist diejenige, welche man vor der »theosophischen Revolution« ausübte. Ab 2020 wird der Übergangsprozess der Großen Konjunktion in das Element Luft abgeschlossen sein und man kann erwarten, dass das alte Wissen der traditionellen Astrologie dann zur vollen Blüte gelangt.

Diese Wiederentdeckung der Mondhäuser ist Teil dieser Entwicklung. Sie hat zum Ziel, diese alte und wichtige Methode, die zumindest in unserer westlichen Welt in Vergessenheit geraten ist, wiederzubeleben. In meinem Buch FIXSTERNE IM HOROSKOP

(Chiron Verlag 2019) widmete ich schon ein Kapitel den Mondhäusern, da sie so eng mit den Fixsternen verbunden sind. Das basierte zum Teil auf Informationen aus der indischen Hindu-Astrologie, welche die Mondhäuser immer angewandt hat. Diese Informationen wurden in westliche Formulierungen und Symbole übertragen, ohne indische Techniken anzuwenden.

Dies funktionierte recht gut. Trotzdem war es nicht völlig zufriedenstellend, da es ja auch die »Arabischen Mondhäuser« gibt, welche ein Teil unserer westlichen Tradition sind. Das Problem war aber, dass das, was man über die Arabischen Mondhäuser findet, ziemlich undeutlich, unvollständig und verwirrend zu sein scheint. Dennoch, wenn man das Thema tiefer erforscht und vor allem sich vor allem praktisch damit befasst, stellt sich heraus, dass man sie durchaus im Radixhoroskop, im Elektionshoroskop und in der Vorhersage gut benutzen kann. Diese Wiederbelebung basierte auf einer sehr kritischen Auswertung von alten Texten und auf dem Wissen von den Fixsternen, ihren Naturen und besonders ihren mythologischen Geschichten. Diese Methode wird in diesem Buch gezeigt und man kann es als Begleiter zum Buch über die Fixsterne betrachten.

Viele komplexe Probleme mussten gelöst werden, was lehrreich ist, da es bis zur Wurzel der Astrologie geht. Hier kann man viel lernen, nicht nur praktisch, sondern auch theoretisch und kosmologisch. Die Präzession ist ein zentrales Thema in diesem Prozess, da die Mondhäuser in der Sphäre der Fixsterne zu finden sind, die genau die Sphäre ist, die die Präzessionsbewegung in der Sphäre der »Zodiaktürme«, also dem Tierkreis, ausmacht. Die Präzession zu verstehen bedeutet die Mondhäuser zu verstehen. Das Resultat ist eine praktische Anleitung, um unsere eigenen »Arabischen Häuser« wieder zu benutzen und so die Horoskopbeschreibungen mit ihren Informationen zu bereichern. Zu Gottes Ehre!

Juli 2023 Gorinchem, Niederlande,
neben dem Roten Löwen

Oscar Hofman

Teil 1
Kosmologische Hintergründe

Um die Mondhäuser gründlich zu verstehen, fangen wir da an, wo alles beginnt, beim Tierkreis. Der Zodiak ist absolut wichtig und seine Struktur ist gegeben durch die Bahn der Sonne. Das ist sehr passend, da die Sonne das sichtbare Symbol der Aktivität Gottes ist. Das erste »Produkt« dieser schöpferischen Aktivität ist also der Tierkreis. Man sollte sich eindeutig bewusst machen, dass der Tierkreis nicht »entdeckt« wurde durch »gewitzte« Beobachtungen von irgendwelchen klugen babylonischen Gelehrten in grauen Vorzeiten. Das wäre eine unerlaubte Projektion unserer materialistischen und wissenschaftlichen Vorurteile auf die Vergangenheit. Der Zodiak ist im Gegenteil eine kosmologisch-metaphysische Idee, die offenbart, erhalten und durch Tradition weitergegeben wurde. »Weitergabe« ist exakt das, was Tradition bedeutet.

Die jüdische Tradition erzählt, dass unsere himmlische Kunst von Adam an seinen Sohn Seth im Garten Eden weitergereicht wurde. Das bedeutet symbolisch, dass die Astrologie der Menschheit *gegeben* wurde (offenbart), nicht erfunden oder durch Beobachtung entwickelt. Denken wir zum Beispiel an die Konstellation Corvus, die Krähe. Man müsste eine Menge merkwürdiges Zeug rauchen, um in der Konstellation Corvus eine Krähe zu erkennen. Nichtsdestotrotz, der Hauptstern in der Krähe, *Algorab,* hat genau die Wirkung, die man gemäß der Mythologie erwartet. Die Wahrheit befindet sich da draußen, aber durch Beobachtung allein gelangt man nicht zur Wahrheit. Diese Argumentation gilt auch für alle anderen Bereiche des astrologischen Systems. Unsere himmlische Kunst wurde offenbart – wie auch immer das genau geschah, überlasse ich der Vorstellung des Lesers.

Die Bedeutung des Tierkreises kann also nicht relativiert werden, da er kein Konstrukt ist, das man in einem bestimmten Moment in der Geschichte erfunden hat. Die Kosmologie zeigt, dass der einzige Tierkreis am Anfang der Astrologie der tropische Zodiak ist. Jede Variation, wie zum Beispiel der siderische Tierkreis, der in der Hinduastrologie benutzt wird, stammt von ihm ab. Es beginnt alles mit der Sonne und ihrer zyklischen Bewegung. In dieser Bewegung gibt es vier wichtige Punkte, die zwei Äquinoktien, also die Tagundnachtgleiche, und die beiden Sonnenwenden. Sie markieren den Raum im Zentrum des Kosmos, in dem wir als Menschen auf der Erde leben. Es gibt keinen Zweifel an diesen Punkten. Sie sind eindeutige astronomische Tatsachen und sie indizieren die vier kardinalen Zeichen, aus denen der ganze Tierkreis hervorsprießt. Natürlich ist das Frühlingsäquinoktium die prominenteste Stelle unter diesen vier Punkten, sie markiert die Geburt eines neuen Jahres (ja, das gilt auch für Australien, also für die südliche Halbkugel, weil wir hier über Prinzipien sprechen). Das Frühlingsäquinoktium ist bei 0° Widder, dem Anfangspunkt des Tierkreises. Das ist fix und wird bis an das Ende aller Zeiten so bleiben.

Nicht umsonst enthält der Tierkreisgürtel 12 Zeichen, das gründet sich auf Zahlensymbolismen, 12 = 3 x 4. Nun ist 4 die Zahl der materiellen Manifestation. Das ist der Grund, warum wir vier Elemente haben. Die Zahl 3 bezieht sich auf den Geist, auf die kreative Aktivität, die auf uns herabkommt, sich auf der Erde abarbeitet und wieder zu ihrer Quelle zurückkehrt. Diese drei Modi werden im Zodiak ausgedrückt als bewegliche, feste und kardinale Zeichen. 3 x 4 gibt uns daher alle kreativen Möglichkeiten, der Tierkreis enthält also das ganze Potenzial der Schöpfung. Die vier Elemente können sich auf Erde in ihren drei Phasen manifestieren. Es ist ein Prozess, dessen Teil wir sind, es veranschaulicht die Wiederkehr des kreativen Impulses *durch* das Stoffliche zu seiner göttlichen Quelle.

Auch die kardinalen Zeichen ergeben sich unmittelbar aus dem Umlauf der Sonne. Der Tagundnachtgleichen in Widder und Waage erinnern uns an Hitze, denn es sind aktive Phasen von Bewegung, Widder und Waage sind daher heiß in der Qualität. Die Sonnenwenden hingegen sind extreme Phasen des Stillstandes und der Umkehr. Darum sind die Sonnenwendenzeichen Steinbock und Krebs kalt, obwohl der fruchtbare Krebs feucht ist und der winterliche Steinbock trocken. Beide Sonnenwenden werden auch assoziiert mit Sankt Johannes Festen, was diese Symbolik bestätigt. Krebs am Beginn des Sommers wird in Verbindung gebracht mit dem Fest Johannes' des Täufers. Jetzt scheint alles wunderbar zu sein, aber der Zyklus dreht sich herum und es wird langsam dunkler und kälter, es ist Zeit Buße zu tun. Steinbock ist die Zeit des heiligen Johannes, des Evangelisten, der die Geburt des Erlösers ankündigt. Die Zeiten scheinen dunkel zu sein, aber das Licht wird bald geboren werden, eine weitere Drehung an einem extremen Punkt.

Der Tierkreis ist also eine Blaupause, die direkt mit dem Sonnenzyklus verbunden ist, aber er ist immer noch sehr abstrakt, weil er ja unsichtbar ist. Die Tierkreiszeichen kann man nicht sehen und die Tatsache, dass wir zwölf Teile von *genau* 30° mit klaren Grenzen haben, zeigt uns, dass es sich um ein ideales Konstrukt handelt. Es ist ein metaphysisches Prinzip, nämlich dass etwas, das man nicht sehen kann, »höher« ist und der göttlichen Quelle näher, als etwas das sichtbar ist. Der Zodiak gibt also das ganze Potenzial her, das die Schöpfung hat. Es gibt nichts hinter oder über dem Tierkreis, dem Pfad der Sonne, als Gott. Keine anderen Strukturen, die uns irgendetwas über unser Leben als Menschen auf dieser Erde erzählen könnten. Es gibt nur noch das Göttliche, nur das *Ain Soph*, das grenzenlose Licht, wie die Kabbala es kennt.

Um sich zu manifestieren, muss die Sonne, das größere Licht, notwendigerweise in Beziehung stehen mit dem kleineren Licht, dem Mond, der die solaren Impulse zur Erde leitet. In dem Sinne ist der Mond das Sinnbild für die Gesamtheit des irdischen Lebens. Seine sich ständig verändernde Form zeigt seine Rolle, indem er die sich immer wieder verändernden Lebensformen auf der Erde reflektiert.

Somit ist der Mond sehr viel »irdischer« als die Sonne und als das kleinere Licht mehr mit unserem alltäglichen Leben verbunden. Wir können darum also erwarten, dass der Pfad des Mondes, die Mondhäuser oder der lunare Tierkreis weniger abstrakt und vollkommen sind als es die »Sonnenhäuser« des Tierkreises sind.

Dies wird durch die Tatsache angezeigt, dass die Mondhäuser sehr eng mit den Sternen und den Konstellationen verbunden sind, welche sie markieren – und die Sterne sind sichtbar, was ein Zeichen dafür ist, dass sie niedriger in der schöpferischen Hierarchie stehen. Die Mondhäuser werden immer als Pfad des Mondes präsentiert, sein täglicher Fortschritt *vor dem Hintergrund* der Fixsterne und der Sphäre der Fixsterne befindet sich tatsächlich *unterhalb* des unsichtbaren Gürtels der Sonnenenergie der Tierkreiszeichen.

Das wird durch die Mondbewegung widergespiegelt, der einen Zyklus von 27,3 Tagen hat, was man zu 28 aufrunden oder auf 27 reduzieren kann. Im indischen System der Mondhäuser haben wir 27 Häuser und im arabischen System wird der Kreis 28-mal unterteilt. Insofern ergibt das Mondhaus auf sehr einfache Weise den Bereich des Himmels an, in welchem sich der Mond *an einem Tag – heute* – bewegt. Diese Zahl 28 ist (fast) eine astronomische Tatsache und sie ist in hohem Maße symbolisch. Sie entsteht, wenn man Zahlen von 1 bis 7 addiert und Zusammenzählen verweist symbolisch auf konkrete Verwirklichung. Man sieht auch, dass 3 und 4 zusammengezählt die Zahl 7 ergibt: die Anzahl der sieben klassischen Planeten, welche das Potenzial des 12-teiligen Tierkreises auf Erden verwirklichen.

In diesem Sinne ist es nach wie vor ein Tierkreis, ein Energiegürtel, der dem Mond, wenn er in ihm steht, einen bestimmten Charakter verleiht. Wir können sagen, es gibt 28 verschiedene Wege, durch die der Mond durch die Häuser koloriert werden kann.

Da ein Haus mit den Fixsternen verbunden ist, ist es immer auch mit einer mythischen Geschichte assoziiert. Hier sehen wir die erste *Anleitung* zu einer Deutung. Das ist ein großer Unterschied zu einer Stellung in Zeichen, denn eine Stellung in Zeichen gibt *niemals* eine Verbindung zu einem Mythos.

In diesem Zusammenhang ist es hilfreich zu verstehen, was der siderische Tierkreis eigentlich ist. Er wird in der indischen Astrologie benutzt, ist aber im Grunde ähnlich aufgebaut wie der tropische Tierkreis. Er besteht auch aus zwölf unsichtbaren gleichen Teilen von je 30° mit ganz eindeutigen Grenzen zwischen den Zeichen, die mit denselben Namen bezeichnet werden wie die tropischen Zeichen. Der einzige Unterschied ist, dass der Anfangspunkt im siderischen Zodiak – 0° Widder – nicht mit dem Frühlingspunkt identisch ist. Der Beginn des Sternbilds Widder ist im Gegensatz dazu so definiert, dass er mit einem Fixstern (*siderus* = Stern) verbunden wird. In den meisten Fällen ist dies der Punkt gegenüber *Spica*, insofern bewegt sich der siderische Tierkreis vorwärts durch den tropischen mit einer Präzessionsgeschwindigkeit von einem Grad in 72 Jahren. Wir kommen später darauf zurück, weil es für die Mondhäuser wichtig ist, die genauso wie der siderische Tierkreis siderisch und mit den Sternen verbunden sind.

Die Bewegung des Tierkreises durch Präzession hat in der Hinduastrologie mit einem tiefen kulturellen Unterschied zwischen dem polytheistischen Denken in Indien und dem monotheistischen im Westen zu tun. Der hinduistische Geist neigt dazu, »Dinge aufzulösen in Abstimmung mit dem Unendlichen«, wie der Metaphysiker Titus Burkhardt sagte. Auf diese Weise wird die Verbindung zu Gott hergestellt. Der monotheistische Geist ist weniger fließend und neigt viel mehr dazu, Dinge rigide von der absoluten göttlichen Einheit abzuleiten. Diese beiden Vorstellungsweisen spiegeln verschiedene Denkarten wider, wie Astrologie als heilige Wissenschaft die Verbindung mit Gott zeigen kann. Man sollte aber verstehen, dass auch im Hinduismus trotz polytheistischer Vorstellungen auf tieferer Ebene durchaus eine Idee von einer Einheit des Göttlichen herrscht. Es handelt sich nur um eine andere Annäherung von einer anderen Kultur.

Der 28-fache lunare Tierkreis kann auch auf den 12-fachen solaren Tierkreis mit dem Anfangspunkt auf 0° Widder projiziert werden. Wir können dies die »archetypische Ordnung« nennen. Sie zeigt dann 28 kreative Stufen vom ersten Impuls bis zur vollständigen Verwirklichung. Auf diese Art zeigt der lunare Zodiak, der niedriger und konkreter ist als der solare, wie Potenziale im solaren Tierkreis konkret aktualisiert werden. Jedes Mondhaus trägt die Bedeutung einer dieser 28 Stufen der Verwirklichung des zodiakalen Potenzials in sich. Diese »Stufennatur« der Häuser wird in Teil 2 behandelt, wenn alle 28 Häuser beschrieben werden. Die Mondhäuser arbeiten das solare Potenzial heraus.

Der Startpunkt

Dies bringt uns zu der heißesten theoretischen Frage, die viel Verwirrung gestiftet hat. Also schnallen sie sich an! Tatsächlich liegt hierin der Grund, warum in der westlichen Astrologie die Mondhäuser außer Gebrauch geraten sind. Die Frage ist: Wo beginnt der lunare Tierkreis? An welchem Punkt im Zodiak finden wir das erste Haus Al Sharatain (Horn des Widder)? Um diese komplizierte Geschichte zu diskutieren, sollte man vier Möglichkeiten in Betracht ziehen, sie dann auswerten und sich eine herausgreifen. Dies sind die vier Optionen:

- Option A – Start bei 0° Widder tropisch. Das ist die archetypische Möglichkeit.
- Option B – Start an dem Punkt, der meistens im Hindusystem genommen wird, nämlich an dem Punkt, der *Spica* gegenüberliegt, derzeit auf 24° Widder tropisch. Das ist die indische Möglichkeit.
- Option C – Start beim ersten Stern im 1. Mondhaus *Mesarthim,* der derzeit auf 3.11 Stier tropisch steht. Das ist die präzessierte Möglichkeit.
- Option D – Startet ebenfalls beim ersten Stern im 1. Mondhaus, *Mesarthim* auf 3.11 Stier. Aber bei dieser Variante haben die Häuser verschiedene Längen, ihre Grenzen werden von hellen Fixsternen markiert. Diese ist so genau wie C, wenn es um den Anfangspunkt geht, aber nicht, wenn es um die Bestimmung der Häusergrenzen geht. Das ist die konstellationelle Möglichkeit.

Optionen A, B und C benutzen Häuser von gleicher Länge, nämlich 12°51'36", so, dass ein Haus genau 1/28 des Kreises beträgt.

Weiter unten werden die Optionen im Detail diskutiert, auf ihre

Pros und-Kontras abgewogen, um danach eine Auswahl treffen zu können.

Option A: Die archetypische Option

Auf den ersten Blick scheint dies die bei Weitem beste Möglichkeit zu sein. Der Punkt, an dem das 1. Mondhaus Al Sharatain beginnt, ist identisch mit dem Frühlingspunkt – alles ist so eindeutig, wie man es sich nur wünschen kann. Das ist die Option, die viele Autoren vorziehen. Aber: Dies würde bedeuten, dass die Fixsterne, die für das Haus Al Sharatain so charakteristisch es sind, wegen der Präzession gar nicht mehr in ihm zu finden sind! Für ein lunares System, das so explizit mit den sichtbaren Fixsternen verbunden ist, wäre das eigenartig. Folglich können wir dies nicht akzeptieren. Die Idee, dass der Mondhäuserkreis und der tropische Tierkreis an derselben Stelle starten, ist theoretisch wichtig, um die Natur der Häuser zu verstehen, aber in der Praxis ist sie nicht zu gebrauchen. Die Sterne unterliegen der Präzessionsbewegung und somit auch die Mondhäuser – denn sie sind »Sternenhäuser«.

Ein weiteres Charakteristikum der Mondhäuser bestätigt dies: In der gesamten Serie von 28 Häusern erscheinen einige Konstellationen mehr als einmal, der Löwe zum Beispiel beherrscht nicht weniger als vier Mondhäuser. Groß zu sein scheint angemessen für Löwe, aber es zeigt auch, dass das Häusersystem ganz genau der Realität der Fixsterne und der Konstellationen folgt. Die Konstellation Löwe ist eine der längeren Konstellationen. Die vier Löwenhäuser umfassen zusammen fast 50°, somit ist es klar, dass die Mondhäuser nicht auf der Grundlage des Tierkreises modelliert sind, sondern auf der Konstellationsebene der Sterne, und die Sterne unterliegen der Präzession.

Dies bringt uns interessanterweise zu dem Thema, wie es eigentlich zu der Verwirrung in den alten Texten kam. Ungefähr um 400 vor Christus war der erste Punkt der Widderkonstellation (der Stern *Mesarthim*) nahe an mit 0° Widder tropisch. Damals schienen diese beiden Sphären des tropischen Tierkreises und der siderischen

Fixsternkreises nahezu identisch gewesen zu sein. Aber mehr und mehr drifteten die Konstellationen und Fixsterne (inklusiv Mondhäuser) von den Tierkreiszeichen weg.

Option B: Die indische Option

In der Hinduastrologie beginnt das erste Widderhaus – so wie in Option A auch – an demselben Punkt wie der siderische Tierkreis. Das Problem ist nur, dass dieser indische Tierkreis siderisch ist. Somit muss der Startpunkt des Mondhäuserkreises und des tropischen Widderzeichens an einem Einzelstern fixiert werden. In der indischen Astrologie ist das meistens der Grad gegenüber von Spica. Aber es gibt noch viele andere Möglichkeiten und jede Menge Diskussionen über die richtige Wahl.

Nun ist *Spica*, die Kornähre in der Jungfrau, ein Symbol für Reinigung auf der materiellen Ebene, sodass es die spirituelle Energie empfangen werden kann – es ist tatsächlich die materielle Umkehr zum Geist. Die Kornähre ist der Konzentrationspunkt in dem die Ernte materieller Erfahrungen gesammelt und verarbeitet wird. Der Punkt gegenüber von *Spica* wäre das Gegenteil, nämlich das Herabsinken des Spirituellen in die Materie, was eine gute Beschreibung für Widder abgeben würde, was wahrscheinlich auch der Grund ist, warum *Spica* gewählt wurde. Der fixierte 0°-Widder-Punkt siderisch und der Anfang des ersten Mondhauses (Nakshatras) in der vedischen Astrologie, befinden sich nahe dem Stern *Revati* oder *Zèta Piscium* auf ungefähr 24° Widder tropisch.

Das Problem ist jedoch, dass der Anfangspunkt des siderischen Zodiaks sich damit heute in der Mitte der Fischekonstellation befindet, und gar nicht in der Nähe des ersten Sterns der Widderkonstellation. Es gibt einen Unterschied von 7 Grad. Also ist der Anfangspunkt der Mondhäuserzyklus in der indischen Astrologie nicht direkt durch den 1. hellen Stern einer Konstellation gegeben, trotz der Tatsache, dass die Mondhäuser auf der Bewegung des Mondes entlang der Fixsterne basiert. Das Problem ist, dass die Grenzen der Konstellationen verschwommen sind, und es ist auch nicht so einfach, die richtige Stelle zu finden, wo Fische endet und Widder beginnt. Darum sind indische, siderische Astrologen nicht einig über die Wahl des Anfangspunktes. Sie suchen nämlich nach etwas, das nicht eindeutig gezeigt werden kann. Trotzdem ist der Punkt in Opposition zu *Spica* keine schlechte Wahl.

Ein weiterer Gesichtspunkt ist, dass jeder Anfangspunkt ein anderes System ergibt. Wenn Sie sich also überlegen das System mit dem Punkt gegenüber von *Spica* oder *Chitra* zu beginnen, wie die Inder es tun, wäre dies das System »in Opposition zu Spica«. Es wäre dann charakterisiert durch diese Jungfrau-Reinigungstendenz. Wenn Sie dagegen mit dem ersten Stern von Widder anfangen, würde es ein System ergeben mit dem Widderimpuls – mit der Tendenz, sich in die Welt einzubringen und sich später selbst zu opfern, um zum Göttlichen zurückzukehren. In der Wahl des Anfangspunktes scheinen sich die kulturellen und spirituellen Gegensätze zwischen dem aktiven materialistischen Westen und dem »kontemplativen« Indien widerzuspiegeln.

Option C: Die präzessierte Option

Wenn wir nach einem passenden Startpunkt suchen, müssen wir ihn zwischen dem letzten Stern der Fische-Konstellation und dem ersten Stern des Sternbilds Widder finden. Irgendwo in dieser Zone gibt es einen Übergang zu der Widder-Konstellation. Das Problem ist, dass wir dort nur leeren Raum vorfinden, es ist also unklar, wo genau die Grenze ist. Darum ist es besser mit dem ersten Stern in Widder, *Mesarthim*, der gerade auf 3.11° Stier tropisch steht, anzufangen. Er ist einer der Sterne, die das 1. Mondhaus Al Sharatain beschreiben, und er steht ganz am Anfang vom Widder. Stellen Sie sich vor, Sie reisen von der Konstellation Fische aus und folgen dem königlichen Sonnenpfad des Zodiaks. Dann würden sie eine Zeit lang durch eine leere Landschaft wandern und plötzlich würde hinter einem Hügel das Horn von *Mesarthim* auftauchen als ein Zeichen, dass sie eine neue Region betreten haben.

Dies ist also die beste Wahl, sie hält die enge Verbindung mit den

Konstellationen, respektiert die Präzession und es ist sehr logisch, einen Zyklus mit dem ersten Stern in der Konstellation Widder zu beginnen. Es ist wahr, dass auf diese Art eine »Konstellationsspitze« geschaffen wird, und die Idee mag zweifelhaft erscheinen. Trotz alledem, die traditionellen Bilder von Konstellationen zeigen, dass die erste zodiakale Konstellation Widder nicht mit dem Sternbild Fische überlappt. Also gibt es hier kein Verwischen. Dies ist ein Spezialfall, der einen Anfangspunkt an dieser Stelle rechtfertigt. Schließlich ist Widder das speziellste Zeichen, der *Primus-inter-Pares,* weil dort alles beginnt und alles symbolisch vorwegnimmt, was sein wird.

Es ist der berühmte oder sogar berüchtigten Henry Cornelius Agrippa von Nettesheim, Autor von DREI BÜCHER DER OKKULTEN PHILOSOPHIE (erschienen im Februar 1531), der diesen Punkt sehr deutlich benennt: »Die Mondhäuser sind in der achten Sphäre fixiert«, das ist die Sphäre der Fixsterne! Er sagt auch, dass das erste Haus, das er *Alnath* nennt, das Horn des Widders, seinen Anfang am Kopf des Widders in der achten Sphäre hat. Er spricht also über die Konstellationen hier (die achte Sphäre), **nicht** über die Zeichen, die in der neunten Sphäre gefunden werden. Zum Glück hat Agrippa sein Gehirn in seinem Kopf, wo es auch sein sollte, und nicht in seinen Büchern. Das ist für jeden empfehlenswert.

Option D: Die konstellationelle Option

In manchen Texten werden den Häusern sehr unterschiedliche Längen gegeben. Die Idee ist, dass ein Haus an der genauen Position eines hellen Sterns anfängt und dann weitergeht bis zum nächsten hellen Stern der folgenden Konstellation, der dann den Anfang des folgenden Hauses markiert. Das ist unschön und inakzeptabel, weil es die Tatsache ignoriert, dass der Mond uns einen Zyklus von 27/28 Tagen gibt und uns erlaubt, den Kreis in 28 bzw. 27 (wie in Indien) gleiche Teile zu gliedern. Es nimmt die Idee, die Häuser mit den sichtbaren Sternen zu verbinden, zu wörtlich. Außerdem würde es bei 28 Mondhäusern zu einer Vermehrung der Probleme führen, denn welche Sterne sollten wir dann benutzen, um die Häusergrenzen zu markieren? Diese Option kann man vergessen, sie wurde nur erwähnt, weil manche Autoren dies als das lunare Häusersystem präsentieren und es einen verwirren könnte.

Mehr über die Präzession, über ihre geheimnisvolle Natur und die unhaltbare und unlogische Idee des Wassermannzeitalters findet man im Appendix B.

Teil 2: Die 28 Mondhäuser – Wirkung, Wesen und Mythen

In dem traditionellen astrologischen Sphärenmodell wird die besondere Funktion des Mondes eindeutig. Die höchste Sphäre ist der Tierkreis. Darunter ist die Sphäre der Fixsterne und die der Mondhäuser, danach kommen die sieben Planetensphären. Alle diese Einflüsse gehen auf die Erde nieder beziehungsweise auf den Menschen, der sich inmitten des Kosmos befindet. Auf diesem Pfad des kreativen Impulses ist der Mond die letzte »Station«, bevor diese die Erde erreichen.

Schema huius præmissæ diuisionis Sphærarum.

Das traditionelle Modell der Sphären

Dies ist der Grund, warum immer gesagt wird, dass der Mond alle die Energien aus den höheren Sphären sammelt, und dass diese durch ihn die Erde erreichen (das wird zum Beispiel auch durch die Rolle des Mondes im Stundenhoroskop als Co-Signifikator des Fragenstellers reflektiert). Also ist der Mond sehr wichtig. Er gibt uns das generelle »Ambiente« und das Haus, in dem der Mond sich befindet, ist eine gute Beschreibung dieses Umfelds. Dies zeigt uns gleich, wie die Häuser in der astrologischen Praxis benutzt werden können. Offensichtlich sind sie nützlich in Elektionen, sie sind dann einer von mehreren Faktoren, die man benutzt, aber man kann sie auch für schnelle, einfache Elektionen für den täglichen Gebrauch nehmen. Darüber hinaus spielen sie eine wichtige Rolle in der Geburtsastrologie. Die mythologischen Geschichten, die Themen und die Schlüsselwörter in Verbindung mit den Häusern sind sehr wichtig als Kernmythos im Leben. Auch in der astrologischen Vorhersage ist die Bewegung des sekundären Mondes durch die Häuser ein wichtiger Faktor.

Da die Geschwindigkeit des sekundären Mondes ungefähr einen Grad im Monat beträgt, bewegt sich der Mond in einem Jahr durch ein Mondhaus. So kann es als *einer* der Faktoren in der Vorhersage benutzt werden, um herauszufinden, was im Leben in einem Jahr passieren wird. Es wird oft so sein, dass in der Periode, für die wir eine Prognose erstellen, der sekundäre Mond in ein neues Haus eintritt, und dies gibt einem die Möglichkeit, dem Klienten zu erklären, dass ein Prozess im Gange ist, der eine Veränderung bewirkt. Denn Vorhersage gründet immer darauf, dass astrologische Faktoren ihre Bedingungen *ändern*. Das gibt uns wichtige Hinweise auf das, was uns erwartet, was auch von dem Zustand des Hauses abhängt, durch das der Mond im Geburtshoroskop wandert. Später wird das im Deutungsschema noch erklärt.

In Verbindung mit dem Gebrauch von Elektionen muss noch etwas über Elektionen für magische Handlungen, die oft in alten Texten erwähnt werden, gesagt werden. In jeder ausgewogenen traditionellen Gesellschaft, die auf festen spirituellen Prinzipien beruht, wird Magie als illegitim und sogar gefährlich angesehen. Magie ist eine echte Wissenschaft, ein strukturierter Körper von Wissen wie die moderne Wissenschaft. Nur arbeitet sie nicht mit materiellen Kräften, sondern mit subtilen »psychischen« Kräften in der astralen Welt. Die astrale Welt beinhaltet subtile Formen, die sich auf materieller Ebene manifestieren können. Wenn man also astrale Energien mit Symbolen manipuliert, kann Magie wirklich psychologisch und materiell wirken.

Die astrale Ebene ist aber auch das Zuhause der Elfen, nichtkörperlicher Wesen, die in viele Kulturen bekannt sind, in der islamischen Welt zum Beispiel als die »Dschinn«. Alle diese astralen Wesen, die übrigens nicht immer böse sind, sollte man trotzdem unbedingt meiden, da ein Kontakt mit dieser Ebene und diesen Wesen wie ein Vertrag mit Mephisto wirkt. Die Idee, mit mächtiger Magie astrale Energien und Wesen zu benutzen, ist fehlgeleitet. »Liebe Seele, ich gebe Dir Macht, die Du sehr gern haben willst, aber dafür nehme ich ein bisschen von Dir, und nächstes Mal nehme ich noch ein bisschen. Unterschreibe hier bitte mit Deinem Blut.« Ein Teil dieses dämonischen Tricks ist es, dass der Magier meint, er hätte die Kontrolle, aber in Wirklichkeit wird er kontrolliert. Direkter Kontakt mit den astralen Dimensionen und ihren Bewohnern ist psychisch und oft sogar physisch gefährlich und bringt einen in ein Ungleichgewicht. Ich habe schon zu viele tragische Beispiele gesehen.

Es sollte aus Gründen der psychischen Hygiene vermieden werden. Der am meisten tragische Fall ist der »weiße« Magier, der denkt, seine Macht zu nutzen, um Gutes zu tun. Astrale Energien auf diese Art zu benutzen, bringt den Ausübenden und seinen Klienten *immer* aus der Balance. Sogar ein Talisman für Heilzwecke ist potenziell gefährlich, da Dinge leicht aus dem Gleichgewicht geraten und dann auf den Magier und seinen Klienten zurückfeuern können. Wenn man kurz in einen New-Age-Buchladen schaut, wird man sehr schnell gewahr, dass psychologische Hygiene nicht etwas ist, um das sich die Menschen heutzutage Sorgen machen. Was über Magie gesagt wurde, gilt auch für andere Arten, sich Eintritt zu forcieren in die astrale Dimension wie Spiritismus, moderne

Geisterbeschwörung wie Familienaufstellungen, Naturgeister (Elementalen) kontaktieren oder psychedelische Drogen zu nehmen wie LSD.

Es ist untertrieben zu sagen, dass nicht alle in den Texten erwähnten magischen Elektionen in Zusammenhang mit den Mondhäusern einer guten Sache dienen. Magie ist für den Ausübenden gefährlich, wie auch für seine Umgebung und die Gesellschaft im Allgemeinen. Am Ende lachen nur die Dämonen. Naivität, Machtgier, Ehrgeiz, Neugier oder eine gefährliche Kombination von dem allen ist hier fatal. Der Grund, warum die Mondhäuser oft in Zusammenhang mit magischen Elektionen erwähnt werden, ist, dass sie uns den Zustand des Mondes wiedergeben, der genau ein Symbol für das astral-psychologische Ambiente ist. Ein kurzer Blick in die Krankenhausstatistik genügt, um die Wirkung des Mondes auf dieser Ebene zu erkennen.

Aufbau der Kapitel

Nachfolgend wird jedes der 28 Mondhäuser entsprechend dem folgenden Schema beschrieben:

1. Der traditionelle arabische Name wird genannt und, wenn nötig, erklärt.
2. Seine mythologische Geschichte wird erzählt.
3. Der beschreibende Stern wird benannt und die Planeten, die mit ihm verbunden sind.
4. Konkrete Effekte und Schlüsselworte werden gegeben.
5. Das mit dem Haus verbundene symbolische Bild wird beschrieben.
6. Der zugehörige arabische Buchstabe und seine symbolische Bedeutung werden beschrieben.
   Arabisch ist wie Sanskrit, Hebräisch und Latein eine heilige Sprache. Es hat 28 Buchstaben in seinem Alphabet, die als kreative Laute angesehen werden. Die Welt wurde durch Sprechen erschaffen, wie man auch im ersten Buch der Bibel und in dem

berühmten Anfang des Johannesevangeliums liest, darum sind gesprochene Gebete und magische Anrufungen auch effektiv.

7. Die Stufe, die der kreative Prozess des Hauses repräsentiert, wird erläutert.
   Wie oben erklärt, symbolisieren die 28 Häuser den kompletten Prozess der Schöpfung. Jedes Haus ist eine Stufe in diesem Prozess. Dies wird *nur* gesagt damit alles vollständig ist, die direkte praktische Anwendung ist nicht immer so klar, wie man es sich wünscht, trotzdem kann der Symbolismus wichtig sein, deswegen werden diese kreativen Stufen nicht ausgelassen.
8. Die Verbindungen zur indischen Hinduastrologie. Hier ist das Mondhäusersystem anders als das hier vorgestellte, aber es hat eine ähnliche Struktur. Wenn die Information über das parallele vedische Haus in besonderer Weise erhellend ist, wird es erwähnt. Beachtet auch Appendix C, in dem beide Systeme verglichen werden.
9. Ein Beispielhoroskop wird gedeutet (ein Geburtshoroskop, eine Vorhersage oder eine Elektion), um die Wirkung der Häuser zu veranschaulichen.
   Die Grade für die Mondhäuser basieren auf denen, die die Position von *Mesarthim* angeben, dem ersten Widderstern im Jahr 2000. Um die Grenzen für das Geburtshoroskop auszurechnen, sollten sie für die Präzession angepasst werden: 1° in 72 Jahren. Also für 2020 sollte 16'40" (20/72 mal 60) ungefähr ein Drittel eines Grades addiert werden.
   Behalten Sie bitte im Auge, dass die gegebenen Grenzen der Häuser abgerundet sind, denn 360° : 28 ergibt keine schöne Zahl sondern 12,8571 … was 12°51'36" ist. Es wäre sehr merkwürdig Grenzen in Bogensekunden anzugeben, besonders, weil es praktisch kaum relevant ist. Daher ist eine leichte Unregelmäßigkeit in der Länge der Häuser die Konsequenz, was aber auch kaum relevant ist. Es ist sehr symbolisch, dass der perfekte Sonnentierkreis gleiche Teile von genau 30° (360 : 12) hat und der nicht perfekte irdische Mondzodiak diese ungerade Zahl. Das reflektiert die Natur des Mondes als Symbol unserer irdischen Welt,

wo Genauigkeit und Perfektion nicht zutreffen, wir können unser wirkliches Leben nur leben, indem wir abrunden.

Deutung der Mondhäuser

Diese Schritte sollten unternommen werden, um ein Mondhaus zu deuten (all diese Informationen finden Sie später in der detaillierten Diskussion der 28 Häuser).

1. Sehen Sie nach, in welchem Haus der Mond (nur der Mond!) im Geburtshoroskop platziert ist.
2. Sehen Sie nach dem Mythos, der mit dem Haus verbunden ist als Kernmythos im Leben.
3. Formulieren Sie den Einfluss der beschreibenden Sterne in dem Haus.
4. Überprüfen Sie wie stark die Planeten, die mit der Konstellation im Haus verbunden sind, im Geburtshoroskop stehen (Würden, vgl. Appendix D), je stärker sie sind, desto wohltuender der Effekt des Hauses (auch wichtig für die Vorhersage).
5. Prüfen Sie die konkreten Indikationen und Schlüsselworte die die alten Texte für das Haus angeben.
6. Prüfen Sie die indische Verbindung, um zu sehen, ob sie etwas ergänzt (siehe hierzu in meinem Buch FIXSTERNE IM HOROSKOP, Kapitel 5).
7. Prüfe Sie die Häuser, durch die der progressive Mond sich bewegt und das Haus im Solarhoroskop, in dem der Mond platziert ist. Diese Information kann als Vorhersagewerkzeug dienen.

Das Mondhaus wird im Geburtshoroskop als der zentrale Kristallisationspunkt im Leben gesehen. Es wird das ganze Leben in Richtung eines Grundmotives steuern. Man sollte jedoch verstehen, dass dies in keiner Hinsicht auf die psychologische Ebene beschränkt ist, dieses Grundmotiv wird sich in sehr konkreten Situationen im Leben herausarbeiten, verbunden mit dem zentralen Mythos. Es ist wichtig, den Mond während der Deutung seiner

Hausposition nicht *als den Mond anzusehen, nicht als einen der Planeten* sondern als der großen Zeiger, der in der lunaren Uhr auf weist wo in der Entwicklung im Häuserkreis wir gerade stehen. Im Grunde spiegeln die Mondhäuser die Dualität unseres Kosmos wider, basierend auf Polarität, es gibt nicht nur einen Sonnenzyklus – eine Idee –, aber auch einen Mondzyklus – eine Manifestation.

Das 1. Mondhaus – Al Sharatain

Al Sharatain: 3.11 Stier – 16.02 Stier
Stern: Sharatain/Mesarthim, die Widderhörner
Arabischer Buchstabe: Alif
Assoziierte Namen: Die beiden Signale – der Krieger
Assoziierte Planeten und Energien: Mars/Saturn – dynamische Kraft, feurige, impulsive, initiierende Energie

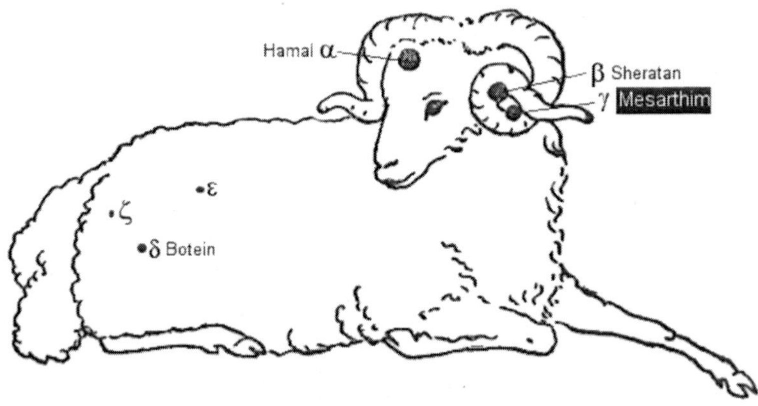

Der Name Al Sharatain des 1. Mondhauses bedeutet auf Arabisch: die beiden Signale. Dies bezieht sich auf die Tatsache, dass der lunare Kreis an diesem Punkt startet. Wie oben schon erwähnt, wird der tropische Grad, der vom ersten Stern der Konstellation *Mesarthim* besetzt wird, zum Anfangspunkt des ganzen Mondhäuserzyklus. Dieser wichtige Punkt sollte klar markiert werden, aber diese beiden Signale sind natürlich auch mit den beiden Hörnern des

Widders verbunden. Die Hörner sind der Startpunkt, an dem die wilde Kraft dieses ganzen Zyklus, in ihrer konzentrierten und fokussierten Form erwartet werden kann. Dies aufzusplitten in zwei zeigt hier, dass wir in die Dualität der Schöpfung eintreten – in die Teilung zwischen Gott und der Welt.

Der Stern *Sharatan*, der diesem Haus seinen Namen gibt, ist eines der Hörner des Widders, und *Mesarthim,* der erste Stern, ist auch an diesem Horn. Der Mythos des Sternbilds Widder ist die Geschichte der Geschwister Helle und Phryxos, die vor ihrer bösen Stiefmutter Ino flohen, welche androhte sie zu ermorden. Auf dem Rücken des Widders entkamen sie, indem sie über das Meer flogen. Aber Helle sah nach unten, sie fokussierte ihre Energie wieder auf die irdische Welt. Sie fiel vom Rücken des Widders herunter und ertrank. Das Meer, in das sie fiel, ist nach Helle benannt und heißt der Hellespont. Es ist auch die Grenze von Europa, dem Land des Materiellen. Phryxos ging ohne seinen materiellen Anteil (den Helle symbolisiert) voran, opferte den Widder und gab das Fell an König Aetes, einen Sohn von Helios dem Sonnengott. Das Fell des Widders ist das goldene Vlies, es wird in einer Höhle aufbewahrt, die dem Kriegsgott Ares geweiht ist.

Menschen, die den Mond in diesem Haus haben, werden sich mit dem Mythos verbunden fühlen, der voll von symbolischer Bedeutung ist und praktische Konsequenzen hat. Phryxos und Helle sind zwei Anteile der Seele. Helle ist der weibliche, mehr erdgebundene Anteil. Sie fällt runter und zeigt damit die Heftigkeit und Wut dieses Hauses. Es entledigt sich der weiblichen Seite, um Dinge zu erledigen. Ino, die böse Stiefmutter, ist das Symbol für Materie, ein steifer und erstickender Zustand des Stillstandes, vor dem sie entfliehen mussten. Die geopferte Haut des Widders, das goldene Vlies, wurde in einen Baum gehängt, insofern ist der Widder auch das Lamm, das »die Sünden der Welt trägt«. Das goldene Vlies zu suchen heißt, das Göttliche, das spirituelle Ziel, zu suchen. Das Opfer bedeutet, dass die feurige Widderkraft benutzt werden soll, aber danach sollen wir Gott ehren und loslassen. Die religiösen Untertöne sind offensichtlich genau wie die feurige Natur dieses Hauses (das Goldene Vlies wird in einer dem Kriegsgott Ares geweihten Höhle aufbewahrt).

Die Planetenenergien sind die Übeltäter Mars und Saturn, welche Härte und Durchsetzungskraft kombinieren. Dieses Haus ist nicht dazu da, um Frieden zu bringen. Es wird assoziiert mit Gewalt neue Dinge initiieren, Stagnationen aufbrechen und sich nicht um Widerstand kümmern. Das traditionelle Bild ist ein Krieger mit einer Lanze in der Hand.

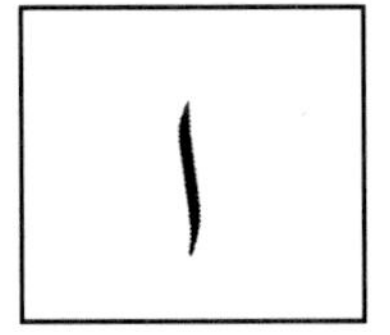

Der assoziierte arabische Buchstabe ist der erste Buchstabe Alif, seine Form erinnert an die Zahl eins. Sie gehört zum Feuerelement und es wird gesagt, dass sie das Selbst Gottes und seine Einheit symbolisiert. Es dreht sich alles um die Quelle, von der der erste Impuls ausgeht. Der erste Buchstabe enthält das ganze Alphabet, er vereinigt die ganze Schöpfung in sich.

Der Mythos des Widders zeigt die wichtige Aufgabe des Menschen auf der Erde, den materiellen Fesseln zu entfliehen und dabei zu vermeiden, in das Meer der Wünsche zu fallen (in Helles Meer, den Hellespont) und schließlich weltliche Bindung (der Widder) zu opfern. Der Widder ist auch ein starker Lebensimpuls, der uns wieder zurück *in* die Welt ziehen will, darum muss er geopfert werden. Christus als das Lamm/Widder in Zusammenhang mit diesem Widderhaus ist das ALPHA (das Alef) und das OMEGA und das bedeutet mehr oder weniger das Gleiche. Das parallele indische Nakshatra-Haus hat dieselbe Bedeutung, es fügt die Erhaltung der jugendlichen Energie als ein Schlüsselwort hinzu, was logisch ist. Der Name der kreativen Stufe, verbunden mit dem schöpferischen Prozess, den der Mondhäuserzyklus repräsentiert, ist der »erste Intellekt« oder »der Stift«, der alle diese Buchstaben der Schöpfung schreiben wird. Er spiegelt die Idee des ersten Anfangs darin wider.

Dieses Haus ist verbunden mit Wildheit, gnadenlosem Kampf, Neustart und hingebungsvolle Suche. Der Mond in diesem Haus ist bei Elektionen gut, etwas ganz Neues zu

beginnen, einen neuen starken Impuls zu geben – offensichtlich passt dies nicht zu Liebe und Heirat.

Ein gutes Beispiel, wie diese Platzierung sich in Geburtshoroskopen auswirkt ist, das Horoskop des derzeitigen französischen Präsidenten Emmanuel Macron, gewählt im Jahr 2017. Macron mit seiner neuen Partei *En marche,* was so viel heißt wie »Lasst es uns anpacken«, gewann die Wahl wie ein Blitzschlag und eine Mehrheit im Parlament bildete sich aus dem Nichts heraus. Er versucht Frankreich zu erneuern, eine altmodische halb sozialistische Nation in einen, modernen liberalen Staat zu verändern, was eine sehr neue Phase wäre, und er trifft auf eine Menge Widerstand.

Hier ist nicht der Ort für eine vollständige Deutung seines Horoskops, da wir uns auf die Rolle der Mondhäuser konzentrieren. Trotzdem gibt uns die Platzierung des Mondes die Kernmythologie und ihre konkreten Implikationen im Zusammenhang mit dem Rest des Horoskopes. Es werden also noch ein paar mehr herausragende Geburtskonstellationen genannt. Eine von ihnen ist Jupiter in starker Erhöhung, der große Wohltäter ist der Planet der Politik und die administrative Elite die Pläne macht für die Zukunft. Jupiter ist rückläufig und geht noch weiter zurück, er wird in seine Vernichtung eintreten, in die Zwillinge. Das wird ein enormer Verlust von Würde sein. Was dieser politische Planet also will, ist sich vorwärts zu bewegen und zu vermeiden, in die Vernichtung zu kommen: En Marche! Das beflügelt ihn, von der Vergangenheit wegzukommen. Jupiter ist der Herr von 11, von den „Früchten deiner Arbeit“, und so sehr verbunden mit den öffentlichen Aktivitäten.

Ein anderer starker Planet ist der Mond, auch in seiner Erhöhung, der Mond ist Herr von 7. Der Herr von 7 zeigt an, was in einer Beziehung vor sich gehen wird, und Macron ist mit einer sehr viel älteren Frau, die seine Mutter sein könnte, verheiratet. Der Mond steht bekanntlich für die Mutter. Sein Mond hat sehr viel essenzielle Würde, also wird diese lunare Frau sehr gut für ihn sein. Es ist auch eine lange, stabile Beziehung. Saturn, der Herrscher des 1. Hauses, also Macron selbst und seine Position im Leben, ist

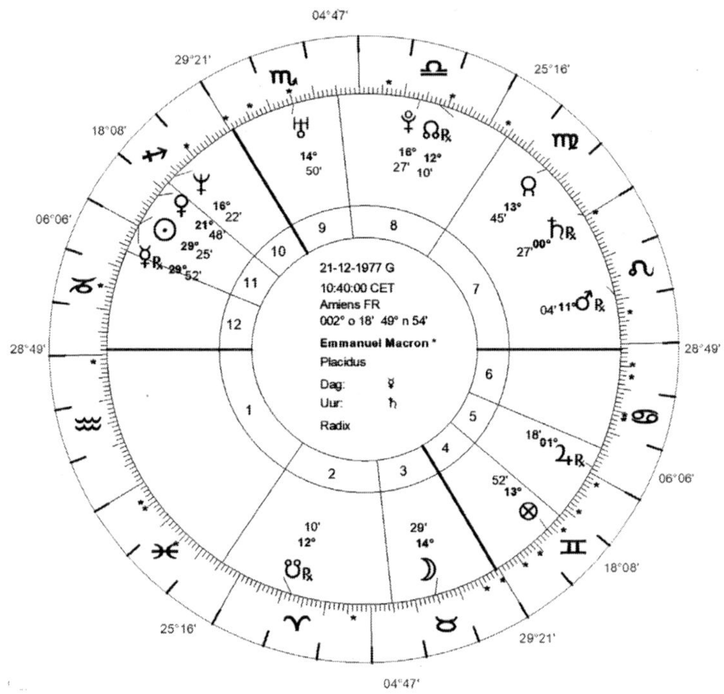

rückläufig, genau wie auch Jupiter. Dieser Saturn auf dem ersten Grad von Jungfrau wird viel von seiner Würde verlieren, wenn er in seinen Fall im Löwen eintritt. Also wird er genau wie Jupiter nur sich vorwärtsbewegen wollen und von der Vergangenheit wegwollen.

Der erste Grad Jungfrau ist ein sehr spezieller Grad in unserer Zeit und einer speziellen Beachtung wert. Der königlichste Stern aller Königssterne, das Herz des Löwen, Regulus, »der zum Thron führt«, ist vor Kurzem durch Präzession über die Löwe-Jungfrau-Grenze gegangen und befindet sich jetzt auf dem ersten Grad der Jungfrau. Also wird Saturn Herr von 1 (Macron selbst) von der vollen königlichen Macht, die vom Herz des Löwen ausgeht, sehr profitieren. Das erklärt, warum er wie ein Blitzschlag in der französischen Politikszene erscheinen, alle Gegner schlagen und zudem das ganze politische Establishment hinwegfegen konnte. Die Autorin der Harry Potter Romane, J. K. Rowling, die auch blitzartig aus einem niedrigen Status als alleinerziehende Mutter von Sozialhilfe zu Weltruhm aufsteigen konnte, profitierte von derselben Bewegung. Sie hat Merkur, den Signifikator für das Schreiben, sehr stark in Jungfrau auf demselben Grad.

Sie sehen, ohne Fixsterne kann man keine richtige Astrologie betreiben. Das Mondhaus des Sterns *Al Sharatain* beschreibt Macrons politische Tätigkeiten sehr gut, der heftig-wütende Start eines neuen Zyklus, der verstärkt und fokussiert wird von den anderen Positionen im Horoskop, er will nur erreichen, dass es vorangeht. Die mit diesem Haus verbundenen Planetenherrscher, Saturn und Mars, erzählen uns mehr über die Art, wie er das Versprechen des Hauses einlösen wird. Sie sind beide im siebten, einem Eckhaus, platziert. Also wird er fähig sein, in dieser Welt etwas zu erreichen, aber es wird mit harter Hand sein. Beiden Übeltätern fehlen essenzielle Würden und darum zeigen sie ihre schlechtesten Seiten von aggressiver Macht und Härte, das wird noch viel Widerstand hervorrufen.

Dies ist das erste Beleg für den konkreten Beweis, dass die präzessierte Option, die *Mesarthim* als den Anfangspunkt des lunaren Häuserkreises nimmt, eine gute Idee ist. Nach der archetypischen Option (wo der Mondhäuserkreis bei 0° Widder beginnt, wie oben erklärt) wäre der Mond im Al-Dabaran-Haus, beschrieben von dem mächtigen Königsstern *Aldebaran*. Dieses vierte Haus bringt auch Kampf, aber da ist nicht diese starke Vorstellung von Aufbruch und dem Start eines neuen Zyklus, was man so klar in Macrons Leben sieht. Noch dazu, wenn man seinen Mond im Al-Dabaran-Haus betrachtet. Er wäre er weit entfernt von dem Stern, der das Haus beschreibt, welcher nämlich 26° weiter bei 10° Zwillinge steht! Diese enorme Entfernung zwischen dem Haus und dem Stern, der es beschreibt, ist inakzeptabel. Es ist bemerkenswert, dass er an die Macht gekommen ist während des Firdars (Planetenphase), dieses starken erhöhten Mondes, dem generellen Signifikator des Volkes.

Das 2. Mondhaus – Al Butain

Al Butain: 16.02 Stier – 28.53 Stier
Stern: Botein, der Widderschwanz
Arabischer Buchstabe: Haa
Assoziierte Namen: Der kleine Bauch – der König
Assoziierte Planeten und Energien: Merkur/Saturn – Einigung nach dem Kampf, dem ersten Impuls Form geben

Das 2. Mondhaus ist auch ein Widderhaus, aber wie man oben sehen kann, ist der Fokus verschoben. Sein Name Al Butain bedeutet »der kleine Bauch«, um es vom letzten 28. Haus Al Batn-al Hut, welches der (große) Bauch des Fisches (Hut) ist, zu unterscheiden. Von der stoßenden Kraft des Horns hat sich der Schwerpunkt zum hinteren Teil des Widders verschoben, ein Zeichen dafür, dass ein gewisser beruhigender Einfluss erwartet werden kann. Die unverfälschte Schärfe und Gewalt eines völlig neuen Impulses, nachdem er in Al Sharatan durchgebrochen ist, ist ein etwas gezähmt. Dieses Mondhaus ist nicht so »ungezähmt« wie das erste. Der herrschende Stern ist *Botein* und dieser wird manchmal auch beschrieben als Teil des Widderschwanzes. Man darf annehmen, dass der Unterschied zwischen einem Horn und dem Schwanz keiner Erklärung bedarf.

Trotzdem ist dies immer noch ein Teil des Widders und seine wilde Art gilt hier auch, wie alle Schlüsselbegriffe des Al-Sharatan-

Hauses, nur in ein wenig milderer und konkreterer Form. Dies zeigt auf, dass die Häuser wirklich eine miteinander verbundene Serie darstellen, der kreative Impuls bewegt sich durch den ganzen Zyklus in aufeinanderfolgenden Stufen hindurch. Die Bedeutung und der Effekt eines Hauses tragen zum Sinngehalt und dem Einfluss des nachsten Hauses bei. Es ist wie im Leben – das Gedeihen und Altwerden eines kreativen Impulses auf seinem Gang durch die 28 Stationen. Das ist besonders stark, wenn die beiden Häuser zu demselben Sternbild gehören wie in diesem Fall. Sie können dann als zwei Episoden derselben Geschichte gesehen werden.

Auch dieses Haus hat somit eine Verbindung zu dem Mythos von Phryxos und Helle, der hier nicht noch einmal erzählt werden soll, da er ja im vorherigen Kapitel von Al Shatain enthalten ist. In milderer Form hat er dieselben Schlüsselbegriffe, ein paar mehr kommen hinzu. Im vedischen System sind diese beiden Häuser fast dieselben wie in unserer arabischen Variation: Die beiden aufeinanderfolgenden Häuser gehören zu den beiden Teilen des Widders. Bemerkenswerterweise werden die beschreibenden Sterne in der indischen Serie als drei kleine Sterne in dem »Bauch« des Widders »mit dem Aussehen einer Vagina« beschrieben. Darum wird dieses Haus mit Sexualität und Gebären in Verbindung gebracht und es scheint, dass der arabische »Bauch« sich ebenfalls darauf bezieht.

Das ist mehr als logisch, da die Feuer des Widders in Al Sharatain im Horn hier weiterbrennen und sich daher mehr mit diesem milderen Widderhaus verbinden. Auch dadurch, dass es im Körper des Widders ist, bekommt der erste freie Brennimpuls eine konkrete Form, indem er sich mit Sexualität verbindet, fruchtbar sein und Früchte tragen kann. Der beschreibende Stern ist in der Nähe des Schwanzes, also dort, wo tatsächlich die Widderkonstellation endet und dem Stier zum Werden verhilft.

Der arabische Buchstabe Haa repräsentiert die Nummer 5 und bezieht sich auf das ursprüngliche fünfte Ätherelement, aus dem die anderen vier entspringen. Er gehört also zu einer mehr konkreten Ebene und passt auch gut zum

Feuerelement. Es wird gesagt, dass dies ein Symbol zur Ausrichtung auf Gott ist (das goldene Vlies, um der materiellen zu entkommen).

Das ist die Phase, in der der gesamte ursprüngliche Feuerimpuls eine mehr konkrete Erscheinung annimmt, anstatt nur ein Impuls zu sein. Das zeigt, dass der starke Kampfgeist vom Startpunkt immer noch sehr präsent ist. Der Name der Schwester von Phryxos, Helle, scheint eine Verbindung mit Griechenland, Hellas nahezulegen, wo sich die ersten materialistischen Haltungen (Fall in den Hellespont) entwickelten, die durch und durch die europäische Kultur beeinflussten. Es ist das Meer von Helle, das den »materiellen Westen« von dem »spirituellen Osten« (wo die Sonne aufgeht) trennt, das Meer über das Phryxos vor der materiellen Ino flieht.

Das Bild, das mit dem Haus assoziiert wird, ist das eines sitzenden gekrönten Königs, der die kriegerische Energie, die sich beruhigt hat, ausstrahlt. Er hat sich gesetzt und man kann sich ihm jetzt annähern. Die Planetenenergie ist hauptsächlich Merkur mit etwas Saturn, was die leicht flexible Natur des Hauses anzeigt.

Dieses Haus zeigt so wie das erste Haus Feuer, Kampfbereitschaft, Neubeginn und hingebungsvolle Suche, und außerdem eine zugänglichere Natur und eine materielle Form. In der Elektionsastrologie ist dieses Haus gut für alles oben Erwähnte sowie für die Annäherung an Autoritäten und die Suche nach Vorteilen, Erwerb von Gunst.

Ein gutes Beispiel, wie dieses Haus in einem Leben wirken mag, ist das Horoskop des in Rom geborenen Avantgardepoeten und Kunstkritikers Guillaume Apollinaire. Apollinaire ist das Pseudonym von Wilhelm Albert Wlodzimiers Apolinary de Kostrowicki, uneheliches Kind einer polnischen Mutter und eines italienischen Offiziers. Er reiste viel, lebte aber oft in Frankreich und schrieb auf Französisch. Das neunte Haus der fremden Länder ist in diesem Horoskop betont. Er war Dichter, Lehrer und Schriftsteller sowie einer von Picassos Freunden und ein Teil der kubistischen und surrealistischen Avantgarde dieser Zeit. Er war mit vielen wichtigen Künstlern der Avantgarde in Kontakt.

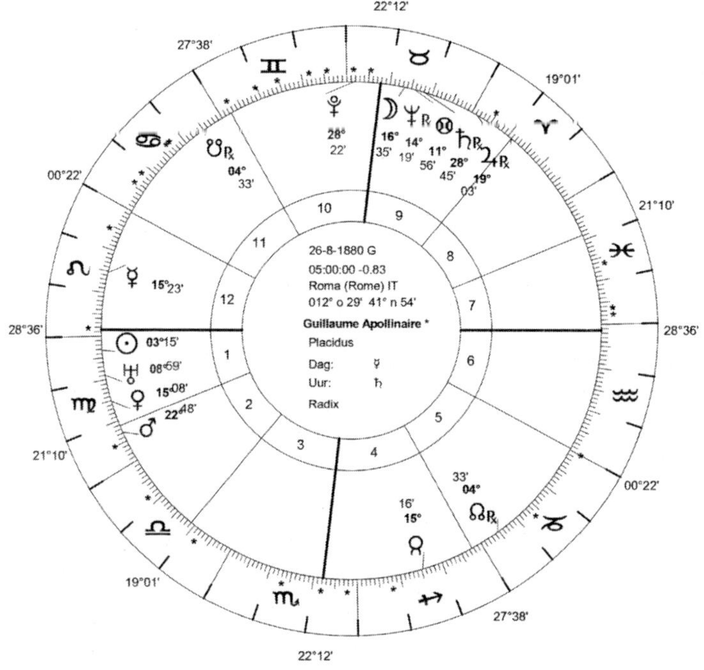

Venus, der Planet der Kunst ist sehr passend der Herr des 10. Hauses und der öffentlichen Aktivitäten. Sie ist im 1. Haus platziert und kann sich dort klar entfalten. Da sie dort in der Jungfrau im Fall steht, wird sie ihre schlechteste Seite zeigen, sie wird nicht sehr ästhetisch oder schön sein und die surrealistische und kubistische Avantgarde war ja auch nicht zu interessiert an traditionellen Formen der Schönheit. Die Jungfrau ist eins von Merkurs Zeichen, das eine »Stimme hat«, Apollinaire war ein Dichter unter den Malern, er selbst griff nicht zum Pinsel. Eines seiner berühmtesten Gedichte ist das LIED DER SCHLECHT GELIEBTEN, inspiriert von einer unglücklichen Liebesaffäre, die er als junger Mann mit einem Bauernmädchen in den belgischen Ardennen im Dorf Stavelot hatte. (Dort gibt es heute noch das Hotel der »schlecht geliebten«, der MAL-AIMÉ). Der Übeltäter Saturn ist Herr vom 7. Haus der Beziehungen und steht im 9.

Haus der Reisen und fremden Länder. Er ist sehr schwach gestellt in seinem Fall und rückläufig. Er ist auf dem Andromedastern *Mirach* platziert.

Kein Wunder, dass er zu einem unglücklichen Liebesleben neigte, aber *Mirach* ist ein Venusstern in der Konstellation Andromeda, der stark mit den Künsten assoziiert wird und insofern auch eine Quelle der Inspiration ist. Sein Aszendent ist auf dem mächtigen *Regulus*, dem bedeutendsten aller Königssterne, der zum Thron führt. Hier sieht man, warum er mit so viele Berühmtheiten wie Picasso in Kontakt war und warum wir noch immer seinen Namen kennen. Die Sonne steht ganz in der Nähe im 1. Haus und verweist auf das Pseudonym, das ihn berühmt machte. Apollo ist ja der Sonnengott. Sein Sonnenpunkt (Asz + Sonne - Mond), auch Punkt der Zukunft genannt, ist die Stelle im Horoskop, wo wir dazu neigen, die Zukunft zu erkennen. Diese hat den optimistischen Zukunftsplanet Jupiter, zugleich Herr von Haus 5 (Kreativität), als Dispositor – also sehr passend zur Kunst der Avantgarde. Der Punkt des Mondes (Glückspunkt) zeigt unseren Hunger. Er ist im 9. Haus der Ideen und hat Venus als Dispositor, den Planeten der Künste.

Der Mond steht in seiner Erhöhung und nach dem traditionellen Orbis von 5° für Häuserspitzen im 10. Haus. Also wird der Mond eine wichtige Rolle in seinem Berufsleben spielen. Das reflektiert den Surrealismus, den er so sehr förderte. Surrealismus löst Form und Struktur auf. Er will fließend sein und versucht Bilder zu erschaffen, die die emotionalen Impulse spontan aufsteigen lassen. Apollinaire praktizierte »Automatisches Schreiben«, bei dem man einfach aufschreibt, was hochkommt, ohne einzugreifen. Lunarer kann man nicht werden! Das Mondhaus Al Butein mit seinen Assoziationen von feurigem innovativem Impuls, der jetzt in eine konkrete Form gegossen wird, passt perfekt in den Kernmythos. Merkurs Energie beschreibt dieses Haus, der Planet des Schreibens steht im 12. Haus und hat ein Quadrat sowie durch Antiszien eine Konjunktion zum fließenden Mond – also ja, mit Hilfe von lunaren Aktivitäten in der Öffentlichkeit ist er in der Lage das Versprechen des Hauses zu verwirklichen.

Das 3. Mondhaus – Al Thurraya

Al Thurraya: 28.52 Stier – 11.45 Zwillinge
Stern: die Plejaden
Arabischer Buchstabe: Ayn
Assoziierte Namen: die vielen Kleinen
Assoziierte Planeten und Energien: Mond/Mars – Jagd nach materiellem Überfluss

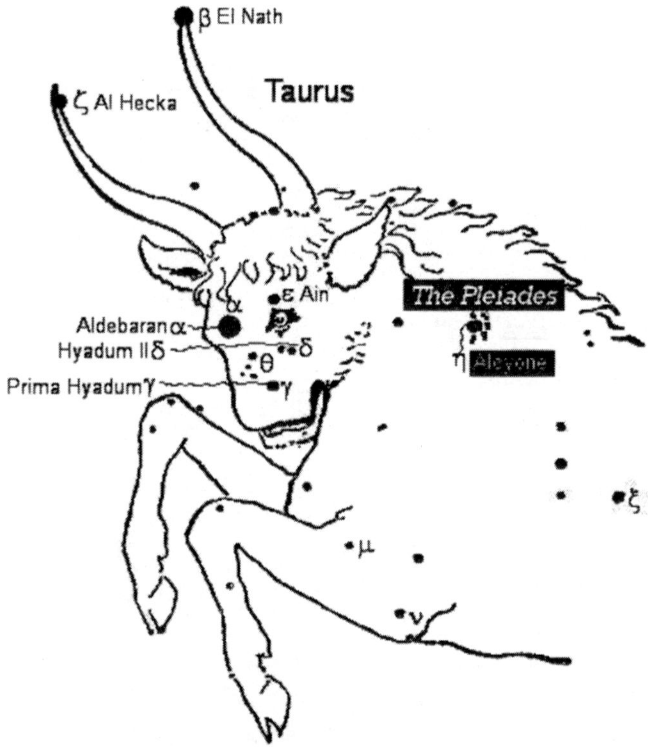

Im 3. Haus des lunaren Zodiaks Al Thurraya wird die Flamme des anfänglichen Widderimpulses zurückgelassen. Al Thurraya ist Teil der Stierkonstellation und dadurch viel irdischer veranlagt. Dies ist das Haus, das wahrscheinlich die berühmteste Sternengruppe des Himmels beherbergt, der Plejaden. Der traditionelle arabische

Name wird als »viele Kleine« übersetzt und das verweist auf die Zerstückelung und Aufsplitterung der Plejaden. Das ist keine sehr glückliche Anhäufung von Sternen. Die Plejaden haben einen schlechten Ruf, sie sind ein Teil der verlängerten Krisenzone, die sich von *Algol* auf 26° Stier bis *Aldebaran* derzeit 10° Zwillinge erstreckt. Beobachtet man sie am Nachthimmel, sieht man, dass ihr Licht in einen Sternennebel eingebettet ist. Das ist kein positives Zeichen, es zeigt göttliches Sternenlicht, das von Materie getrübt wird.

Die sieben Sterne der Plejaden stellen die sieben Schwestern dar, die einst an sieben weise Männer verheiratet wurden und den Nordpol umkreisten wie der Große Wagen – ein Platz in Gottes Nähe. Doch die Schwestern wurden verführt und fielen vom Polarkreis herunter auf den irdischen Tierkreis, weit weg von Gott. Die Zahl sieben hat mit den sieben Planeten zu tun, den sieben Kräften oder Siegeln, die unserem Leben auf Erden Form geben. Insofern bedeuten die Plejaden unglückliche Bindung an die irdischen Umstände. Das wird bestätigt durch den Umstand, dass sie Töchter des Titans Atlas (ein Erdriese) sind, der durch einen Trick dazu gezwungen wurde, die Erde auf seine Schultern zu nehmen. Die Idee von schwerem materiellem Druck ist klar.

Die sieben Schwestern sind auch die jungfräulichen Gefährtinnen von Diana, der unabhängigen lunaren Jagdgöttin. Da der Mond ein Symbol des irdischen Lebens ist, kann man hier dasselbe zentrale irdische Thema erkennen, aber in einer positiveren »Jungfrau-Art«. Diana wollte mit Männern nichts zu tun haben und dies wurde von ihren Dienerinnen verlangt, damit sie mondhaft rein blieben. Nach dem Mythos hat Orion, der prahlerische brutale Jäger, die Plejaden immer mit klaren sexuellen Absichten verfolgt. Also gibt es auch hier das Thema von enttäuschten Beziehungen und Trennungen. Der Name des Hauses spricht klar von der Idee der Trennung.

Jedoch scheinen die Texte über dieses Haus, die man in den alten Büchern findet, dies nicht vollkommen klar widerzuspiegeln. Sie neigen vielmehr dazu, recht positiv angelegt zu sein, obwohl auffällt, dass sie hauptsächlich positiv über weltliche Dinge wie

Reichtum, Besitz und Karriere sprechen. Man sieht, dass das Haus Teil einer Stierkonstellation ist, verbunden mit der materiellen Ebene, und selbstverständlich gibt es auch hier zwei Seiten einer Münze. Ein intensiver Fokus auf das Materielle macht erfolgreich und reich, aber er macht einen auch zu einem Gefangenen genau dieser materiellen Kräfte, drückt einen nieder und macht unglücklich. Die sieben Sterne beziehen sich auf die sieben Planeten, die uns einsperren in Materie – die Verbindung mit den Weisen da oben ist verloren. Das ist genau auch der Mythos des Stiers. Der Bulle ist Zeus, der die Prinzessin Europa zurück zu ihrer spirituellen Herkunft bringt, also kann Europa sich von ihrer materiellen Fesselung befreien. Jeder Mythos enthält ein Rezept, um die Probleme, die in ihm stecken, zu lösen.

Es gibt oft Verwirrung im Hinblick auf das Wesen der Plejaden. Das kommt von einer falsch verstandenen Stelle aus der Bibel (Buch Hiob 38:31), wo gefragt wird: »Kannst du die süßen Einflüsse der Plejaden binden?« Das Wort »süß« scheint zu zeigen, dass die Plejaden einen schönen und positiven Effekt haben, aber das verdeutlicht nur die grundsätzliche Bedeutung der Sternengruppe. Süß bedeutet hier attraktiv, etwas erscheint schön, und alles, was die Plejaden widerspiegeln, wie die Themen Reichtum und Erfolg, scheint attraktiv zu sein. In ihrer Essenz sind sie jedoch übelwollend. Denn sie sperren einen ein in den »irdischen« Angelegenheiten, die sie bringen. Das ist nicht gut für einen, weil es einen von höheren Dingen abschneidet. Darum muss ihr Einfluss unterbunden werden! Typisch allerdings, die Aufmerksamkeit liegt immer auf der Süße, während doch die Bindung der eigentliche Punkt ist, um den es geht.

Das »Ayn« ist der assoziierte Buchstabe, er ist verbunden mit der Zahl 70, (10 x 7 – die Zahl der Plejaden), es werden hier materiell gebundene Kräfte (die sieben Planeten) multipliziert. Der Buchstabe hat einen fetten »Bauch«, mit dem er diese ausgesprochen materielle Seite zeigt. Der Schritt in den Schöpfungsprozess wird universale Natur genannt, was wieder auf dasselbe Thema hinweist. Es ist nur folgerichtig, dass ein materielles Stierhaus, das mit dem kreativen Impuls der Form assoziiert wird, und sich mit der »universellen Natur« verbindet, mit ganz konkreten Dingen gefast ist. Die Planetenherrscher in diesem Haus sind Mond und Mars. Das korrespondierende Nakshatra-Haus heißt das Messer: Es zeigt ebenso Themen wie rücksichtslose materielle Bestrebungen, Scheidung und Trennung. Das Bild des Hauses ist eine sitzende Frau mit der rechten Hand über ihrem Kopf. Die Frau zeigt Energie, die jetzt materiell wird (mater = Mutter), die rechte Hand zeigt nach oben, um auf die verlorene Bindung mit dem Geist zu weisen.

Dieses Haus ist gut für rücksichtsloses Erfolgsstreben, für Reichtum und materiellen Erfolg, obwohl sein einseitiger materieller Fokus Konsequenzen haben wird und Liebesbeziehungen leiden werden. In Elektionen ist dieses Haus gut für Anschaffungen und für nach Erfolg strebende Unternehmungen.

Ein gutes Beispiel, wie Al Thurraya sich in einem Leben manifestieren kann, zeigt das Horoskop von Tina Turner. Der Herrscher ihres 10. Hauses der Arbeit ist sehr passend die Venus, Planet der Kunst, platziert im 5. Haus der Kreativität. Diese Venus, Herrin von 10, ist in starker gegenseitiger Rezeption mit dem großen Wohltäter Jupiter, Herr von 5, der Kreativität. Jupiter steht sehr stark in seinem Domizil, da er in dem Zeichen steht, in welchem Venus in Erhöhung ist, und zugleich steht Venus im Domizil von Jupiter. Dieser vergrößert die Dinge und dies zeigt Tinas sehr energetischen Stil. Außerdem fällt Jupiter auf *Scheat*, einen Stern im Bein des fliegenden Pferdes Pegasus. Pegasus ist auf dem Weg zum Berg Olympus, was alles andere als beruhigend ist.

Dieser bedeutsame Jupiter, der große Wohltäter, ist durch Antiszien (Position gespiegelt über die Krebs-Steinbock-Achse) verbunden mit einem Lospunkt von Jupiter (Asz + Jupiter – Punkt des

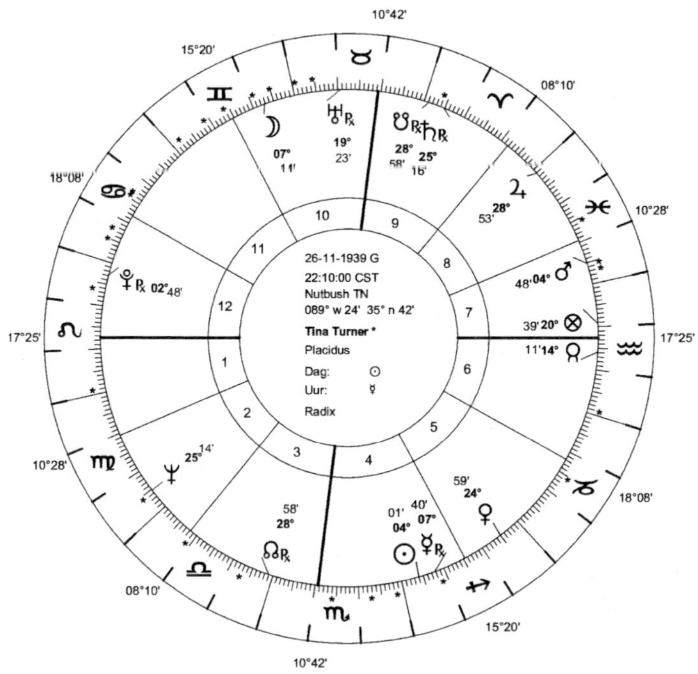

Geistes). Dieser Jupiterlospunkt wird auch der Siegespunkt genannt. Diese Lospunkte drücken die essenzielle Energie eines Planeten aus, also ist dies ein betont »jupiterartiger« Jupiter! Der sehr starke Jupiter und Herr von 5 (Kreativität), ist auch in gegenseitiger Rezeption mit Mars. Jupiter steht in einem Wasserzeichen und Wasser hat Mars als seinen Elementenherrscher und er steht gleichzeitig im Gesicht des Mars. Der energetische Mars selbst ist in den Fischen im Zeichen Jupiters, daher haben Jupiter und Mars eine starke Verbindung. Mars ist »in seiner Triplizität«, im richtigen Element, also hat er eine innere Qualität, er kann sich im 7. Haus in der Welt leicht manifestieren und er ist auf dem Stern erster Magnitude, *Deneb*, dem Hauptstern des Schwans, mit einem Venuscharakter und eng verbunden mit den Künsten. Bekommt man da nicht ein Bild, wie sie auf der Bühne steht?

Tina Turner wurde ein paar Stunden nach Vollmond geboren,

zu einem Zeitpunkt, in dem der Mond sehr schwach ist. Er ist komplett mit Sonnenlicht gefüllt, absolut beherrscht von der Sonne. Vollmond als die Opposition zwischen der männlichen Sonne und dem weiblichen Mond weist auf mögliche Probleme in der Beziehung hin. Der Herr von 7 beschreibt einen wichtigen Partner und/oder Dinge, die in einer Partnerschaft passieren. Hier ist es ein äußerst schwacher großer Übeltäter – Saturn rückläufig in seinem Fall und in Konjunktion zum unangenehmen Südknoten. Saturn steht auf *Al Pherg*, einem Stern in der Konstellation Fische, zugleich ein Stern von schicksalhaften Ereignissen. Einen schlechteren und gemeineren Herrn von Haus 7 kann man sich gar nicht vorstellen. Tina Turner litt jahrelang unter gewalttätigem Missbrauch durch ihren mental instabilen Ehemann Ike.

Als Baptistin aufgezogen, ist sie später Buddhistin geworden. Herr von 9, der Religion, ist Mars – wie oben erwähnt in gegenseitiger Rezeption mit diesem starken Jupiter, dem generellen Signifikator für Religion, auf dem Jupiterpunkt. Sie sagt, dass sie ohne eine spirituelle Aktivität den ganzen Ärger und Missbrauch nicht überlebt hätte. Das erinnert auch an das Bild der Frau, deren Hand nach oben zeigt. Al Thurayya mag einen zwar tief mit nach unten in die Bereiche des Elends der Materie nehmen, aber die Verbindung mit Höherem geht nie verloren. Die Plejaden sollen sieben Schwestern sein, aber tatsächlich sieht man nur sechs helle Sterne, von einem wird gesagt er sei verloren, denn er ist unsichtbar. Der siebte ist zurück zu seinem göttlichen Ursprung gegangen und zeigt damit dasselbe Thema auf. Dies ist ein schwer materialistisches Haus, aber wir können uns nicht total in der Materie verlieren. Auch in anderen Punkten hat Tina Turners Leben viele Züge des Plejadenhauses. Der energetische Ehrgeiz, der Erfolg, die weibliche Kraft (Diana!), der Stress in ihrer Ehe mit Ike.

Die Herrscher des Hauses Mars und Mond sind stark genug in Eckhäusern des Horoskops, sodass sie befähigt wurde, das Versprechen des Hauses zu erfüllen. Die Stellung des Mondes in ihrem Horoskop zeigt eine technische Komplexität. Auf 7.14 Zwillinge ist er noch im Al-Thurayya-Haus, aber der Mond ist auch recht nah am machtvollen königlichen *Aldebaran*, dem Großen Auge des Bullen, dem Stern und Herrscher des nächsten Hauses. Dieser Einfluss von *Aldebaran* auf ihren 10.-Haus-Mond trägt auf jeden Fall zu ihrem Erfolg bei. Es wirken zwei unterschiedliche Sternenergien auf den Mond ein, *Aldebaran* direkt durch die Sternenkonjunktion und die Plejaden und indirekt durch das Mondhaus, eine Phase im lunaren Zyklus der kreativen Stufen.

Das 4. Mondhaus – Al Dabaran

Al Dabaran: 11.45 – 24.36 Zwillinge
Stern: Aldebaran, das rote Auge des Bullen
Arabischer Buchstabe: Hah
Assoziierte Namen: der Anhänger, der Ritter
Assoziierte Planeten und Energien: Mars – Kampf, Uneinigkeit, Feindschaft, materieller Erfolg

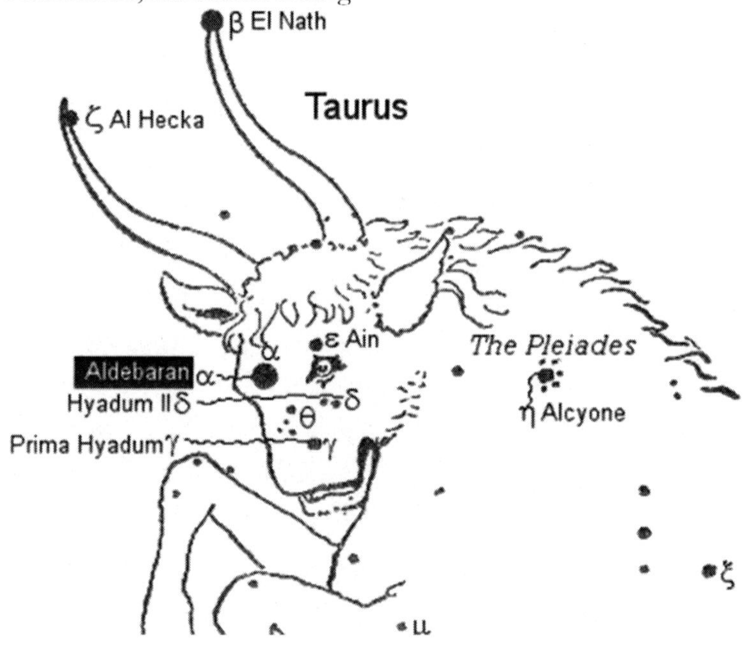

In diesem Haus haben wir uns von den Plejaden auf der Schulter des Bullen zum Auge bewegt, dem intensiv roten und kriegerischen Stern *Al-Dabaran*. Dies ist immer noch ein Stierhaus, darum hat es all die materiellen Verknüpfungen, die wir auch in Al-Thurrayya gesehen haben, allerdings auf eine andere Weise. Die Bedeutung des arabischen Namens ist klar, es ist der Nachfolger, es folgt den Plejaden. Es ist das zweite Stierhaus und die zweite Phase des schöpferischen Impulses, der wirklich in der Materie verstrickt ist. Die Mondhäuser sind eine Serie, in der sich ein Haus in das nächste hineinentwickelt. Das sieht man an den aufeinanderfolgenden kreativen Schritten. In diesem zweiten Stierhaus sticht der der königliche *Aldebaran*, das linke Auge des Bullen, heraus. Sein intensiver Blick ist auf die Erde gerichtet. Das symbolisiert seine konzentrierte Aufmerksamkeit für materielle Dinge.

Wie wir im Text über das erste Stierhaus schon gesehen haben, entführt Zeus in Gestalt eines Bullen die Prinzessin Europa (Symbol für die Seele) und bringt sie zurück zur Insel Kreta, dem Land ihrer Herkunft. Das ist erneut ein Rezept oder die Lösung: Durch die unausweichlichen Erfahrungen der materiellen Welt muss der spirituelle »Punkt der Abfahrt« unserer Seele wiedergefunden werden. Dafür müssen materielle Bindungen durchtrennt werden, dies wird zum Beispiel bei der traditionellen spanischen *Corrida* gezeigt, einem typischen Stierritual. Natürlich wäre ideal und optimal, diesem Rezept zu folgen, aber meistens ist es nicht das, was wir im Leben sehen, weil andere Eigenschaften dieses Hauses des Bullenauges oft deutlicher zum Vorschein kommen. Und dennoch können diese Gesichtspunkte, seien sie höher oder niedriger, zurückverfolgt werden auf eine reichhaltige Grundsymbolik. Die einfache Wahrheit ist, dass man auf einen Schlag alle materiellen Bindungen hier und jetzt kappen kann, man muss nichts festhalten und auf diese Weise wird man sofort nach Kreta zurückkehren.

Aldebaran ist ein sehr mächtiger Stern und seine planetarische Natur wird nur von Mars beschrieben. Dies ist eine Ausnahme, denn planetarische Charakterisierungen von Sternen und Konstellationen werden meistens mittels der Kombination zweier Planeten angegeben. Hier sieht man also einen starken Kampfgeist, er wird für seinen materiellen Erfolg kämpfen, indem das rote Auge zwanghaft auf die irdische Welt fixiert ist. Dieses Mondhaus des roten Auges ist nicht sehr harmonisch, die Schlüsselworte, die man dazu in den Büchern findet, sind ziemlich feurig: Uneinigkeit, Kampf, Feindschaft, Chaos, Böswilligkeit und Verhinderung. Dies ist ein wenig zu einseitig, das Haus bringt auch Erfolg durch seine materielle Orientierung, und der Bulle kann auf jeden Fall mit sexueller Energie in Verbindung gebracht werden. Mars ist schließlich der generelle Signifikator für die sexuelle Energie – dies heißt, der fruchtbare Zeus entführt eine Prinzessin.

Wie sich die Energie eines Hauses in einem Leben manifestieren wird, erkennt man an den Würden der Planetenherrscher, an den essentiellen und den akzidentiellen Würden, gedeutet auf die übliche Art. Durch viel essentielle Würde wird die positive Seite stärker hervorgeheben. Die Menge der akzidentiellen Würden zeigt, wie effektiv das Versprechen des Hauses in der Welt umgesetzt werden kann. In diesem martialischen Haus sollte die Beschaffenheit des Mars sehr genau eingeschätzt werden, dieser Planet wird sehr viel Einfluss ausüben. Es besteht ein großer Unterschied zwischen den Auswirkungen von Al Dabaran in einem Horoskop mit Mars in seinem Fall und einem Horoskop mit Mars im Domizil, wenn die Marsenergie nicht gut funktioniert. Mars wird eine Auswirkung darauf haben, wie das Haus sich zeigt.

Das symbolische Bild des Hauses zeigt deutlich die martialische Natur. Es ist ein bewaffneter Mann, der auf einem Schlachtross reitet und in der rechten Hand eine Schlange hält. Die Schlange steht für materielles Verlangen, Verlangen entsteht aus Dualität, wofür die Schlange ein Symbol ist. Das ist sehr passend für dieses materielle Haus.

Der arabische Buchstabe ist Hah, der mit der Zahl 8 assoziiert wird, die zweimal die irdische 4 enhält. Er gehört zum Erdelement. Dieser Buchstabe hat auch einen »großen Bauch«, so zeigt er seine materielle Natur. Wieder wird gesagt, dass dies die »Essenz in der Erscheinung, der Präsenz und der Existenz« ist – wie auch der Buchstabe im 2. Mondhaus interpretiert wurde. Da dies der erste Buchstabe des Verbs »lieben« ist, wird er verbunden mit dem Satz »wahrlich ist Gott schön und liebt Schönheit«, was auf die Schönheit materieller Formen hindeutet. Das Wort »er liebt, wen auch immer er auserwählt, und er hasst, wen auch immer er will« lässt den martialischen Einfluss erkennen. Die kreative Stufe heißt Materia Prima, in der Alchemie ist dies die völlig unbestimmte Substanz, die jeder materiellen Form unterliegt. Sie ist bereit, den geistigen Impuls zu empfangen, sodass sich eine konkrete Form manifestieren kann. Das korrespondierende Mondhaus in der indischen Astrologie hat auch eine sehr sinnliche und materielle Natur.

Dieses Haus gibt Kampfgeist mit viel feuriger Energie, die sich darauf richtet, materielle Erfolge zu erzielen. Es bringt Streit, Reibereien und Feindschaft. Es nicht sehr harmonisch. Es hat auch eindeutig einen sinnlichen Aspekt wegen der feurigen Energie im Bullen. Für Elektionen erwähnt der Text alle Arten von Kampf, Unfreundlichkeit, Jagd und Kriegsführung. Es ist deutlich, dass dieses Haus nicht gut ist für Heirat.

In der Berechnung von Bette Davis' Horoskop wird in vielen Archiven als Geburtszeit 21:00 angegeben, aber ich würde vorschlagen, dass es 5 Minuten früher war, MC stünde dann auf Regulus, dem sehr mächtigen Herzen des Löwen. Das ist fast eine Garantie für großen Erfolg. Es würde auch bedeuten, dass der Herr von 4 (der Familie) ein schwacher Saturn in seinem Fall ist. Das scheint viel besser zu dem zu passen, was wir über ihre Familie wissen. Die Sonne wäre dann Herr von 10 (der Job), stark in ihrer Erhöhung im 5. Haus der Kreativität stehend. Diese Geburtszeitkorrektur scheint eine gute Idee zu sein.

Davis war berüchtigt für ihre »Direktheit«, nichts Süßes oder Subtiles war an ihr. Das sieht man in ihrem Horoskop sofort, denn Herr von 1 ist Mars in seinem Fall im Stier. Hier wird sich Mars von

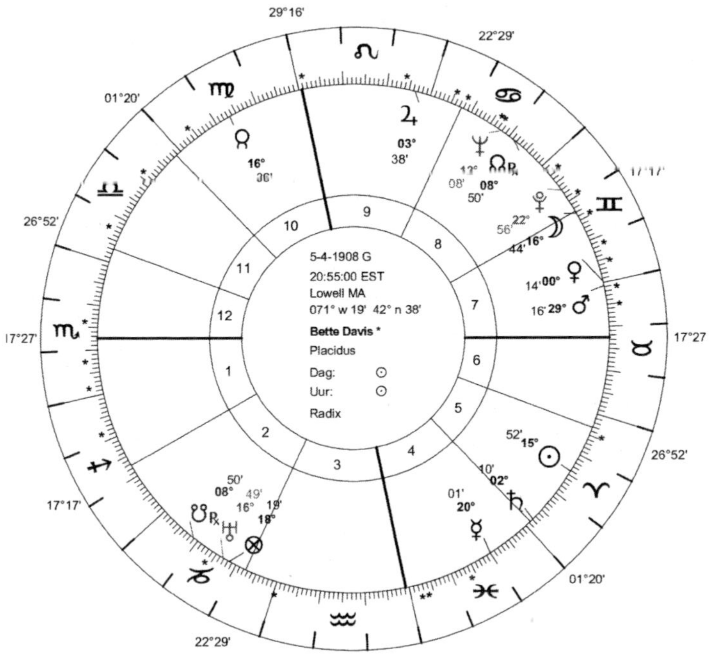

seiner am wenigsten attraktiven Seiten zeigen. Er ist im 7. Haus und das wird sich in Beziehungen mit anderen zeigen. Er steht auf *Alcyone,* dem Hauptstern der Plejaden, den weinenden Schwestern, die Blindheit und Enttäuschungen bringen. Venus ist in der Nähe, doch schon im nächsten Zeichen. Also bewegt sich Venus, Herr von 7, weg von Mars, Herr von 1 (Davis). Das ist nicht gerade vielversprechend für stabile Beziehungen und sie war viermal verheiratet.

Mars ist auch Herrscher des 5. Hauses der Kreativität, Venus in der Nähe ist der Kunstplanet und Herr von 10 ist im kreativen 5. Haus. Diese Kombination zeigt die Schauspielerin. Wenn es in einem Horoskop drei Hinweise auf eine bestimmte Aktivität gibt, was auf verschiedene Art sein kann (ein Stern, ein Haus, ein Planet oder ein Lospunkt), dann können wir sicher sein, dass sie sich manifestiert. Dieses Horoskop wirft auch noch eine technische Frage auf. Mond steht auf dem mächtigen Stern *Rigel* in der Konstellation des Jägers Orion. Orion ist ein harter Kerl, er ist nicht sehr feinfühlig, tritt sehr direkt auf und das passt wiederum sehr gut zu dem, was wir über sie wissen. Aber der Mond ist auch im Al-Dabaran-Haus, also wo gehört der Mond hin?

Dies sind zwei Perspektiven, die aber auseinandergehalten werden müssen. Wie auch immer der Mond steht, ob auf einem Stern, einem Punkt oder in einem Aspekt, dies gibt dann bestimmte Informationen. Zugleich wird der Mond immer eine »eigene« Position im lunaren Tierkreis innehaben, in der eine Sternenenergie zum Tragen kommt. Bette Davis' Mond auf 16.47 Zwillinge ist nicht sehr nah an *Aldebaran*, aber er nimmt am Aldebaran-Effekt teil, da diese Energie im gesamten Mondhaus Al Dabaran wirkt. Also ist der Mond mit zwei Sternen verbunden: mit *Aldebaran* durch das Mondhaus und mit *Rigel* durch Konjunktion.

Die Auswirkungen von Al Dabaran kann man in ihrem Leben eindeutig erkennen, natürlich von Planetenpositionen modifiziert: die Augen, das Streiten, die Eheprobleme, der Erfolg und die Sinnlichkeit, ihre typischen »neurotischen« Übeltäterrollen. Da Mars essentiell schwach ist, treten die unangenehmen Seiten stärker hervor. Das marsische Feuer im Mondhaus wird dazu neigen sich in endlosen Konflikten auszudrücken. Mars ist sehr stark in einem Eckhaus, also wird man ihn sehen, besonders in Beziehungen. Auch Brigitte Bardots hat den Mars auf *Aldebaran,* der ist jedoch essentiell stärker gestellt als der von Bette Davis. Darum wird sich in bei Bardot *Aldebaran* weniger radikal auswirken, denn Bardots Mars ist mehr dazu in der Lage, die feurige Energie dieses Hauses zu kontrollieren.

Das 5. Mondhaus – Al Haqa

Al Haqa: 24.36 Zwillinge –7.28 Krebs
Stern: Meissa (im Kopf des Orion)
Arabischer Buchstabe: Ghayn
Assoziierte Namen: der weiße Fleck, der Königskopf
Assoziierte Planeten und Energien: Mars/Merkur – Gunst erlangen, Kontrolle durch Denken

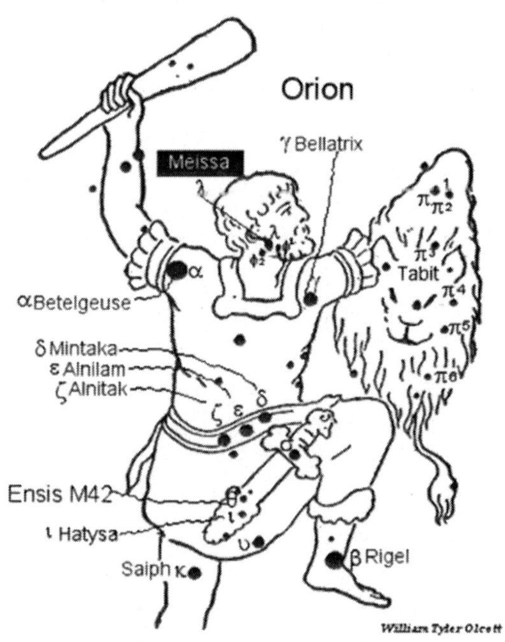

Der Name des 5. Mondhauses ist Al Haqa, und das bedeutet »weißer Fleck« und dies klingt ein wenig geheimnisvoll. Eine mögliche Erklärung ist die Platzierung seines herrschenden Sternes *Meissa* im Kopf des Orion, d.h. die Betonung dieses Hauses ist ganz klar der Kopf. Dies wird weiter bestätigt durch das assoziierte Bild, und das ist ein Kopf. Es kann also sein, dass das erwähnte »Weiß« auf das klare Denken hindeutet, was das Kernthema dieses Hauses ist. Die Konstellation des Orion, in der dieses Haus sich befindet, hat viel zu tun mit der Geschichte des wilden und groben Jägers, es gibt also eine Spannung durch die Betonung auf den Kopf, der den groben, instinktiven Jäger kontrolliert.

Die Konstellation Orion ist wahrscheinlich nach dem Großen Bären das bekannteste Sternbild, weil sie sehr groß ist. Erkennen kann man sie am Gürtel dreier Sterne und an den hellen Sternen *Rigel, Betelgeuse* und *Bellatrix*. Man kann sie kaum übersehen und wie immer hat dies auch einen symbolischen Beiklang. Astrologie ist eine Form des Wissens, das auf Qualität und Symbolik beruht, wir leben in einem Kosmos, der von diesen Prinzipien strukturiert wird. Allein die Größe von Orion zeigt, dass dies ein wichtiges Thema im Leben von Menschen ist, manche Traditionen sagen sogar, dass Seelen auf ihrem Weg ins irdische Leben zuerst den Orion durchqueren müssen. Das alles stellt uns Informationen über diese große Konstellation zur Verfügung.

Orion ist der erfolgreiche Jäger, dem es gelang, alle Tiere zu fangen und zu erlegen und das nährte natürlich seinen Stolz. Er vergaß, dass er nur ein Geschöpf mit begrenzten Möglichkeiten und kein Gott war, was den Göttern wie nicht anders zu erwarten, gar nicht gefiel. Sie beschlossen, ihm eine Lektion zu erteilen und schickten den Skorpion, ein Tier, das er nicht besiegen konnte. Orion starb an seinem giftigen Stich. Es wird auch gesagt, dass Orion nur aus einer Ochsenhaut bestand, dass er nichts weiter als ein grobes Bündel von materiellen Instinkten und Wünschen war, dem es an jeglicher höheren Führung mangelte. Er ist eine Hybris des menschlichen Egos, die Illusion nährend, dass er seine Hand gewalttätig auf die Realität legen kann.

Das Kernthema des Orion ist wohl klar, es hat zu tun mit großem Erfolg, aber Stolz und Arroganz werden mit dem Stich des Skorpions bestraft. Interessanterweise ist der Stern *Meissa*, der als Herrscher dieses Orionhauses gilt, nicht zu finden unter den Sternen, die in den alten Texten als astrologisch wichtig angegeben sind: Alle relevanten Sterne sind auf dem Gürtel, dem Schwert, den Füßen oder den Schultern platziert. *Meissa* ist jedoch im Kopf zu finden. Das zeigt eine Betonung der Kontrolle des klaren Denkens über die wilden animalischen Impulse des arroganten Jägers, der nur aus Materie zusammengeschustert ist. So wird hier der martialische Impuls von Al Dabaran im vorherigen Haus des roten, brennenden Auges des Bullen, der als kreativer Impuls in die Materie herabkommt, kontrolliert und diszipliniert. Dies ist eines der wenigen Häuser im arabischen System, das assoziiert wird mit einer nichtzodiakalen Konstellation. Es zeigt die Bedeutung des großen Orion.

Die ganze Spannung zwischen der Jägernatur und dem kontrollierenden Kopf spiegelt sich in den herrschenden Planeten wider.

Mars steht für die gewaltsamen Handlungen und Merkur für das rationale Denken. Die symbolische Bedeutung wurde oben schon erwähnt: ein Kopf oder das Denken, das Herrschaft und Kontrolle ausübt, indem man das Richtige tut und Impulse kontrolliert.

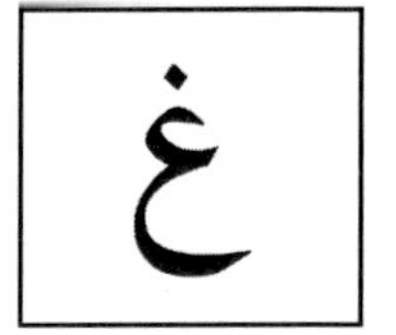

Der arabische Buchstabe Ghayn scheint ein sehr grafisches Bild von der Essenz des Hauses zu geben, da der Punkt über dem Buchstaben das symbolische Bild des weißen Punktes (Stern) wiederholt, der die Masse darunter kontrolliert. Es wird gesagt, er symbolisiere die Perfektion des erscheinenden materiellen Bildes, was die Kontrolle von einfachen materiellen Impulsen durch rationales Denken zeigt. Es gehört zum Erdelement, das der großen Orionnatur geziemt, seine Zahl ist 100, die Perfektion von 1 reflektierend aber vervielfältigt, weil manifestiert in Detail und Konkretheit. Der kreative Schritt ist der Universelle Körper, der die weitergehende Materialisation beschreibt. Das fünfte Haus im Hindusystem ist auch ein Orionhaus und steht für starke Instinkte, Leidenschaften und eine rohe Natur.

Das fünfte Mondhaus ist verbunden mit geistiger Aktivität, mit Gedanken und Intellekt, gedanklichen Lösungen, dazu da, starke instinktive und materielle Impulse zu kontrollieren. Es ist gut, um sich eine Gunst zu erbitten, da der weise Kopf das zentrale Bild hier ist, das leidenschaftliche Jagen nach Befriedigung der Wünsche.

Ein gutes Horoskop, um zu zeigen, wie Al Haqa in einem Leben wirkt ist das von Prinz William dem jetzigen Duke of Cambridge und wahrscheinlich zukünftigen König von England. Sofort auffallend in diesem Horoskop ist die Sonne, der allgemeine Signifikator für Könige, sehr auffällig im 7. Haus und durch Antiszien in Konjunktion mit dem Deszendenten. Es beschreibt seine Rolle als ein Königlicher, das siebte Haus ist das Haus von Anderen im Allgemeinen und nicht nur von Liebesbeziehungen. Es ist Teil eines Neumonds, also sehr stark verbunden mit dem Mond des Volkes.

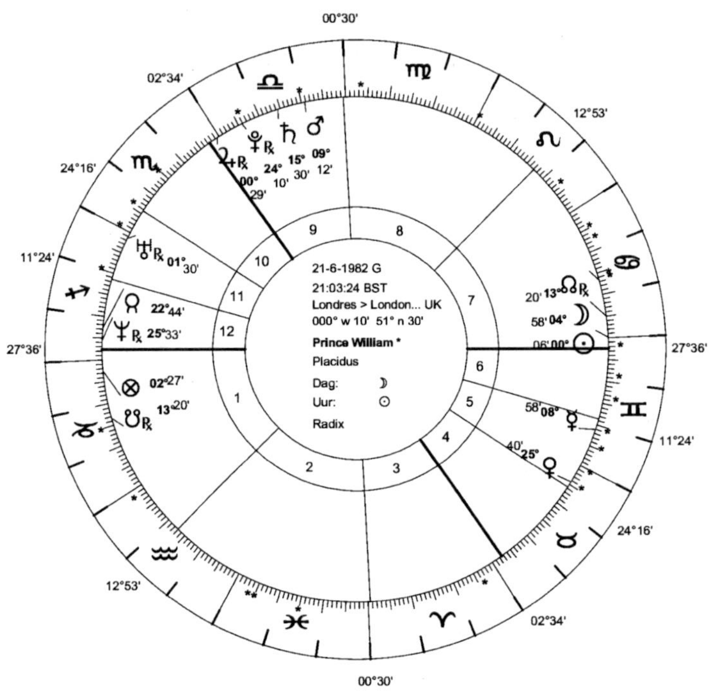

Man sieht auch, dass ein neuer Zyklus in der Beziehung zu den Leuten mit ihm begonnen wird. Mit Blick auf das, was passiert ist, sehr verständlich.

Der Neumond durch Antiszien auf dem Deszendenten opponiert den Aszendenten, also ist die königliche Rolle, die er spielen wird, in sehr angespannter Beziehung mit seinem persönlichen Leben am Aszendenten. Der Mond ist auch genereller Signifikator für die Mutter, er bewegt sich weg von der Sonne, indem er über die Zeichengrenze geht. Das Problem mit der Mutter wird bestätigt durch den Zustand von Mars, Herr von 10, der Mutter. Er steht sehr schwach in seinem Fall in der Waage und auf dem bösartigen Fixstern der Trennung und des Fallens, *Vindemeatrix*. Herr von Haus 4, der Familienwurzeln, ist eine sehr starke Venus im Stier, aber Venus steht auf dem schlimmen Bösewicht *Algol*, das zeigt den Ärger in der Familie.

Jupiter, Herr von 1, also Prinz William selbst, ist auf dem MC, er wiederholt die prominente öffentliche Position, die der Neumond gegeben hat, er ist in Opposition zum IC der Familie und der Position, die sie ihm gegeben hat. Der Glückspunkt oder der Punkt des Mondes, unser Hunger, opponiert den königlichen Neumond, er hungert also nach anderen Dingen als nach diesen öffentlichen solaren Dingen. Trotzdem wird er nicht einfach und leicht weggehen, weil Jupiter stationär in einem fixen Zeichen steht: er wird dazu neigen, seine Pflichten zu erfüllen trotz aller Spannungen in seinem Horoskop. Jupiter/Herr von 1, Prinz William »in seinem Leben«, ist auf der Grenze des Zeichens, er kann die andere Seite sehen und er hat vielleicht in Erwägung gezogen, hinüberzuwechseln, aber er tritt nicht in das andere Zeichen durch weitere Rückläufigkeit ein – Jupiter wird stationär und dreht um. Er bleibt im Zeichen.

Dieses Mondhaus passt sehr gut ins Bild. Es handelt sich um den Kopf eines Königs, der kühle Entscheidungen trifft und seine mehr instinktiven Impulse kontrolliert. Um zu sehen, wie das Haus sich für ihn auswirkt, müssen die Planetenherrscher Mars und Merkur ausgewertet werden im Zusammenhang mit dem ganzen Horoskop. Das wiederum zeigt die Zerrissenheit, Mars, der Ärger und feurige Impulse in sehr schlechtem Zustand in seinem Fall in der Waage. Mars hat als Herr von 10 auch mit der Mutter zu tun, nämlich Wut und Frustration über ihr Schicksal. Merkur, der klar denkende Teil ist in einem sehr guten Zustand in den Zwillingen auf dem mächtigen *Aldebaran* und als Herr des 7. Hauses verhandelt er mit anderen. Eine Balance wird gefunden, der Kopf des Königs, stark in essentieller Würde, wird fähig, seinen Ärger und seine Frustration zu kontrollieren und eine disziplinierte Entscheidung zu treffen.

Sein jüngerer Bruder Harry ist gegangen, Harrys Horoskop ist in vielen Punkten dem seines Bruders ähnlich, aber er hat nicht die solare Kraft in einem Eckhaus, er wird auch nicht König. Selbstverständlich steht sein Mond in einem anderen Haus und das sagt viel aus. Harrys Mondhaus ist *Al Botein*, der Bauch des Widders, das zweite Widderhaus. Dies ist noch ein Haus des wütenden

Widderfeuers, allerdings schon ein bisschen beruhigt. Wenn man also diese beiden Mondhäuser der beiden Brüder anschaut, wird klar, dass Harry derjenige ist, der dazu neigt mit seiner Familie und seiner Position zu brechen. Das Mondhaus kann als zentraler Kristallisationspunkt im Horoskop angesehen werden, der sehr grundsätzliche Entscheidungen, Erlebnisse, Motivationen, Haltungen, Tendenzen, Situationen und Vorkommnisse anzeigt. Eins der Schlüsselworte des *Al Botein* ist Aussöhnung, daran sieht man, dass man mit Schlüsselworten vorsichtig sein sollte. Kochbuch-astrologie ist zu vermeiden, man muss immer deuten.

Das 6. Mondhaus – Al Hana

Al Hana: 7.28 Krebs – 20.20 Krebs
Stern: Alhena, Fuß des Pollux
Arabischer Buchstabe: Kha
Assoziierte Namen: Die Markzeichen, kleiner Stern mit großem Licht, das Paar
Assoziierte Planeten und Energien: Merkur/Venus – Anziehung, Liebe

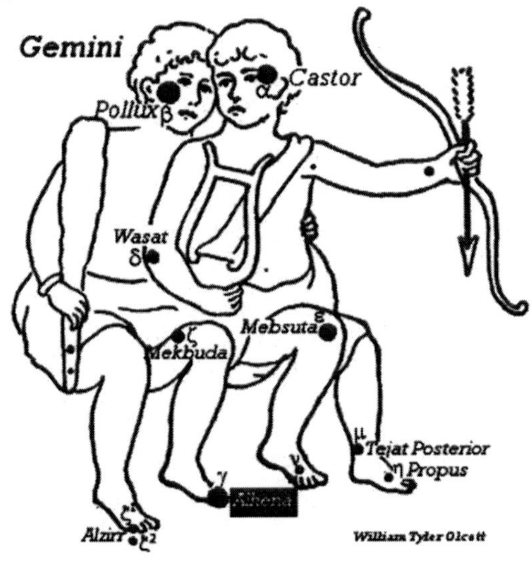

Das 6. Mondhaus fällt in die Konstellation der Zwillinge und es heißt Al Hana nach einem Stern *Alhena* auf Pollux' Fuß, der auf Arabisch für »Zeichen« oder »Mal« steht. Der Stern ist, wie man auch sagt, verbunden mit einem Brandmal, manchmal zeigt sich das sogar bei *Alhena* ziemlich wörtlich als eine Verletzung an den Füßen. Die Füße symbolisieren den Punkt, an dem Dinge konkret in die Tat umgesetzt werden, und das kann, wie wir alle wissen, ein ziemlich schmerzhafter Prozess sein. Dieser Kummer und die Spannung im Hintergrund kommen von dem Punkt, an dem die Erde berührt wird. Zwillinge, die Konstellation der Brüder Castor und Pollux, ist auf der tiefsten Ebene mit den beiden Polen verbunden, zwischen denen wir unser Leben auf der Erde leben. Castor und Pollux sind Brüder, aber zwei sehr verschiedene.

Castor ist der sterbliche Bruder, also der mehr erdgebundene Teil und Pollux ist der unsterbliche Bruder. Insofern strebt der unsterbliche nach einer Verbindung nach »oben« und kehrt zu der göttlichen Quelle zurück. Wir sind Geister in einer materiellen Welt, das bringt jedoch viele Probleme mit sich. Die Brüder symbolisieren ein grundsätzliches Paar, eine Dualität in enger Beziehung, »zwei Seelen in einer Brust«. Sie sind auch große Krieger, involviert in die Kämpfe des Lebens.

In einem dieser Kämpfe wird der sterbliche Castor getötet, aber auch danach bleiben die Beiden verbunden. Pollux lebt mit seinem Bruder für einen Teil des Jahres im Hades und danach will Castor für einen anderen Teil des Jahres auf dem Berg Olympus mit seinem Bruder sein. Alles hier illustriert, dass diese beiden Pole eines Paares eng verbunden sind, jedoch mit anderen Ansichten. Diese Verbindung ist der Grund, warum der Name »Kleiner Stern mit großem Licht« mit ihnen assoziiert ist.

Die herrschenden Planeten Venus und Merkur spiegeln das sehr deutlich wider. Venus zeigt das liebende Band zwischen den beiden Brüdern und Merkur ist der Planet, der das Materielle aufspaltet ins Detail und dabei die nötige Trennung aufzeigt. Das erklärt den Namen Brandmal im Zusammenhang mit *Alhena*. Kein Paar kann jemals eine totale Einheit sein. Es kann nur eine komplementäre

Beziehung geben. Es ist also keine Überraschung, dass dieses Mondhaus mit Beziehungen zu tun hat. Das symbolische Bild gibt uns einen Mann und eine Frau, zwei Menschen, die sich umarmen. Das Haus ist sehr positiv, alles ist verbunden mit Liebe, Anziehung und Freundschaft.

Der dazugehörige Buchstabe ist Kha. Seine Zahl ist 600, was 10 (Manifestation) x 30 (geistige Verbindung) ist Man sagt der Buchstabe manifestiere das ewig Gute der Sufi-Brüderschaften aufgrund der damit assoziierten Liebe, und er korrespondiert mit dem Geschmack des Lichts, denn Liebe ist die Pforte zur Einheit. Die kreative Stufe wird »Form« genannt. Sie versinnbildlicht, dass die kreative Verbindung zweier Pole die Form von Dingen ergibt. In der Hinduastrologie ist das sechste Haus immer noch ein Orionhaus, es hat nichts mit diesem arabischen Zwillingehaus zu tun. Obwohl auffällige Ähnlichkeiten zwischen beiden Systemen bestehen, sind sie nicht identisch, denn sie haben verschiedene Startpunkte und in Indien wird eine andere Anzahl von Häusern verwendet.

Dieses Haus ist gut für Liebe, Freundschaft und Anziehung. Es ist allerdings nicht gut für Dinge, die eine langsame, stabile Entwicklung brauchen wie Ernten oder Gebäude.

Das Beispielhoroskop für dieses Mondhaus ist kein Geburtshoroskop, sondern eine Elektion, daher ist es gut, zunächst einige Prinzipien der Elektion zu erklären und wie man die Häuser dabei benutzt. Es gibt verschiedene Formen der Elektionsastrologie: Eine schnelle Auswahl für einen optimalen Moment (um etwas Bestimmtes zu tun), eine einfache Elektion durch Stundenastrologie und eine sehr ausgearbeitete Elektion, in die das Geburtshoroskop mit einbezogen wird. Da das ganze Häusersystem auf der täglichen Bewegung des Mondes basiert und dabei das generelles Umfeld-zeigt, ist es möglich, einen besonderen Tag für eine bestimmte Aktion auszusuchen. Es wäre zum Beispiel eine gute Idee ein romantisches Treffen zu planen, wenn der Mond im Mondhaus Al Hana steht oder im 13. »Liebes«-Haus Al Awwa. Man sollte zumindest Häuser zu vermeiden suchen, die nicht gut für harmonische Verbindungen sind. Natürlich müssen wir auch die anderen Planeten anschauen, um zu sehen, ob sie etwas Gutes beitragen. Das Mondhaus ist immer nur ein Teil eines größeren Bildes.

Eine andere Art von Elektion macht man mit Stundenastrologie. Klienten fragen nach einem optimalen Zeitpunkt für eine bestimmte Aktivität. Dann kann man ein Stundenhoroskop erstellen, wenn die Situation eine komplette Elektion nicht erlaubt, weil der Klient z.B. den Startpunkt der Aktion nicht exakt bestimmen kann (so ist es oft im medizinischen Zusammenhang) oder wenn es genügt, eine ungefähre Zeitspanne, so wie »zwischen 12. und 23. Januar« oder »ab Mitte November« anzugeben. Im Stundenhoroskop werden die wichtigen Signifikatoren vorwärts geschoben, um zu sehen, wann sie eine starke Position erreichen. Das Timing erfolgt symbolisch, also ein Grad der Bewegung steht für eine Zeiteinheit, oft ist 1° = 1 Woche. Das bedeutet, dass die Mondhäuser als solche in der Stundenastrologie nicht wichtig sind. Was zählt ist ein relevanter und starker Signifikator.

Bei den meisten kompletten Elektionen spielen die Mondhäuser jedoch eine Rolle. Diese Art der Elektionen macht man, wenn man einen Laden eröffnet, für eine Heirat plant oder ein Geschäft eröffnet. Es wird zu einer sehr spezifischen optimalen Zeit führen – auf die Minute ausgerechnet. Bei dieser Art der Elektion spielt das Geburtshoroskop des Klienten eine wichtige Rolle. Man benutzt das Radixhoroskop, um die Planeten auszusuchen, die im Elektionshoroskop stark sein sollten. So sollte für eine Geschäftsunternehmung der natale Herr von 10 in der Elektion stark gestellt sein. Der natale Herr von 1, der Signifikator für die Person, darf auch nicht schwach sein. Der nächste Schritt ist es, sich auf das Elektionshoroskop zu konzentrieren und eine Periode auszuwählen, in der der generelle Signifikator der Aktion stark ist. Für eine Heirat sollte Venus in den Fischen, Waage oder Stier stehen, für einen Buchladen sollte Merkur in den Zwillingen sein. Das wären optimale Stellungen, es gibt auch noch andere starke Möglichkeiten.

Das Zeitfenster, das der Klient in den meisten Fällen vorgegeben hat, wird die Möglichkeiten begrenzen. Im Elektionshoroskop sollten die relevanten Häuser und ihre Herrscher stark stehen, starke passende Fixsterne sollten an relevanten Ecken oder in maßgeblichen Häusern platziert sein und schädigende Aspekte sollten vermieden werden. Das ist ziemlich umfassend, aber es werden nötige Zugeständnisse zu machen sein. Das Vorhaben, Elektionen zu erstellen, ist ein fein ausgewogener Balanceakt. Den Mond in ein passendes Mondhaus zu stellen ist etwas, das man in Betracht ziehen sollte, denn der Mond zeigt uns die allgemeine Umgebung und ist deswegen ein Faktor, den wir nicht übersehen dürfen. Man muss aber auch realistisch sein, denn in manchen Fällen müssen unpassende Mondhäuser akzeptiert werden, wenn stattdessen andere relevante Faktoren stark sind. Wie auch immer, die praktische Erfahrung zeigt, dass Dinge dazu neigen an ihren Platz zu fallen, wenn man in der richtigen Richtung sucht und sich an die kosmischen Strömungen anpasst.

Ein gutes Beispiel ist die folgende Elektion, die für eine Restauranteröffnung in Wien erstellt wurde. Zuerst wurden die wichtigen Signifikatoren aus dem Geburtshoroskop des Besitzers extrahiert. Herr von 1 im Radixhoroskop war Saturn und in dem Zeitfenster, das der Klient vorgegeben hat, war Saturn in der Waage erhöht. Das war gut. Unglücklicherweise war aber sein Radix-Jupiter Herr von 10, dem Haus der öffentlichen Aktivitäten, und der Herr von 11 im Radixhoroskop (das Geld, was damit gewonnen werden sollte) schwach in Vernichtung in den Zwillingen. Das musste akzeptiert werden. Da wir nicht auf ewig warten können, wenn das Horoskop genug Kompensationen für diese Schwäche bereitstellt, ist dies kein grundsätzliches Problem. Im Elektionshoroskop wurde Mars als genereller Signifikator für Restaurants auf den Aszendenten geschoben, viel Hitze und Schneiden würde da passieren, also passte das. Er war aber nicht in einem passenden Zeichen, das ließ sich nicht realisieren.

Es gibt jedoch viele andere Stärken in diesem Horoskop. Merkur ist in der Elektion Herr von 1 und Herr von 10, also Merkur ist äußerst wichtig; er hat viel Kraft im 10. Haus und er steht auf dem königlichen Erfolgsstern *Pollux*. Der Mond, als allgemeiner Signifikator für Ernährung und Versorgung, ist sehr stark in seinem Domizil im 10. Haus und durch Antiszien (Position gespiegelt in der 0° Krebs – 0° Steinbockachse) direkt auf dem MC. Er ist in der Elektion Herr von 11 (Gewinne) und das ist sehr schön. Auch im 10. Haus ist die Sonne auf dem starken *Beutelgeuse*, der MC selbst ist auf dem Stern ersten Magnitude, *Capella,* dem Hauptstern im Wagenlenker, der Geschwindigkeit verspricht. Saturn, nataler Herrscher von 1, ist stark erhöht im 2. Haus des Geldes und steht auf dem starken königlichen Stern *Spica.*

Es gibt auch Schwächen in dieser Elektion. Der Herr vom 2. Haus des Geldes im Radixhoroskop ist nicht stark, steht rückläufig in der Nähe des Südknotens, jedoch ist er so platziert, dass er durch Antiszien auf den starken Merkur fällt, und er ist auf dem königlichen *Aldebaran*, einem großen Erfolgsstern. Der Mond als erhöhter Herr von 11, dem Verdienst, ist in Opposition mit Pluto, das konnte nicht vermieden werden, aber der Mond ist so stark, dass er es schaffen kann. Das Mondhaus Al Hana als generelles Ambiente passt sehr gut. Es ist ein Haus der Verbindung, Anziehung und Freundschaft, wer möchte das nicht in einem Restaurant? Die herrschenden Planeten Venus und Merkur sind in Konjunktion durch Antiszien im 10. Haus, also können sich die Potenziale leicht manifestieren. Ein paar Jahre später, als ich wieder in Wien war und ein Seminar gab, hatte ich das Erlebnis, in meiner eigenen Elektion ein Essen serviert zu bekommen.

Das 7. Mondhaus – Al Dhira

Al Dhira: 20.10 Krebs – 3.11 Löwe
Stern: Castor (Kopf des sterblichen Zwillings)
Arabischer Buchstabe: Qaf
Assoziierte Namen: Der Unterarm
Assoziierte Planeten und Energien: Merkur – Geschäftserfolg

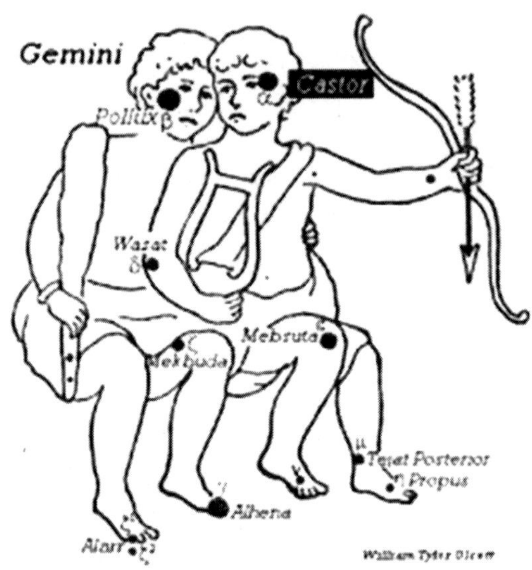

Das 7. Mondhaus heißt Al Dhira, arabisch für »Unterarm« und es wird gesagt, dass die Araber darin das Vorderbein eines großen Löwen sahen. Das kann nicht direkt mit unserer astrologischen Symbolik oder einem Stern in Verbindung gebracht werden, aber es kann als ein Fingerzeig von weltlicher Macht und Erfolg gesehen werden, die dieses Haus verleiht. Dieses 7. Mondhaus ist immer noch Teil der Zwillinge, es hat also Ähnlichkeit mit Al Hana. Insofern kann es mit derselben mythologischen Geschichte in Verbindung gebracht werden, weshalb der Mythos hier nicht wiederholt wird. Der Schwerpunkt dieses Hauses ist jedoch ein vollkommen anderer, wie man schon in der Abbildung oben sehen kann. In Al Hana war der Fokus auf dem Fuß des unsterblichen Zwillings Pollux und zentrales Thema war die Verbindung der Pole, Liebe, Anziehung und Freundschaft.

Da dies den unsterblichen Pollux betraf, ging die Orientierung »nach oben« und deswegen hatte das Haus eine sehr positive Bedeutung. In diesem Teil der Konstellation ging es um das Band zwischen den Brüdern, widergespiegelt von den Planetenherrschern Venus und Merkur. In diesem zweiten Zwillingehaus kommt der sterbliche Teil der Zwillinge zum Vorschein, der beschreibende

Stern ist jener, der am Anfang des Hauses steht, sein »Tor«, könnten wir sagen, obwohl Pollux sich ebenfalls in dem Haus befindet. Die niedrigere sterbliche Tendenz wird hier angezeigt durch die planetare Natur Castors, die merkurisch ist. Merkur ist die pragmatische Energie, ihm sind höhere Dinge oder Ethik egal.

Die Zwillinge sind große Krieger und Bändiger von Pferden, sie haben die Kraft und den Antrieb, um für das, was sie in der Welt wollen, zu kämpfen. Wenn man dies alles kombiniert, wird das zentrale Thema dieses Mondhauses klar: Es ist Geschäftserfolg. Die weltliche Macht der Zwillinge, versinnbildlicht in ihrem Symbolimus einer »Gründungs«-Polarität der Realität, ist hier auf praktische und pragmatische Ziele ausgerichtet. Mit dem sterblichen Bruder vergessen wir hier höhere Verbindungen und trachten nur danach, wo der größte Profit winkt. Das symbolische Bild ist ein in Robe gekleideter Mann, der seine Arme wie im Gebet gen Himmel streckt. Das ist nicht so klar, wie wir es uns wünschen, aber es scheint den Segen von oben, der zum Erfolg führt, zu zeigen. Die ausgestreckten Arme können ein wörtliches Bild von Al Dhira sein, der Unterarm repräsentiert die Macht zu handeln.

Der Buchstabe in diesem Haus ist Qaf, seine Zahl ist 100 und sein Element Wasser. Er ist verbunden mit innerer Vision. Die komplette Zahl ist 100 – volle Kraft entfaltet in der Welt – und deutet hier wahrscheinlich auf die Tatsache hin, dass wir nun zu einem Ende des ersten Viertels der Häuser kommen, desjenigen Viertels, das den Prinzipien des Kosmos entspricht. In diesem ersten Viertel, formuliert als kreative Stufen, bewegen wir uns vom »Ersten Intellekt« in Al Sharatain zum »Thron« in Al Dhira. Der Thron ist hergerichtet für den Herrscher, um darauf zu sitzen, sodass der König seine Macht konkret ausüben kann. Die Serie von sieben Häusern der ersten Prinzipien endet hier. Die zweiten und dritten Viertel des Zyklus (das 8. bis 21. Mondhaus) beziehen sich auf die mittlere Ebene des Kosmos, welche die kreativen Energien weiterreicht. Dies sind die dazwischenliegenden Phasen im kreativen Prozess, die Sphären der Planeten und der Elemente. Das vierte Viertel mit den letzten sieben Mondhäusern bezieht sich auf die »gesammelten Wesen«, wie Tiere und Menschen, die auf der Erde leben und aus all diesen Kräften zusammengesetzt sind. Also je weiter man sich in diesem schöpferischen Kreis bewegt, desto komplexer wird die kreative Phase.

Das korrespondierende indische Mondhaus wird auch mit *Castor* und *Pollux* beschrieben und zeigt ebenfalls einen starken Einfluss Merkurs.

> **Dieses Haus ist sehr vorteilhaft für geschäftlichen Erfolg, es ist gut für Gewinne und Reichtum, für Freundschaft und Allianzen und für das Erbitten eines Gefallens**.

Das Beispielhoroskop ist in diesem Fall weder ein Radix- noch ein Elektionshoroskop, sondern eine Progression des Mondes durch die Häuser. Da der Zyklus der Häuser eindeutig ein Entwicklungszyklus ist, ist die Bewegung des Mondes durch die Häuser sehr hilfreich in der Prognose. Der sekundäre progressive Mond bewegt sich ungefähr um die Länge eines Mondhauses während eines Jahres. Oft gibt es einen Transit zu einem neuen Mondhaus und man kann dann einem Klienten eine Prognose geben und eine eventuelle Änderung vorhersagen. Beachten Sie aber: Es sollte im Zusammenhang mit anderen Faktoren der Prognose interpretiert werden. Auch die Planeten, welche die Häuser charakterisieren, sind wichtig, da sie zeigen, wie positiv sich das Haus im Leben auswirken wird. Die Progressionen, die wir anschauen, beziehen sich auf Donald Trumps Horoskop aus der Zeit, als er die US-Präsidentschaft im November 2016 gewann.

Donald Trumps Horoskop wurde im Kapitel 6 meines Buches FIXSTERNE IM HOROSKOP schon analysiert. Es ist ein sehr starkes Horoskop, eines der stärksten, die ich je gesehen habe. Wie man erwarten konnte, haben seine Progressionen (für die Eckpunkte AC und MC mit Primärdirektionen, da nur Planeten eine sekundäre Bewegung durch die Zeichen machen) im November 2016 viele dieser starken Positionen aktiviert. Das Erste, was ins Auge fällt, ist die

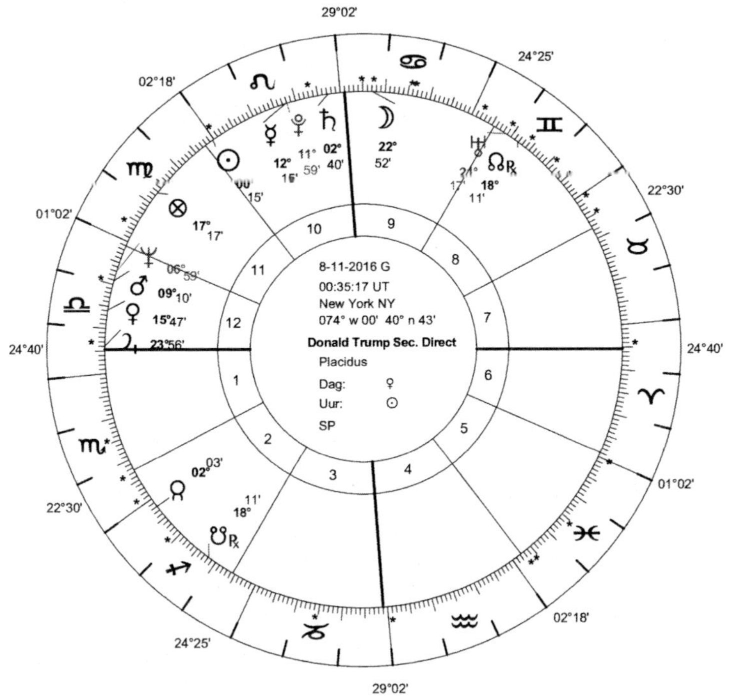

Sonne, Herr von 1 in seinem Radixhoroskop, die über *Regulus*, den wichtigsten aller Königssterne wandert. Das führt zum Thron. Es ist wahr, dass die Sonne ihr Domizil verlässt, was schwächt, aber indem sie in die Jungfrau eintritt, wird der Herrscher der Jungfrau, Merkur, aktiviert. Und in Trumps Geburtshoroskop bildet Merkur durch Antiszien eine Konjunktion zur Sonne, dem generellen Signifikator für Könige, platziert im 10. Haus des Berufs auf dem Nordknoten, dem Ort von Wachstum und Expansion!

Sein Aszendent bewegt sich über den sekundär progressiven Jupiter, also ebenfalls Wachstum und Erweiterung. Der sekundär progressive Jupiter bewegt sich viel zu langsam, um bei einer Vorhersage wichtig genommen zu werden. Wird er jedoch von einem schnelleren Faktor aspektiert wie in diesem Fall, zählt er doch. Diese Aszendent-Jupiter-Konjunktion steht auf dem äußerst starken Stern *Spica*. Dieser hat den Ruf, einen auf eine höhere Position zu bringen, als man sich jemals erträumt hat. Der Sonnenpunkt, im Horoskop gezeigt als umgekehrtes Stiersymbol, tritt gerade in den Skorpion ein und aktiviert Mars, der wieder sehr stark auf seinem Aszendenten im Radixhoroskop ist und auf *Regulus* fällt.

Der Sonnenpunkt (auch Geistpunkt) wird errechnet mit der Formel Asz + Sonne - Mond (die umgekehrte Formel des Glückspunktes, der auch der Punkt des Mondes ist). Seine progressive Position ist zusammengestellt aus der primären Direktion des Aszendenten und der sekundären Progression der beiden Lichter Sonne und Mond. Wegen der Rechenformel bewegt er sich *rückwärts* durch die Zeichen. Um es nochmals zu verdeutlichen: Progressionen bzw. Direktionen zeigen die Hauptlinie von Entwicklung in einem Leben. Die sechs wichtigsten Faktoren sind dabei die Lichter Sonne und Mond, die Punkte der Lichter (Sonnenpunkt und Mondpunkt) und die Direktionen der Ecken Asz und MC. Analysieren muss man Konjunktionen mit Fixsternen, Eintritte in neue Zeichen oder Aspekte auf natale oder andere progressive Faktoren. Man braucht nicht viel mehr, um zu sehen, was passiert. Drei dieser Faktoren aktivieren sehr stark Positionen im Geburtshoroskop und königliche Fixsterne, die Bewegung des Mondes bestätigt nur diesen Fortlauf. Er ist auf *Pollux*, einem anderen königlichen Stern und unsterblichen Zwilling

Nun haben wir den Zusammenhang der Progressionen/Direktionen und können das Mondhaus interpretieren. Bei 22.49 Krebs bewegt sich der sekundär progressive Mond von Al Hana zu Al Dira, also hat er in den letzten zwölf Monaten venus- bzw. merkurartige Dinge unternommen im Sinne von Al Hana. Da im Radixhoroskop die Positionen von Venus und Merkur stark stehen, war dies effektiv. Nachdem er gewählt wird, bewegt der Mond sich in Al Dhira, das Erfolgshaus. Dessen Herrscher Merkur ist sehr stark in seinem Geburtshoroskop und in Konjunktion mit der Sonne, Herr von 1, auf dem Nordknoten im 10. Haus auf dem machtvollen *Capella* (durch Antiszien). Das ist sehr eindrucksvoll und man erkennt, wie der Mond in seiner Wanderung durch die Häuser als Teil eines größeren Bildes effektvoll als ein Vorhersageinstrument benutzt werden kann.

Das 8. Mondhaus – Al Natrah

Al Natrah: 3.11 Löwe – 16.02 Löwe
Stern: Praesepe (die leere Krippe)
Arabischer Buchstabe: Kaf
Assoziierte Namen: der Abgrund, der Raubvogel
Assoziierte Planeten und Energien: Mars/Mond – Eroberung, Dominanz

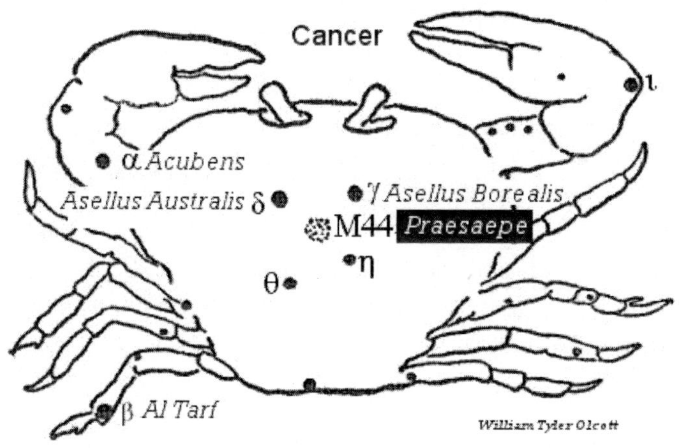

Mit dem 8. Mondhaus treten wir in das zweite Viertel des Häuserzyklus, das auf das archetypische Grundmodell des lunaren Häuserkreises zurückgeht, der über den solaren Tierkreis gelegt ist. Dies ist auch der Beginn des vierten Tierkreiszeichens Krebs. In jeder solaren Jahreszeit von drei Tierkreiszeichen gibt es sieben Mondhäuser, aber natürlich ist das nur so im theoretischen, archetypischen Entwurf, denn aufgrund der Präzession haben sich die Häuser vorwärtsbewegt, wie in Teil 1 schon erklärt. Das Mondhaus Al Natrah fängt heutzutage nicht mehr bei 0° Krebs tropisch in an. Trotzdem können wir seine Bedeutungen aus der Position der Häuser in der archetypischen Ordnung ablesen, der Anfang von Krebs ist der Sommeranfang, die Sonne steht auf ihrem höchsten Stand und das ist ein Zeichen von Macht.

Der Name des Hauses Al Natrah bedeutet auf Arabisch »die Lücke« und es ist klar, woher das kommt. Die Konstellation Zwillinge wurde verlassen und dies ist jetzt die Konstellation Krebs. Der Stern, der dieses Haus beherrscht, ist *Praesepe*, das »Herz des Krebses«, auch die *leere* Krippe genannt, und darauf bezieht sich »die Lücke«. In der Mythologie wurde der Krebs vom Helden Herkules zerquetscht, weil er in seine Hacke biss, um ihn von dem Töten der monströsen Hydra abzulenken. Das war eine wichtige Aufgabe. Der Krebs, der sich immer mit dem Fluss der Gefühle und Wünsche bewegt, ist ein Symbol für genau das: den Wünschen zu folgen, die einen von der Hauptaufgabe ablenken.

Praesepe, die leere Krippe, ist eine Lücke, weil es hier kein höheres leitendes Prinzip gibt, nur dieses krebsartige Wasser der Wünsche. Also ist das zentrale Thema hier die Frage, ob man in die Lücke fällt oder nicht. *Praesepe* hat einen sehr schlechten Ruf und dieser ist sehr verdient und in der Praxis erwiesen. Es gibt hier eine wirkliche Gefahr, dass nämlich die Natur des Verlangens überhandnimmt und das lässt sich oft mit Macht, Ehrgeiz und Erfolg in Verbindung bringen.

Die hier herrschenden Planeten sind sehr stimmig, nämlich Mond (emotionale Impulse) und Mars (plötzliche Aktion). Die Schlüsselworte sind Macht, Eroberung, Allianz und Sieg. Das wird vom bemerkenswerten Bild des Hauses bestätigt. Es ist ein Adler mit einem Menschenkopf, das bedeutet die Schlagkraft des Raubtiers. Die Frage ist, hat der Menschenkopf die Führung oder wird er geführt? Handlungskraft und Ehrgeiz scheinen das Hauptthema zu sein, ganz im Sinne von Herkules und dem Krebs.

Der arabische Buchstabe ist Kaf, seine Zahl ist 20. Die Dualität von 2 schafft Verlangen und wird mit 10 zur vollen Manifestation multipliziert und ergibt 20. Das bestätigt das oben Gesagte, denn Krebs ist die frei fließende Lebenslust, der Reiz, das Leben anzupacken. Der kreative Schritt heißt »Podest« oder »die beiden Füße« und zeigt den Eintritt in das zweite Viertel. Das erste Viertel der reinen Prinzipien wurde zurückgelassen, nun kommen wir herunter in die Zwischenphase, in der die beiden Füße die Erde berühren. Der Impuls wird jetzt konkreter, es geht nicht mehr nur um die abstrakte Idee einer Form. Über das entsprechende indische Nakshatra-Haus wird gesagt, dass es gut für Erfolg und Reichtum sei.

Nach dem Sufimystiker Ibn El Arabi, dem Shaik Al Akbar und »größten Meister«, wird dieses Haus (diese kreative Stufe) »die beiden Füße« genannt, weil sich hier am Anfang zum ersten Mal beide Seiten Gottes manifestieren, nicht nur seine Gnade, sondern auch sein Zorn. Das kommt daher, dass die Entfernung zu der Einheit des Anfangs sich vergrößert, je weiter weg vom göttlichen Ursprung, umso dunkler wird es. Man könnte sagen, dass die Dualität der Materie hier eingeführt wird. Dazu passt die Idee sehr gut, dass Krebs das frei fließende Wasser der Gier nach Leben repräsentiert. An diesem Punkt betreten wir das Leben, wir wollen alles, von dem wir uns am gegenüberliegenden Punkt im Steinbock verabschieden. Die Funktion dieser kreativen Stufen kann man hier klar sehen. Wenn man den Mond im zugehörigen Haus hat, ist das Wesen sehr mit dieser Phase im kreativen Prozess verbunden.

Dieses Haus ist gut für Eroberung, Sieg, Reichtum, Macht und Ehrgeiz (auch in Elektionen). Dieser Erfolg dehnt sich sogar auf Heirat aus. Kontrollieren, mit Macht umgehen und einen klaren Fokus entwickeln sind hier die zentralen Themen.

Ein gutes Beispiel für das Wirken von Al Natrah in einem Leben ist das Horoskop von Königin Elisabeth II. von England. Was zunächst auffällt, ist der Südknoten am Aszendenten. Die Knotenachse ist die Drachenachse, es ist die Dualität der Lebensenergie, die Achse der Schöpfung. Am Nordknoten treten wir ein, dürstend nach Lebenserfahrung, am Südknoten steigen wir aus, hier ist das Leben zu Ende. Das bedeutet im Grunde, die Königin muss ihr persönliches Leben am Aszendenten opfern, der expansive Nordknoten am Deszendenten der anderen Leute zeigt, was sie immer

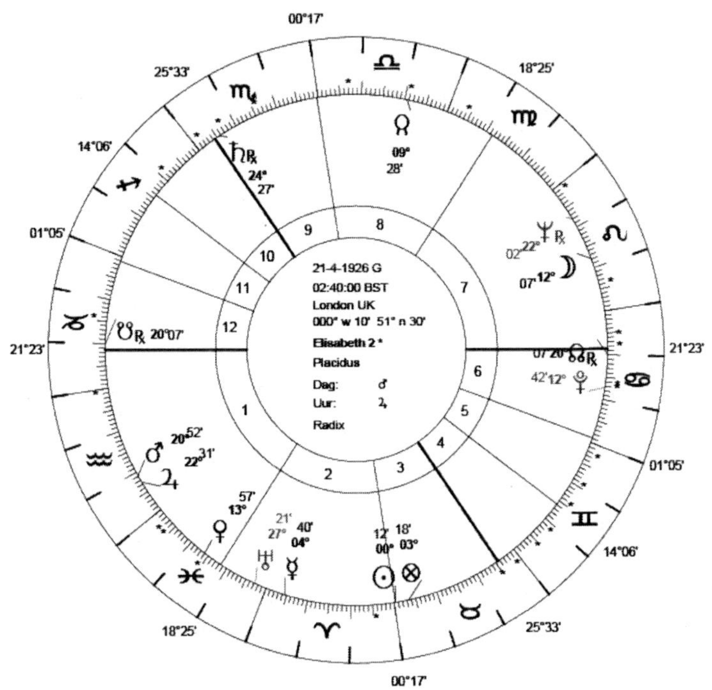

tun wird. Was in Konjunktion mit dem Südknoten steht, muss geopfert werden, ansonsten wird man sehr leiden.

Auf dem MC, dem höchsten Punkt des Horoskops, steht Saturn, der Herr von 1, die Königin »in ihrer Lebenssituation« ist dort deutlich sichtbar. Der Herrscher des 1. Hauses entspricht der Person (nicht die Sonne, das wäre zu allgemein). Sie steht da oben in einem festen Zeichen platziert und Saturn ist kein Planet von Veränderung, das heißt Elisabeth wird Tradition verkörpern, sie bewegt sich sogar rückwärts. Herr von 10 (Beruf) ist Mars, in einem festen Zeichen und in ihrem 1. Haus platziert. Somit ist dies in eine Art Rezeption der Häuser (»in mundo« Rezeption), der Herr von 1 im 10. Haus und Herr von 10 im 1. Haus. Person und Beruf werden hier sehr eng verbunden. Der Herr von 10 in diesem festen Zeichen ist in Konjunktion mit Jupiter und macht dadurch die Dinge lang, sie wird also lange Zeit in ihrer Position bleiben. Das wird durch die Sonne als genereller Signifikator der gekrönten Häupter, die im allerersten Grad von Stier steht, bestätigt, dem festesten aller fixen Zeichen!

Der Glückspunkt verweist auf unseren Lebenshunger oder die Dinge, die wir nicht oft genug unternehmen können. Er steht im 3. Haus der Routine-Pflichten. Elisabeth ist auch gut darin, da die elegante harmonische Venus der Herrscher des 3. Hauses in Erhöhung (Übertreibung) in den Fischen auf dem mächtigen Jupiterstern *Achernar* steht. Die königliche Sonne ist genau auf der Spitze des 3. Hauses und der Geistpunkt der königlichen Sonne steht in der Waage, daher hat dieser Venus (Herrin von 3) als seinen Dispositor. Ein Dispositor eines Lospunktes zeigt auf, welche Bereiche sich dieser im Leben richtet. Dieser Sonnenpunkt zeigt wieder auf Venus (Herrin von 3), die ihre Routine erledigt! Kein Wunder, dass sie immer weitermachte. Diese freundliche Venus in ihrer Erhöhung verwandelt alles, was getan wird, in Eleganz. Ganz wie im Horoskop von ihrem Enkelsohn William steht der Herr von 1 dort oben in Opposition mit den Familienwurzeln. Dort oben wurde sie hingesetzt und sicher wird sie ihre Zweifel über das alles gehabt haben.

Das Mondhaus Al Natrah, die Lücke, passt hier sehr gut. Es ist alles vorhanden, die hohe Position, die Macht, zu handeln, die Kontrolle und die Disziplin, es zu tun. Es gab viele königliche Gestalten, die ihrer Stellung erlaubt haben, mit ihnen durchzugehen, sie zu missbrauchen, um ihre persönlichen Gelüste auszuleben, aber die Queen blieb diesbezüglich einfach immer unerschütterlich. Beide Planetenherrscher von Al Natrah, Mond und Mars, sind nicht essentiell stark gestellt, aber doch auch nicht sehr schwach, denn akzidentiell sind sie in Eckhäusern stark gestellt. Deswegen wird das ganze Thema von Al Natrah sich manifestieren können. Wie andere astrologische Faktoren auch kann ein Haus sich auf viele verschiedene Weisen auswirken, es ist der besondere individuelle Zusammenhang im Horoskop, der uns zeigt, um welche Effekte es sich wirklich handelt. Andere Menschen mit dem Mond in

Al Natrah werden es anders handhaben und es ist sehr lehrreich, diese Fälle zu vergleichen.

Das 9. Mondhaus – Al Terf

Al Terf: 16.02 Löwe – 28.54 Löwe
Stern: Al Terf
Arabischer Buchstabe: Jim
Assoziierte Namen: das Auge des Löwen, die Blinde
Assoziierte Planeten und Energien: Saturn/Mars – Verlust, Frustration, Konfrontation mit Autoritäten

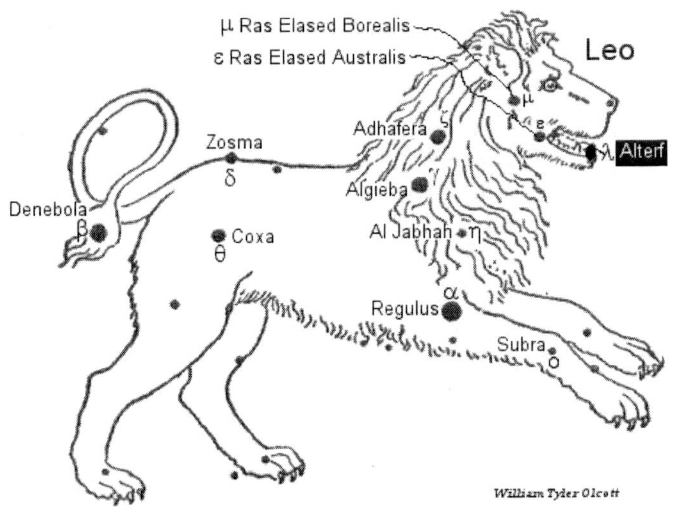

Der Name des 9. Mondhauses kann zu Verwirrung führen, weil es oft Al Tarf »Die Augen« genannt wird oder auch der »Blick des Löwen«. Der hier zuordnete Stern ist jedoch *Al Terf* und nicht Altarf, ein anderer Stern der zugegeben nicht weit entfernt ist. Altarf ist jedoch auf den Beinen des Krebses und hat nichts zu tun mit diesem Haus, da wir Krebs schon hinter uns gelassen haben. Hier treten wir in die Löwenkonstellation ein, zu der nicht weniger als vier Mondhäuser zählen: die Augen, das Herz, der Rücken und der

Schwanz. Diese vier Häuser haben jeweils verschiedene Bedeutungen und Wirkungen, je nachdem, welchen Teil des Löwen sie bedecken und wo der beschriebene Stern sich befindet. Aber im Hintergrund all dieser Häuser steht der Mythos des Löwen.

Es ist der Nemäische Löwe. Es war die erste der zwölf Aufgaben des Herkules, dieses böse und wilde Ungeheuer zu beseitigen. Der Held Herkules, stark wie er war, schaffte es das Biest zu töten, zog ihm die Haut ab und trug diese mitsamt dem Löwenkopf auf seinem Haupt. Das ist ein Zeichen, dass er das Böse des Löwen erobert hat, welches ein brennender, gnadenloser Ehrgeiz und eine Lust nach Macht ist sowie der Wunsch, bewundert zu werden. Löwe will einen unsterblichen Namen und er wird um die Macht kämpfen, um dies zu erhalten. Den Löwen zu töten ist hier das Rezept, um seine Probleme zu lösen. Es bedeutet, dass man den brennenden Ehrgeiz opfern muss. Danach kann man immer noch die Energie des Löwen nutzen, angezeigt von dem Löwenkopf den Herkules trägt. Der Unterschied besteht darin, dass man nicht länger von Ehrgeiz und Machtgelüsten beherrscht wird.

Es gibt hier eine Ähnlichkeit mit dem vorherigen Haus, nur war der zentrale Punkt in Al Natrah die Konzentration auf seine Hauptaufgabe, damit man nicht abgelenkt wird. Hier liegt der Schwerpunkt jedoch auf starkem Ehrgeiz und den möglichen unheilvollen Konsequenzen für einen. Die herrschenden Planeten sind die beiden Übeltäter Saturn und Mars und sie zeigen auf, dass dies kein sehr glückliches Haus ist. Alles dreht sich hier um den Blick des Löwen, hier wird die Konfrontation mit dem Monster beleuchtet. Seine zughörigen Schlüsselworte sind sehr negativ: Entmachtung, Frustration, Schwäche, Unglück und Härte. Hier wird die Kraft des Löwen auf die falschen Weise benutzt. Das Bild bestätigt das Thema, es ist ein Mann, der seine Augen bedeckt, das Bewusstsein ist verdunkelt.

Der Name »der Blick des Löwen« zeigt noch einen wichtigen Nebeneffekt dieses Hauses: Wenn ein Löwe einen ansieht, erblickt man ihn auch. In der Tat ist es dies gefährlich. Es ist verständlich, dass man dann seine Augen bedeckt. Der Punkt ist aber: Man konfrontiert sich mit diesem wilden Untier und der Schwerpunkt liegt auf dem Kampf mit dem Löwen, es geht also um den Machtkampf. Diese Menschen mögen stark dazu neigen, den Mächtigen die Stirn zu bieten und damit auch zu provozieren. Da das machtvolle Geschöpf Löwe nicht nur mächtige Personen, sondern auch Mainstreamideen repräsentieren kann das Kernthema auch der frustrierende Kampf gegen solche Trends ein. Frustration ist nämlich auch ein Schlüsselwort dieses Hauses.

Der arabische Buchstabe ist Jim, seine Zahl ist 3 (die man mit spiritueller Autorität verbinden kann), sein Element ist Wasser (Wunsch nach Macht), der Punkt im Buchstaben ist nun in der Mitte der Welt, er zeigt die Machtkämpfe. Es wird gesagt, er beziehe sich auf Geduld, was hier ja sehr wichtig zu sein scheint.

Im vorherigen Haus war der kreative Schritt auf die »beiden Füße« bezogen, auf den Eintritt in das zweite Viertel der sieben Häuser, in denen es sowohl Gnade wie Gerechtigkeit gibt. Dualität und Kampf sind angekommen. Nicht umsonst handeln diese beiden Häuser von Macht. Eines von *Al Terfs* Schlüsselworten ist darum göttlicher Zorn und seine schöpferische Ebene ist die »Sphäre ohne Sterne«, das ist der Zodiak. Wird man mit dem Mond in diesem Haus geboren, ist man sehr verbunden mit der Stufe des kreativen Prozesses, auf der alles Potenzial gegeben wird. Der Tierkreis ist die höchste Sphäre, in der alles enthalten ist. Löwe will alles und er will es jetzt.

In diesem Haus geht alles um Konfrontation mit Autorität, Missgeschick und Enttäuschung, in Elektionen ist es nur gut für Machtkämpfe.

Die übelwollende Natur dieses Hauses heißt nicht, dass alles ein Unglück ist. Wie sich das Haus genau auswirken wird, ergibt sich aus dem Zusammenhang des Horoskopes. Es werden aber die Löwethemen präsent sein mit der Ausprägung und Tendenz auf das, was das Haus gibt. Darum sollte man es mit den nächsten dreien

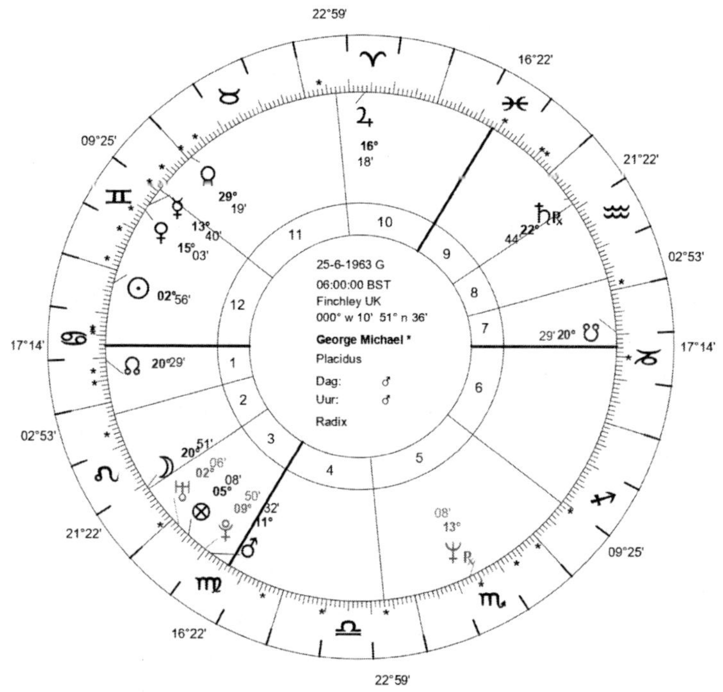

vergleichen (Al Jabba, Al Zubra und Al Sarfah), denn sie sind allesamt Teil der Konstellation Löwe und werden in den nächsten drei Kapiteln beschrieben. Ein Beispiel, wie *Al Terf* sich auswirken kann, ist George Michael, der seinen Mond darauf stehen hat. Es zeigt sich, dass die Deutung der Häuser nicht vereinfacht werden darf, indem man den Schwerpunkt allzu wörtlich auf die Schlüsselworte legt.

George Michael war ein Sänger mit großem Erfolg, obwohl es auch viel Unglück und Frustration gab. Das Erste, was auffällt, ist der Nordknoten am Aszendenten. Dies ist der Drachenkopf, die positive Seite der Lebensachse, die die Welt *will* und auch dazu neigt einem die Welt zu *geben*. Dadurch gibt es eine sehr jupiterartige Energie, jedenfalls was Erfolg, Expansion und Wachstum betrifft. Es ist aber sicher nicht gut für die spirituelle Entwicklung. Der Nordknoten am Aszendenten vergrößert das Ego so sehr, dass am Deszendenten sehr wenig Platz für andere ist. Dort steht automatisch der limitierende und schmerzhafte Südknoten. Dies ist nicht sehr hilfreich für Beziehungen, da Liebe sich ja auf dem Opfern des Egos gründet.

Der Wohltäter Jupiter ist Herr von 10 (Beruf), er zeigt an, was in der öffentlichen Sphäre passiert, und obwohl er keine essentielle Würde hat, ist er im 10. Haus sehr stark platziert. Herr von 10 im 10. Haus ist nicht schlecht für Erfolg. Er bekommt ein Sextil von der Merkur und Venus Konjunktion: Merkur der Planet der Stimme und Venus, der Planet der Kunst, sind beide stark in den Zwillingen. Zwillinge ist ein Zeichen, das »eine Stimme hat«. Venus ist nicht nur der Planet der Künste im Allgemeinen, sie ist auch Herrin von 5 (Kreativität). Diese Konjunktion ist auf dem machtvollen Stern erster Magnitude *Rigel* in dem Jäger Orion, der viel Erfolg vrleiht. Noch dazu steht der königliche *Spica*, ein Stern für Ruhm, in Konjunktion mit der 5. Hausspitze der Kreativität und der mächtige Stern erster Magnitude *Achernar* ist auf dem MC!

Selbstverständlich ist dies sehr günstig, um mit musikalischen Talent Berühmtheit zu erreichen. Die Stellung der Venus-Merkur-Konjunktion im schwachen 12. Haus ist kein sehr großes Problem da der Aspekt mit diesem sehr stark gestellten Jupiter, Herr von 10 im 10. Haus, Merkur-Venus aus dem Gefängnis des 12. Hauses befreit. Venus als Herrin von 5 ist auch Signifikator der Sexualität und die Konjunktion mit dem formverändernden Merkur ist ein traditioneller Hinweis auf Homosexualität – etwas, das er lange Zeit versteckt gehalten hat (12. Haus). Drei Planeten im 12. Haus zeigen eine besondere Neigung zu Sucht und Gefühle von Einsamkeit und Depressionen. Es ist auch das Haus der unkontrollierbaren Wünsche, die uns schaden und für die wir bestraft werden, darum ist das auch das Haus der Gefängnisse. (Sucht ist ein symbolisches Gefängnis).

Interessanterweise hat George Michael Saturn, den Planeten der Disziplin und Weisheit, sehr stark in seinem eigenen Zeichen als Herr von 9 (Spiritualität) auf der Spitze des 9. Hauses, der spirituellen Entwicklung! Er hätte sich vor dem selbstzerstörerischen Leben mit Sex, Drugs and Rock'n'Roll retten können, indem er ein traditioneller Katholik oder ein buddhistischer Mönch geworden wäre. Das Potenzial ist auf jeden Fall da. Unglücklicherweise ist der Mond Herr von 1, George Michael selbst, und er ist in Opposition mit Saturn, dadurch verneint er ihn. Der Mond ist Herr von 1 und steht im Löwen, doch jeder Planet im Löwen hasst Saturn, weil Saturn im Löwen in seiner Vernichtung steht. Dies ist eine »negative Rezeption«. Er hasst seine potenzielle Rettung, er kann sie da oben schwimmen sehen, aber er will sie nicht ergreifen. Was will er dann? Sein Mond im Löwen liebt die Sonne (Berühmtheit) und sein Mondpunkt in der Jungfrau, sein tiefstes Verlangen repräsentierend, wünscht seinem Dispositor Merkur, Herr von 12 im 12. Haus, also alles, was Gott verboten hat.

Man kann den Megaerfolg deutlich sehen an dem Nordknoten auf dem Aszendenten, dem starken *Achernar* auf dem MC, Jupiter Herr von 10 stark im 10. Haus, die königliche *Spica* auf der 5. Hausspitze und diese Merkur-Venus-Konjunktion auf dem starken *Rigel.* Auch mit der starken Betonung des 12. Hauses und dem Nordknoten auf dem Aszendenten kann man die Tendenz, alle Grenzen zu überschreiten, deutlich sehen. Das wird von *Achernar* am MC noch verstärkt, mit seinem Mythos vom Stehlen des Sonnenwagens und dem Schicksal, die Kontrolle über den Sonnenwagen zu verlieren und schließlich brennend abzustürzen. Zu dem allem passt *Al Terf* gut. Da ist dieser alles konsumierende brennende Löwe-Ehrgeiz und der Erfolg, aber auch die Provokation, die Frustration und sehr stark das Pech. Von den Herrschern des *Al Terf* ist der Saturn stark, aber er will nicht diese disziplinierende Energie, der unheilvolle Mars, der andere Herrscher, ist schwächer. Das zeigt wieder, dass die unerfreulichen Tendenzen dieses Hauses von seinem starken Saturn hätten kontrolliert werden können. Aber er kann ihn nicht leiden.

Das 10. Mondhaus – Al Jabbah

Al Jabbah: 28.54 Löwe – 11.45
Stern: Regulus (das Herz des Löwen)
Arabischer Buchstabe: Shin
Assoziierte Namen: Der Kopf des Löwen
Assoziierte Planeten und Energien: Mars/Jupiter – Macht, Erfolg, Kraft

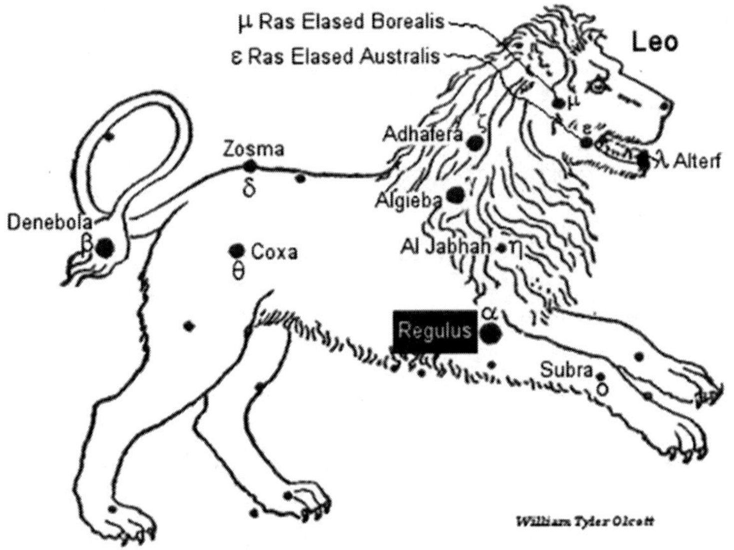

Der Name des 10. Mondhauses Al Jabbah bedeutet die Augenbraue des Löwen. Der wichtigste Stern ist der mächtige *Regulus*, der »kleine König« der »zum Thron führt«, er ist der bedeutendste aller Königssterne. Allein in einer guten Stellung im Horoskop stehend lenkt *Regulus* die Karriere, besonders wenn er auf dem MC oder dem Aszendenten steht. *Al Jabbah*, der Stern, der dem Haus seinen Namen gibt, ist viel schwächer als das helle und mächtige Löwenherz *Regulus*. Man hätte dieses Haus einfach nach Regulus benennen sollen, es bringt alle die königlichen Eigenschaften des Regulus ins Spiel.

Al Jabbah ist das zweite Löwe-Mondhaus, von denen es im

Ganzen vier gibt. Jedes Löwehaus hat einen anderen zentralen Stern und einen anderen Fokus. Das passt sehr gut, da Löwe groß ist. Sie sind alle Teile der Nemäische Löwegeschichte, aber jedes Haus hat eine eigene Betonung und es ist sinnvoll dieser Linie von Sternen durch die Löwekonstallation zu folgen. Im vorherigen Mondhaus, das von *Al Terf* beherrscht wurde, konfrontieren wir den Löwen als er uns erblickt, der Stern *Al Terf* ist außen, der erste Stern, den wir sehen, wenn wir vom Krebs kommen. Aber hier in Al Jabbah sind wir im Kopf und im Herzen angekommen, wir werden seiner Macht teilhaftig, wir stehen ihr nicht mehr gegenüber. Das dritte Löwehaus wird von *Zosma* auf dem Rücken des Löwen regiert. Das ist eine Position, von der aus die Löwekraft immer noch gut benutzt werden kann. Der Hauptstern im vierten Löwe-Mondhaus jedoch ist *Denebola* im Schwanz, er zeigt einen Verlust der Löwemacht an, dies ist die Stelle, an der sie zurückgelassen wird.

Nur schon indem man das Bild ansieht, kann man die Bedeutung eines Hauses erkennen. Die Unterschiede zwischen den Häusern und der Entwicklungslinie, die vom progressiven Mond dadurch vorgegeben wird, indem er sich durch die Häuser bewegt. Im nächsten Kapitel wird dies näher diskutiert. Den Mythos des Löwen wiederholen wir an dieser Stelle nicht nochmals, da schon in der Beschreibung von Al Terf geschehen. Es kann jedoch angemerkt werden, dass der Löwe auch Starrköpfigkeit bringt, er wird auch nach einem verlorenen Kampf noch weiterkämpfen, Macht loszulassen ist für ihn schwierig.

Die herrschenden Planeten sind hier Mars und Jupiter – sehr passend für das Herz des Löwen. Da man beim Herzen und der Braue angekommen ist, sind die Schlüsselworte sehr positiv. Im Zentrum des Löwen wird das ganze Potenzial frei, Macht, Erfolg, Stärke, Adel, Verbesserung, alles, was man braucht, um auf den Thron zu gelangen. Das 10. Mondhaus im vedischen Zyklus ist auch mit *Regulus* verbunden, es hat dieselben Löwebeschreibungen, zu welchen man noch einen Stolz auf Traditionen und die ruhmreiche Vergangenheit hinzufügen kann.

Das symbolische Bild ist der eindrucksvolle Kopf eines Löwen und es ist klar, dass sein arabischer Buchstabe Shin ist. Er sieht ein wenig aus wie ein Löwe, sein Element ist Feuer, seine Zahl 300 (die »spirituelle« Zahl 3 kann mit Autorität in Verbindung gebracht werden), es wird gesagt, dass sie mit persönlichem Schicksal verbunden ist. Die kreative Stufe ist die Sphäre der Fixsterne, also vom Potenzial das sichtbar wird und konkrete Ergebnisse zeigt.

Das zehnte Mondhaus ist mit Macht, Erfolg, Stärke und Erweiterung verknüpft. Es ist auch gut für Liebe.

Ein gutes Beispiel wie dieses Haus auswirken kann ist das Horoskop von Dolly Parton. Merkur, der Planet der Stimmen, ist hier sehr wichtig, weil er den MC des Berufes beherrscht und den Aszendenten der Person. Er steht genau auf der Spitze des 5. Hauses der Kreativität auf der mächtigen *Wega* (Stern erster Magnitude), dem Hauptstern in der Leier. Die Leier ist auch der Adler, der auf die Erde herabkommt, um wissen zu lassen, welche Schönheit und Weisheit er dort oben im Himmel gesehen hat. Das kann man mit Musikern und Lehrern verbinden. Der Adler wird manchmal auch als ein Geier gesehen, diese etwas dunklere Seite kommt in der Mundanastrologie klarer zum Ausdruck, aber künstlerisches Schaffen und Unterrichten sind gute Schlüsselworte in Horoskopen von Personen.

Dieser sehr wichtige Merkur auf der kreativen Hausspitze – eine Hausspitze ist eine »hohe Energielinie«, an der das Haus sich stark manifestiert – ist im erdigen Steinbock disponiert vom erdigen Saturn. Es handelt sich um Countrymusik nicht um Bach oder Beethoven. Saturn, der Planet der Landwirtschaft und Herr von Haus 5 (Kreativität) ist rückläufig und in Konjunktion mit einem rückläufigen Mars. Intellektuelle Avantgardemusik ist hier nicht die richtige Beschreibung. Diese Konjunktion von Saturn (Herr von Haus 5 der Kreativität) und Mars (Herr von Haus 3 des Ausdrucks) findet in dem sehr positiven 11. Haus statt, dem Haus der »Früchte

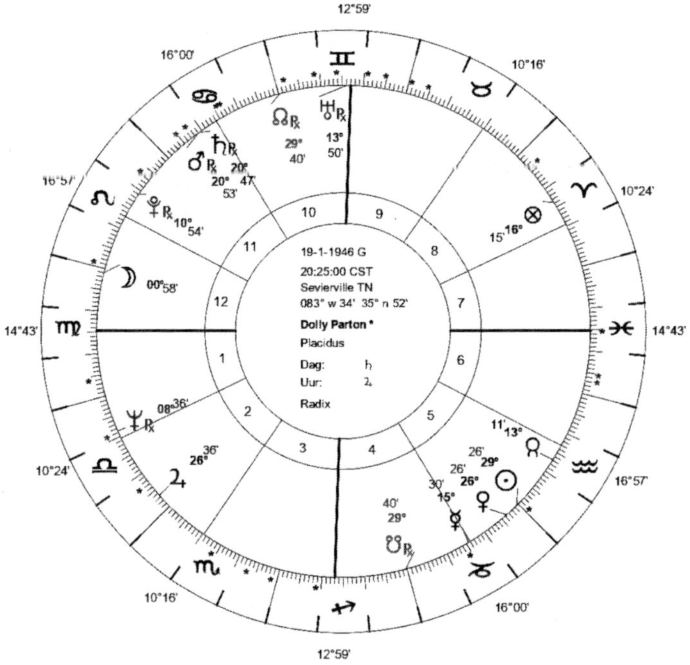

deiner Arbeit« und sie steht auf dem königlichen Stern des großen Erfolges *Pollux*. Saturn ist in seinem Exil und Mars in seinem Fall, aber das zeigt offensichtlich nicht an, dass sie wenig Erfolg haben wird. Sie haben beide viel Kraft, um sich in einem guten Haus auf *Pollux* zu manifestieren.

Der Grad der essenziellen Würde eines Planeten zeigt nur, wie rein er seine Natur ausdrückt, er sagt nicht so viel über Erfolg aus. Der gesamte Inhalt des Horoskops sollte in Betracht gezogen und abgewogen werden, um das auszuwerten. Es ist wichtig, bei diesem Vorgehen alle Haupttechniken zu benutzen, viele sind nämlich in der modernen Astrologie in Vergessenheit geraten. Um ein ausgewogenes und komplettes Bild des Erfolges zu erhalten, müssen wir zum Beispiel die Planetenpunkte und die Synastrie mit den vorgeburtlichen Syzygy (Vollmond oder Neumond) sowie die Eklipsenhoroskope einbezogen werden.

Eine Konjunktion oder Opposition mit einem der sieben Planetenpunkte wird ein sehr intensives und betontes Motiv im Leben herausstellen. Eine starke Synastrie des Radixhoroskops mit der pränatalen Syzygy (Lunation) oder dem Eklipsehoroskop zeigt, dass jemand in seinen persönlichen Handlungen den Zeitgeist einfängt. Dann gibt es sehr verschiedene Wege, wie jemand erfolgreich sein kann. Es kann durch Planeten in Eckhäusern geschehen, durch einen sehr starken Planeten, machtvolle Fixsterne, ein gutes Mondhaus, pränatale Synastrie, Planetenpunkte oder am häufigsten durch eine Kombination dieser Faktoren.

In Dolly Partons Horoskop ist der Saturnpunkt und der Punkt des Mars in Konjunktion zu ihrem Saturn (Herr von 5) und zu Mars (Herr von 3) durch Antiszien (Position gespiegelt über die Achse 0° Krebs/0° Steinbock). So ist diese »Country Konjunktion« Saturn/Mars sehr stark betont, weil sie von den Planetenpunkten in Konjunktion damit wiederholt wird! Das gibt ein sehr spezielles Motiv, nicht nur psychologisch, sondern auch auf konkrete Weise, weil ein Aspekt eines Planetenpunktes mit einer Radixposition eine konkrete Auswirkung hat. Was könnte mehr Country sein als die Essenzen von Mars und Saturn? Es ist erhellend zu sehen, dass diese Punkte sich sehr schnell bewegen, denn schon ein paar Minuten später sind sie aus dem Orbis heraus. Das Horoskop eines Babys, das ein paar Minuten später geboren wurde, hat diese Konjunktion nicht mehr. Das ist also sehr persönlich für Dolly Parton, auf diese Art kann man Unterschiede sehen auch in Geburtshoroskopen von Zwillingen, die kurz hintereinander geboren wurden.

Auch ihre Synastrie mit dem pränatalen Finsternishoroskop ist sehr stark, der Kunstplanet Venus befindet sich auf dem Aszendenten dieses pränatalen Eklipsenhoroskops, Jupiter ist auf dem MC auf dem königlichen *Spica* und ihr Geburtshoroskop greift diese starken Stellungen auf. Sie wird in der Lage sein, auf der Welle des Zeitgeists zu reiten. Natürlich trägt die Venus in ihrem 5. Haus auch zu ihrer Berühmtheit bei, sie befindet sich auf *Terebellum*, einem der Schicksalssterne, Venus wird einen entscheidenden Einfluss in ihrem Leben haben. Dieser Signifikator von Liebe und Frauen sieht die Sonne in das nächste Zeichen entschwinden. Das reflektiert ihr berühmtestes Lied »*I will always love you*«, das von Trennung handelt. Man sieht das auch am Dispositor der Venus: Saturn, der weitermachen will, aber im Exil gelingt es nicht.

Nicht zuletzt fällt der Uranus am MC auf, er sagt nicht, sie würde sich besonders für innovative Robotertechnologie interessieren. Uranus ist das ultimative »Auf-die-Erde-Runterkommen«, es ist der Urhimmelsgott, der von Saturn kastriert wurde. Selbstverständlich darf auch dieser Jupiter nicht vergessen werden, der Planet der Expansion auf dem königlichen *Spica* im 2. Haus des Geldes im Quadrat zu der oben beschriebenen Venus. Sie wird einiges Geld verdienen. Es ist ein unglaublich starkes Horoskop, obwohl es keinen Planeten mit einer guten essenziellen Würde darin gibt. Der machtvolle *Al Jabbah*, der Kopf des Löwen, passt sehr gut hinein, seine Herrscher sind Jupiter und Mars, gibt es noch mehr dazu zu sagen?

Das 11. Mondhaus – Al Zubra

Al Zubra: 11.45 Jungfrau – 24.36 Jungfrau
Stern: Zosma, Coxa (der Rücken des Löwen)
Arabischer Buchstabe: Ya
Assoziierte Namen: die Braue des Löwen, der Reiter des Löwen
Assoziierte Planeten und Energien: Saturn/Venus – Profite, Macht, Erfolg

In der Einführung zu den Mondhäusern wurde erklärt, dass das Wissen über dieses sehr alte System in Vergessenheit geraten ist und dass es eine Menge Verwirrung darüber gibt. Da es selten benutzt wird, und falls doch, dann auf eine recht grobe Weise, sind Unregelmäßigkeiten aufgetaucht und man musste darüber nachdenken, wie es wirklich zusammenhängt. Der Name dieses Hauses ist so ein typischer Fall, es heißt Al Zubra, Arabisch für die Mähne (des Löwen). Jedoch steht sein wichtigster beschreibender Stern *Zosma*

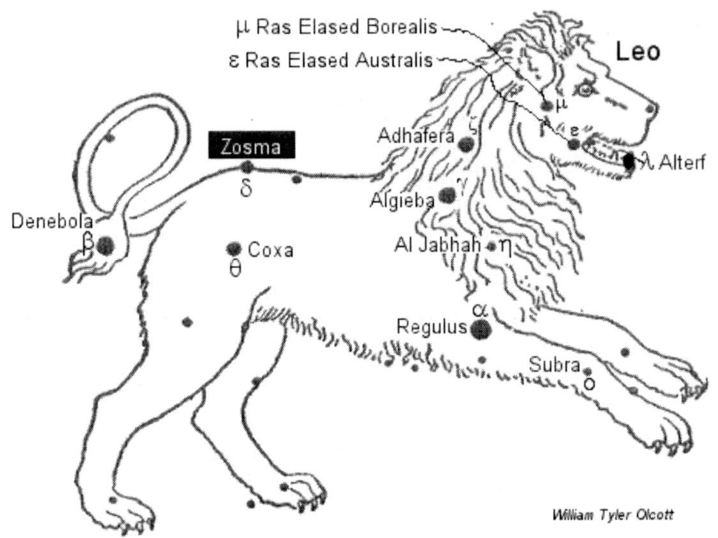

ganz eindeutig nicht in der Mähne, er ist auf dem Rücken. Deswegen sollte das Haus besser »der Rücken« genannt werden. Um die Sache noch schwieriger zu gestalten, gibt es auf dem unteren Bein des Löwen einen Stern, der *Subra* heißt! Was ist hier eigentlich los?

Es ist klar aus der Information über dieses Haus zu ersehen, dass sich hier alles um den Rücken dreht, was durch die Linie der herrschenden Sterne bestätigt wird, wie im vorherigen Kapitel beschrieben. Sie werden durch die aufeinanderfolgenden Teile des Löwen mit den vier Löwehäusern beschrieben. Zuerst kommen die Augen (Al Terf), dann das Herz und der Kopf (*Regulus* und *Al Jabbah*, siehe das Bild oben), in welchem die Mähne mit eingeschlossen sein könnte, und dann als drittes und viertes Haus der Rücken (*Zosma*) und der Schwanz (*Denebola*). Das ist logisch und sinnvoll, man kann daraus den Schluss ziehen, dass der Name des Hauses falsch ist, da er sich nicht auf den Teil des Löwen bezieht, über den gesprochen wird. Hier kam etwas durcheinander.

Der einfache Grund für diese Verwirrung mag sprachlicher Natur sein, da der Rücken auf Arabisch »Al Zuhr« heißt. Es ist leicht daraus »Al Zubra« zu machen. Es kann auch der Schreibfehler eines Kopisten sein. Autoren von traditionellen Texten neigen aus

Respekt für das Alte dazu, Dinge unkritisch abzuschreiben. So kann ein Fehler über lange Zeiträume, Jahrhunderte lang, immer und immer wiederholt werden. Das ist bis in unsere Zeiten so gewesen, niemand hat es wirklich bemerkt oder sich dafür interessiert. Um eine gute und funktionierende traditionelle Astrologie zu haben, müssen aber alle Methoden genau untersucht und nicht einfach übernommen werden. Sind sie logisch? Und noch wichtiger, funktionieren sie in der Praxis? Nicht zu viel Respekt vor den alten Büchern bitte! Die Wahrheit wird in ihnen nicht unbedingt verkündet. Es wäre also besser, dieses Haus Al Zuhr zu nennen, aber ich habe Angst, dass damit dann noch mehr Verwirrung gestiftet wird. Es ist also Al Zuhr, der Rücken, doch es wird nicht so genannt.

Da dies noch der Mittelteil des Löwen ist, passen alle Löwethemen hier, es scheint zu einer vollen Blüte in dieser Phase zu kommen. Natürlich ist die mythologische Geschichte des Nemäischen Löwen mit all ihren Assoziationen relevant, der Rücken ist sicher eine Position von Stärke, sodass die Schlüsselworte sehr positiv sind. Es handelt sich um gewonnene Macht, Autorität, Ansehen, Adel und Ausstrahlung. Die herrschenden Planeten sind Saturn und Venus. Das zeigt eine Mischung aus hartem Durchhaltevermögen und Anziehung. Das symbolische Bild ist eindeutig, es bestätigt die Bedeutung sehr, es ist ein starker Krieger, schwer bewaffnet und auf dem Rücken des Löwen reitend, seine Macht wird voll ausgespielt.

Der arabische Buchstabe ist Ya, seine Zahl ist 10, die Zahl der vollen Manifestation in der Welt, sein Element ist Luft und es wird sehr passend mit Gottes Hilfe in Verbindung gebracht. Die kreative Stufe ist der erste Himmel oder die Sphäre von Saturn, so der höchste Planet, die erste sehr spezifische Manifestation des göttlichen Potenzials (es indiziert aber nicht eine besonders saturnische Natur dieses Hauses!). Das vedische System hat drei Löwehäuser, sein elftes Haus wird auch von *Zosma* beschrieben, seine Themen sind mehr oder weniger dieselben, obwohl Heirat, Sexualität und Liebe mehr betont werden. Diese korrespondierenden vedischen Themen mögen als Vorschläge dienen, um die Bedeutungen des Hauses zu erweitern, wenn es Sinn ergibt. In diesem Fall scheint es so zu sein.

Dieses 11. Mondhaus handelt von Ansehen, Anziehungskraft, Macht und Adel.

Das Horoskopbeispiel zeigt eine Progression des Mondes durch die Häuser in Donald Trumps Horoskop, als er die Präsidentschaftswahl im November 2020 verlor. Man kann erkennen (indem man die Progressionen rückwärts schiebt), wie viel stärker seine Progressionen 2016 vier Jahr zuvor waren, zu der Zeit seines Wahlsieges. Damals stand seine progressive Sonne auf dem mächtigen *Regulus* (ja, dem Thron), platziert auf seinem Radix-Aszendenten, und sein Aszendent bewegte sich progressiv über den großen Wohltäter Jupiter auf der königlichen *Spica*. Der progressive Mond bewegte sich dann in Al Dhira hinein, welches ein Erfolgshaus ist. Merkur, der »Herrscher« von Al Dhira, ist stark in seinem Radixhoroskop. Aber nun wurden diese starken und günstigen Positionen weit zurückgelassen. Das ist das Schöne an Progressionen (Direktionen für die Ecken), dass man so klar den fortlaufenden Gang der Entwicklungen und den Wechsel »der Tiden« sehen kann.

Seine Niederlage habe ich ein Jahr vor der Wahl im Jahre 2020 öffentlich auf der Basis seiner Progressionen und der sehr ungünstigen lunaren Wiederkehr im Monat der Wahl vorhergesagt. Dieses Lunarhoroskop hatte den Südknoten, der ein schmerzliches Opfer anzeigt, auf dem Mond (das Volk) und auf dem Aszendenten (Trump in diesem Monat). Das sah nicht nach einer Wiederwahl aus und dieses Urteil wurde bei den Progressionen/Direktionen im November 2020 bestätigt. Wie oben erklärt, werden sechs Faktoren analysiert, um die Hauptlinien der Entwicklung zu sehen: 1. Die langsame progressive Sonne, 2. Aszendent, 3. Medium Coeli, 4. der viel schneller progressive Mond, 5. der Punkt des Mondes (Glückspunkt) und 6. der Sonnenpunkt. Das sind also die Achsen, die Lichter und die arabischen Punkte der Lichter, und dazu fügt man noch alles hinzu, was sonst noch auffällt.

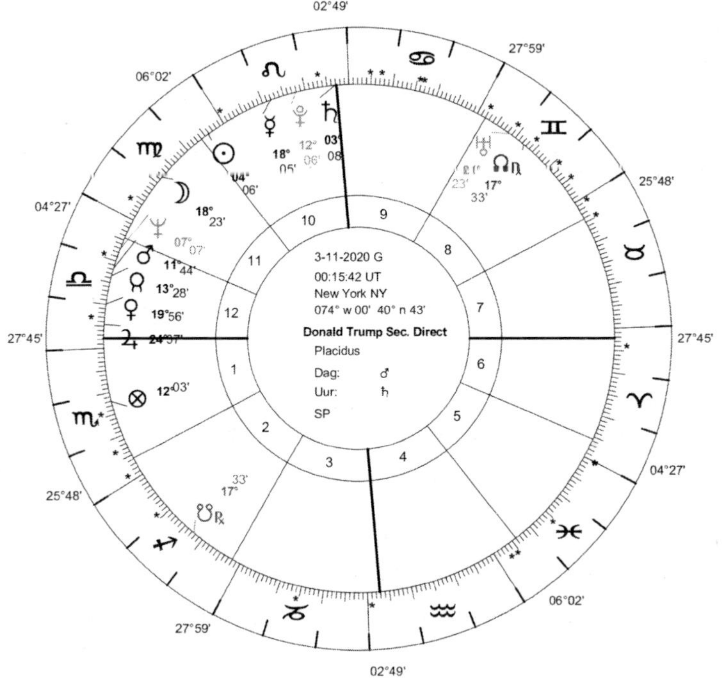

Das erste klare Zeichen seiner Niederlage bei den Wahlen 2020 in diesen Progressionen ist der MC, der eine Konjunktion zum progressiven Saturn macht. Da Saturn sich sehr langsam bewegt, kann man seine vorgeschobene Position in der Vorhersage ruhig ignorieren, es sei denn er wird durch einen sich schneller bewegenden Faktor aktiviert. So ist es in diesem Fall. Es ist der MC, der den Saturn aktiviert. Dann ist sein Exil im Löwen wichtig, der große Übeltäter wird seine schlechtesten Seiten zeigen und dies sieht nach einer großen Enttäuschung aus. Der Sonnenpunkt bildet eine Konjunktion zum progressiven Mars, dem anderen Übeltäter, der hier in seinem Fall steht, was überhaupt nicht günstig ist. Und noch viel schlimmer ist, dass diese Konjunktion sich auf dem bösen Fixstern *Vindemiatrix* befindet, der mit Fallen zu tun hat, vorschnellem Ernten und arroganter Überschätzung der eigenen Macht. Wieder eine

Enttäuschung! Man sollte beachten, dass der Sonnenpunkt sich wegen seiner Formel rückwärts durch die Zeichen bewegt!

Der Glückspunkt (Punkt des Mondes) ist beinahe auf der südlichen *Waagschaale*, einem sehr mächtigen und üblen Stern, der mit Gerechtigkeit zu tun hat. Auf ihm muss man das, was man getan hat, teuer bezahlen, er ist die Klaue des Skorpions der Rache. Die progressive Position des Mondes ist durch Antiszien in Opposition zum progressiven Sonnenpunkt, der eine Konjunktion mit Mars auf *Vindemiatrix* hat, das gibt allem eine starke Betonung. Insofern trennt sich auf sehr unangenehme Weise der Sonnenpunkt, die Essenz der Sonne und des Königs, vom Mond (sein Volk) mit einem direkt einbezogenen sehr hässlichen Mars (Planet für Ärger). Je mehr wir das Horoskop untersuchen desto mehr Probleme tauchen auf.

Zwei wichtige Dinge sollten wir bemerken, diese drei Faktoren bewegen sich einen Grad im Monat, deswegen sind sie in der Zeitbestimmung sehr genau. Wir müssen uns aber nicht ganz streng an einen Orbis von einem Grad halten, es kann ein auch bisschen mehr sein, aber wegen der großen Geschwindigkeit wird es uns nah an den Monat heranführen, in dem etwas passiert. Eine Analyse der Lunaren wird uns genau den Monat ergeben. Die zweite wichtige Sache ist diese: Obwohl man oft von einem »progressiven Horoskop« spricht, gibt es dies nicht wirklich. Tatsächlich ist das sehr verwirrend. Progressive Positionen sind nicht mehr als eben das: errechnete *Positionen.* Obwohl das Resultat wie ein Horoskop aussieht, *ist* es kein echtes Horoskop und es sollte auch nicht wie ein solches gedeutet werden, denn progressive Häuser existieren nicht.

Nun, da die Progressionen und Direktionen geprüft wurden und eine klare Idee von dem, was passieren wird, entstanden ist, kann das Mondhaus, durch das sich der Mond bewegt, untersucht werden. Es ist gut, nicht damit anzufangen, sondern es am Ende zu tun, damit man sicher ist, es im Zusammenhang zu deuten. Wie wir vorher diskutiert haben, trat sein progressiver Mond gerade erfolgreich in Al Dhira ein, als Trump die Präsidentschaftswahl im

November 2016 gewann. Drei Jahre später im September 2019 gab es einen progressiven Neumond, was immer ein Moment der Krise ist: es wurde das Impeachment eingeleitet. Zur gleichen Zeit trat der Mond in das mächtige Regulushaus Al Jabbah ein. Das war ein Indiz dafür, dass dies für ihn gut ausgehen würde. Im Mai 2020 trat der progressive Mond in Al Zubra ein und sechs Monate intensiver Wahlkampagnen begannen, dies ist das Zosmahaus, und *Zosma* ist der Krieger auf dem Löwen.

Das sieht nicht schlecht aus, obwohl einer der Hausherrscher (Saturn) in seinem Radixhoroskop, sehr schwach in seinem Exil steht und eine Konjunktion zu dem anderen Hausherrscher des 10. Hauses Venus bildet. Wie auch immer – der Mond nähert sich einem Hauswechsel, und das ist entscheidend. Früh im Jahr 2017 (der offizielle Zeitpunkt, an dem seine Präsidentschaft endete) verließ er das starke Haus Al Zubra, um in das vierte Löwe-Haus Al Sarfah einzutreten, den Schwanz des Löwen. Während der Wahlkampagne war Trump noch auf dem Löwen in Al Zubra und er machte es tatsächlich sehr gut, denn viele Amerikaner wählten ihn. Aber in Al Sarfah geht der Krieger zu Fuß, der Schwanz ist das Ende des Löwen, also ist er abgestiegen. Im Zusammenhang mit den anderen Progressionen und dem Wissen von dem, was noch passiert, konnte das nur bedeuten, dass er verlieren würde.

Das 12. Mondhaus – Al Sarfah

Al Sarfah: 24.36 Jungfrau – 7.28 Waage
Stern: Denebola (der Schwanz des Löwen)
Arabischer Buchstabe: Dad
Assoziierte Namen: der Wechsler, der Drachentöter
Assoziierte Planeten und Energien: Saturn/Venus – Kampf, Konflikt, Trennung

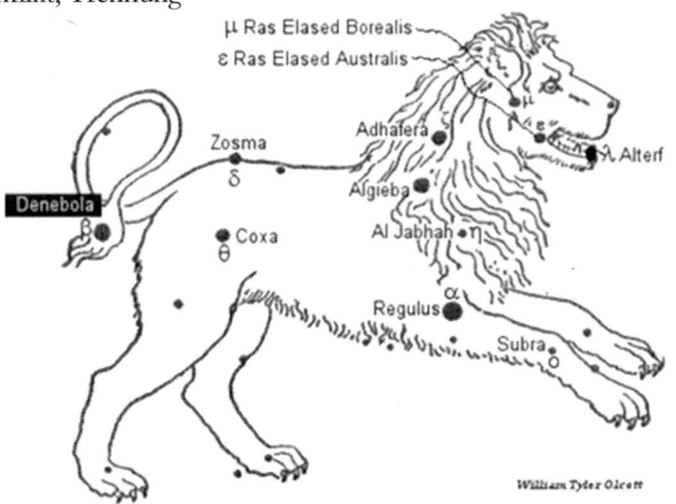

Das 12. Mondhaus ist das letzte der vier Löwe-Häuser, es ist der Schwanz des Löwen. Sein Name ist Al Sarfah, was auf Arabisch »der Änderer« bedeutet. Und tatsächlich fangen in diesem Teil der Löwe-Serie die Dinge an sich zu verändern. Der Löwe wird bald hinter sich gelassen und hier im Schwanz finden wir die Vorbereitungen dazu. In Al Terf wurde die Macht des Löwen herausgefordert, in Al Jabbah (dem Kopf) und Al Zubra (dem Rücken) wurde sie benutzt und in Al Sarfah wird sie verlassen. Natürlich geht das im Löwen nicht ohne einigen schmerzvollen Kampf. Das Beispielhoroskop im Kapitel über Al Zubra zeigte, wie Donald Trumps progressiver Mond die Häuser wechselte, als er die Wahl verlor, von Al Zubra (auf dem Rücken des Löwen reiten) zu Al Sarfah (vom Rücken herunterrutsch in den Bereich, der zum Schwanz gehört).

Es ist alles Löwenenergie und daher gibt es einen wilden Machtkampf, und eine mythologische Eigenschaft des Löwen ist seine Ausdauer. Er wird weitermachen, auch wenn es klüger wäre aufzuhören. Denken wir daran, dies ist der Nemäische Löwe, das Symbol für eine extreme Lust, Macht zu besitzen sowie für einen brennenden Ehrgeiz, die Nummer eins zu sein, was es auch kosten möge. Die Weigerung Donald Trumps, den Verlust der Wahl 2020 anzuerkennen und seinem Gegner zu gratulieren, ist typisch für Löwe: Er versuchte alles, um Joe Bidens Amtsantritt zu verhindern. Und als es dann schließlich doch geschah, war er nicht anwesend. Löwe mag königlich sein, aber er ist nicht immer großzügig, weil er um jeden Preis gewinnen will.

Man kann sich vorstellen, dass es ein Problem gibt, wenn der Löwe zurückgelassen wird. Macht loszulassen ist kein leichter Prozess. Die Schlüsselworte für dieses Haus haben zu tun mit Konflikt, Kampf, Zank und Trennung. Das spiegelt sich in den herrschenden Planeten dieses Teils des Löwen: Saturn, die Begrenzung und das Opfern sowie Venus, die Verbindung und Liebe. Dieselben Planeten beherrschten Al Zubra, aber das ist ein anderer Teil vom Löwen und deswegen haben sie einen anderen Effekt. Diese Beschreibungen von Planeten sind sehr allgemein. Der herrschende Stern ist *Denebola*, der Stern des Schwanzes des Löwen, und er wird oft mit der Provokation des Herrschers in Verbindung gebracht, sehr passend für diesen Platz, der nicht mehr Teil des Hauptkörpers des Löwen ist.

Das symbolische Bild ist ein Krieger, der zu Fuß einen wilden Drachen bekämpft. Er reitet den Löwen nicht mehr. Der arabische Buchstabe ist Dad, der erstaunlicherweise einem gezeichneten Bild des Schwanzes ähnelt. Seine Zahl ist 800, eine gedoppelte 4 der Spannungen multipliziert mit 100. Sein Element ist Luft, es zeigt auf Bewegung, sein Thema ist es, aufzuschließen. Spannungen münden in offenen Kampf. Die kreative Stufe ist die zweite Planetensphäre des Jupiter, auch genannt »Er, der es weiß«. Das heißt nicht, dieses Haus wäre wie Jupiter, es ist die Position im kreativen Zyklus, um die es hier geht. Der kreative Impuls sinkt runter in die Planetensphären und gibt die spezifischen Energien ab, aus denen der Kosmos zusammengestellt ist. Im indischen Mondhaus herrscht im 12. Haus auch *Denebola* mit den typischen Löwethemen. Liebe und Sexualität sind als weitere Themen in der vedischen Beschreibung hinzugefügt.

In diesem Haus geht es nur um Schlacht, Konflikt, Machtkämpfe und Brüche.

Ein gutes Beispiel, wie sich dieses Haus auswirkt, ist das Horoskop der Schauspielerin Meghan Markle, die Prinz Harry von Windsor geheiratet hat. Das Ehepaar entschloss sich, nachdem sie einige Jahre die Familienpflichten erfüllt hatten, mit der königlichen Familie zu brechen, sie zogen in die USA, um ihr eigenes Leben zu leben. Hier kann man sehen, wie wichtig ein Mondhaus im Hintergrund sein kann. Es kann lebenswichtige Entscheidungen steuern, wie diese, die sicher die dramatischste in ihrem Leben war. Wie oben erwähnt hatte Prinz Harry Al Botein als sein Mondhaus, das zweite Widderhaus, das sehr feurig und verbunden mit Konfrontationen ist. Eine interessante Kombination mit Al Sarfah!

In Meghan Markles Horoskop fällt als Erstes die dreifache Konjunktion von Mond, Saturn und Jupiter in der Waage nahe dem IC auf. Der Mond ist Herr von 1, er zeigt sie »in ihrem Leben« und hat eine enge Konjunktion mit Saturn, dem Herrn von 7 (Beziehungen,) und Jupiter, dem Herrn von Haus 9 (fremde Länder) und ist genereller Signifikator für die Aristokratie. So eine enge dreifache Konjunktion einschließend des Herrn von 1 wird die zugehörigen Themen sehr betonen. Und das wird noch stark beleuchtet vom Venuspunkt auf 8.27 Widder der in Opposition zu Jupiter. Ein Planetenpunkt in Konjunktion oder Opposition mit einem Radixfaktor innerhalb eines Zwei-Grad-Orbis zeigt ein sehr spezifisches individuelles Thema im Leben an. Also ist die Essenz der Liebe, die dieser Punkt symbolisiert, ganz besonders mit dieser dreifachen Konjunktion verbunden.

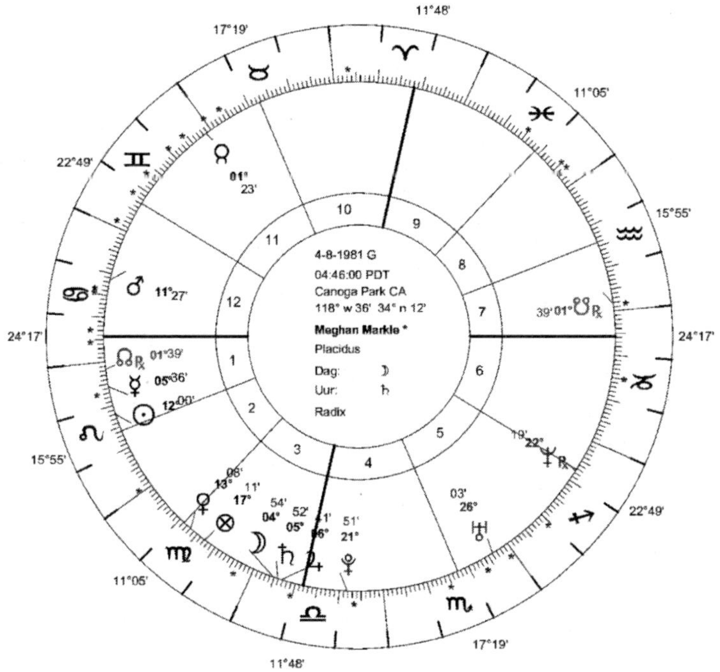

Die Opposition zeigt die Spannung, die dies bringen wird. Der Punkt des Mondes (Fortuna) ist durch Antiszien auf dem MC, das bedeutet, dass sie eine essenzielle lunare Funktion in der öffentlichen Arena erfüllen wird. Es ist klar, sie ist »die Frau von« und die Mutter seiner (ex-)königlichen Kinder. Eine Antiszie ist ein Schattenpunkt, der die Natur dieser Rolle zeigt. Ihr Mann ist nicht der Kronprinz, aber »in seinem Schatten«: Sie ist die Frau des Schattens. Also zeigen diese Punkte nicht nur starke Wünsche, sondern auch sehr konkrete Situationen im Leben, jedenfalls, wenn sie so betont sind wie in diesem Fall.

Der Aszendent befindet sich in der Mitte von zwei sehr mächtigen Sternen. Er ist nah am königlichen *Pollux* und am mächtigen *Procyon*. Es ist nicht leicht zu entscheiden, welcher Stern den meisten Einfluss hat. *Pollux* ist in der Breite etwas näher und *Procyon* ist in der Länge näher. Beide können sehr gut passen, *Pollux* ist ein königlicher Erfolgsstern und *Procyon* der Hauptstern im klugen

Kleinen Hund. Dies kann einen dazu bringen, alles auf seine Weise zu machen und Autoritäten herauszufordern. Auf der anderen Seite am Deszendenten findet sich *Terebellum*, einer der drei Schicksalssterne. Er zeigt an, dass die Beziehung ein schicksalhaftes Ereignis in ihrem Leben mit wichtigen Konsequenzen sein wird. Der Heiratspunkt ist durch Antiszien auf dem Deszendenten, das betont das Thema Heirat natürlich noch mehr.

Im 1. Haus ist Merkur auf dem chaotischen Stern *Praesepe* platziert, die leere Krippe hat sehr viel mit Trennung zu tun. Merkur ist Herr von 12 (Selbstzerstörung und unkontrollierte Impulse), keine gute Kombination, da *Praesepe* kein Führungsprinzip und der ständig die Form wechselnde Merkur auch keine feste Richtung hat. Beide sind in Konjunktion mit dem Nordknoten, das lässt sie sich stark manifestieren. Mars ist Herr von 10 (Beruf) und steht auf dem mächtigen *Sirius*, dem Hauptstern des Großen Hundes, in einem engen Sextil zu Venus, dem Planeten der Kunst. Venus stellt Mars einen Ausweg aus dem schwachen 12. Haus zur Verfügung. Mars ist Herr von 5 (Kreativität), er zeigt die Schauspielkarriere. Alles in allem sieht man hier eine Menge Kraft mit diesen beiden hellen Sternen am Aszendenten, die königliche Sonne im Löwen, Merkur auf dem Nordknoten im 1. Haus, die dreifache Konjunktion und die Punkte von Mond und Venus deutlich involviert.

Trotz allem sind die Probleme klar, der heftige *Procyon* geht gegen die herrschenden Kräfte an, Merkur im 1. Haus auf dem expansiven Mondknoten auf dem »Trennungsstern« Praesepe ist der unkontrollierbare Herr von 12, der Schicksalsstern *Terebellum* ist auf dem Deszendenten der Beziehungen und der Venuspunkt opponiert die aristokratische Heiratskonjunktion. In diesem Zusammenhang wird Al Sarfah den Konflikt verstärken, der Kampf mit dem Löwen und die Tendenz, zu provozieren, den Herrscher zu ärgern und zu bekämpfen. Für eine Frau mit Mond in Al Sarfah ist es nicht optimal, in eine königliche Familie einzuheiraten. Der Planetenherrscher des Mondhauses Venus ist im Fall, d.h. essentiell schwach. Der andere Herrscher Saturn ist stark in seiner Erhöhung, also ist das Mondhaus halb stark, halb schwach. Ja sie hat ihn geheiratet, sie ist nicht gleich zurückgeschreckt vor den Pflichten des Saturn und war eine Zeit lang Teil des Ganzen – aber am Schluss hat ihre schwache Venus es nicht mehr ausgehalten. Also hat der Krieger sich entschlossen, vom Löwen abzusteigen und das königliche Ungeheuer zu Fuß zu bekämpfen.

Das 13. Mondhaus – Al Awwa

Al Awwa: 7.28 Waage – 20.19 Waage
Stern: Zavijava (Brüste und Flügel der Jungfrau)
Arabischer Buchstabe: Lam
Assoziierte Namen: die Flügel, die Liebenden
Assoziierte Planeten und Energien: Merkur/Mars – Liebe, Vereinigung, Sexualität

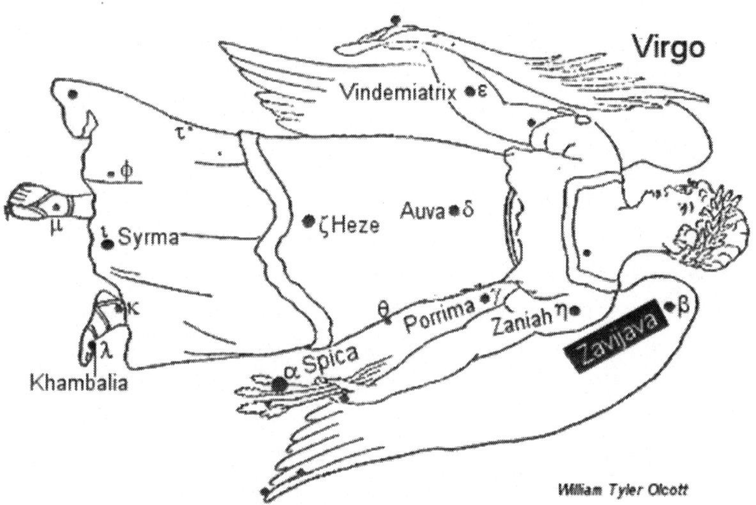

Im 13. Mondhaus wird die Löwekonstellation, die noch mit Machtkämpfen und Autoritätskonflikten zu tun hat, wird hier zurückgelassen und eine völlig andere Energiezone in der Jungfrau wird betreten. Jungfrau hat nichts mit Macht zu tun, ihre Geschichte wird mit Reinigung assoziiert. Es geht darum auszusortieren, was es wert ist zu behalten, und alles, was zu irdisch ist, abzulehnen, damit die

Seele in der Lage ist, den Geist zu empfangen. Im Christentum ist die Jungfrau offensichtlich Maria, die heilige Gottesmutter, die den Heiligen Geist empfängt. In der antiken Mythologie hat Astraea, eine Titanentochter, diese Rolle inne. Die Titanen oder Erdgiganten repräsentierten materielle Gebundenheit, aber Astraea tauschte die göttliche Seite gegen ihre titanischen Familienwurzeln ein.

Es ist klar, dass dieses ein Jungfrau-Haus ist, aber hier gibt es eine merkwürdige Anomalie, die einige Aufmerksamkeit erfordert. Der beschreibende Stern soll *Zavijava* sein, doch das Problem ist, dass Zavijavas tropische Position im Jahr 2000 auf 27.20 Jungfrau ist! Das bedeutet, dass die Entfernung zur Grenze von Al Awwa 10 Grad, fast ein ganzes Mondhaus, beträgt. Das kann nicht korrekt sein, obwohl ein beschreibender Stern nicht unbedingt genau auf der Grenze stehen muss, doch er sollte wenigstens in der Nähe sein. Das Grundproblem ist, dass wir eine systemische Teilung durch 28 mit unregelmäßigen Konstellationen kombinieren, und das passt nicht immer perfekt.

Dieses Haus kann als die Flügel der Jungfrau angesehen werden, aber *Zavijava* kann nicht als sein Stern genommen werden, passender wäre *Zaniah* oder *Caphir*. Das sind Sterne, die auch auf den Flügeln oder den Armen platziert sind und eine ähnliche Bedeutung haben. Also kann die Übersetzung von Al Awwa die Flügel beibehalten werden, aber *Zavijava* als ihr bestimmender Stern ist unlogisch. Dies mag ein Argument sein, Häuser verschiedener Längen zu benutzen. Aber dieses System hat andere große Nachteile. Man muss akzeptieren, dass, wenn man auf eine »mondhafte Weise« arbeitet, Imperfektion auftauchen kann, jedoch müssen sehr große Unregelmäßigkeiten wie diese korrigiert werden.

Der Name die Flügel kann also beibehalten werden und es ist klar, was für eine Bedeutung dies dem Haus gibt. Die zentrale Aufgabe der Jungfrau ist, das Irdische zu reinigen, sodass der Geist herunterkommen kann. Alchemistisch ist es die Vereinigung des männlichen Schwefels mit dem weiblichen Merkur, die nur stattfinden kann, nachdem der Merkur durch Destillation gereinigt wurde. In der praktischen Pflanzenalchimie bedeutet das den Alkohol,

Träger des Merkurprinzips, zu destillieren, so dass nur noch wenig Wasser enthalten ist (das Wasser repräsentiert irdische Wünsche). Das ist auch hier die Vorgehensweise, eine Union des Weiblichen und des Männlichen ist beabsichtigt, die Flügel zeigen uns eine Verbindung mit »oben« auf (Destillation geht auch nach oben), wo der maskuline Geist herkommt.

Daher ist es nur logisch, dass dieses Haus mit der Verbindung der Geschlechter assoziiert wird, mit Liebe, Anziehung und Sexualität. Die Flügel haben als ihre Planetenherrscher den Mars der sexuellen Energie und den Merkur der Verbindung. Sexualität sollte hier nicht nur als etwas gesehen werden, das in Bett passiert, es ist auch eine kreative komplementäre Polarität zwischen maskulinen und femininen Energien in einem weiteren Sinne.

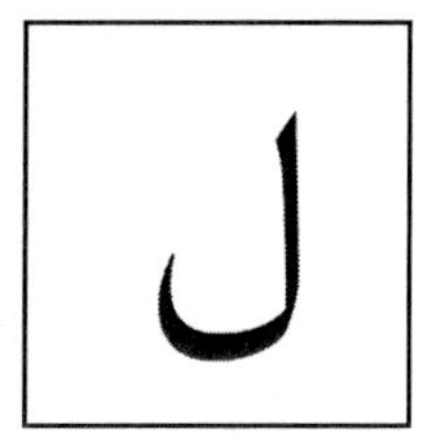

Das symbolische Bild redet nicht um den heißen Brei herum, es ist ein nackter Mann, der eine Frau sexuell begehrt. Sein Buchstabe ist Lam, seine Zahl ist 30. Die 3 symbolisiert die Vereinigung der beiden Pole, multipliziert mit 10 sind diese vollkommen manifestiert in der Welt. Sein Element ist die Erde, die wirkliche konkrete Vereinigung, und soll sich ganz passend auf die Verbindung zur Quelle der Vereinigung beziehen. Die Form des Buchstabens scheint auf diese Bedeutung der Verbindung der Erde mit der göttlichen schöpferischen Energie hinzuweisen, die von oben herabkommt.

Die kreative Stufe ist die Sphäre von Mars, genannt der Siegreiche. Sie reflektiert, dass Lebensenergie erdhaft wird. Im Planetensymbol des Mars ist der Kreis der göttlichen Energie *unter* dem Kreuz der Materie zu finden. Das heißt immer noch nicht, dass dieses Haus auf eine konkrete Art sehr martialisch wäre, es zeigt nur, wo dieses Haus im Gesamtzyklus steht, es ist eine Beschreibung seiner Natur in einem mehr theoretischen Sinn.

In diesem Haus geht alles um Liebe, Anziehung, Charme, Verbindung und Sexualität.

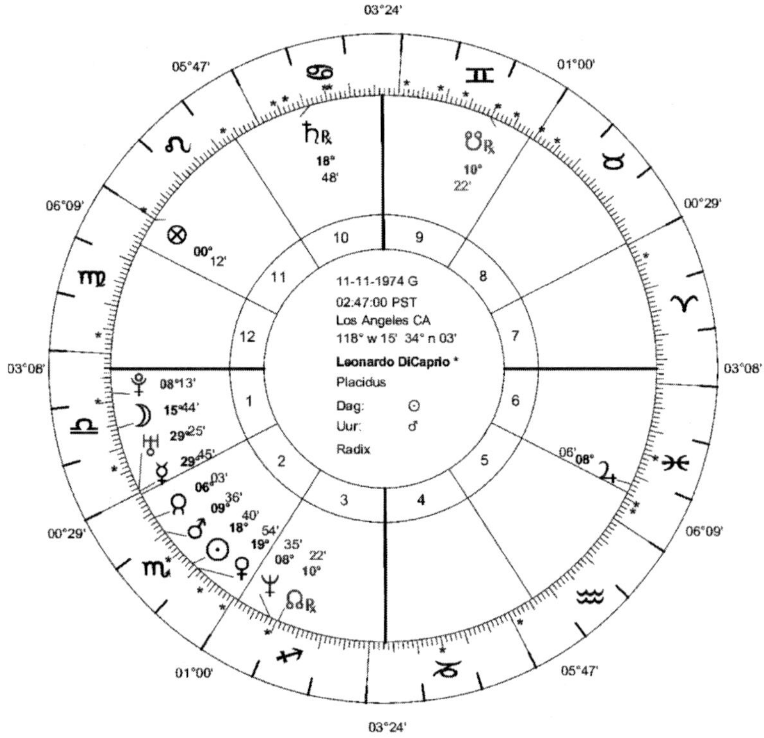

Ein gutes Beispiel für die Auswirkung dieses Haus ist das Horoskop von Leonardo di Caprio. Die Vorgehensweise hier ist, zuerst das Geburtshoroskop zu deuten und dann die Mondhäuser anzusehen. Aber in diesem Fall scheint das Mondhaus alles sehr klar auszusagen. Nicht überraschend startete di Caprio seine Karriere als Sexsymbol und darum geht es in Al Awwa. Die Planetenherrscher der Flügel – Mars und Merkur – haben eine ziemlich gute essenzielle und akzidentielle Würde in seinem Horoskop, er wird also fähig sein das Versprechen des Hauses in einer sehr effektiven Weise darzustellen. Dieser Mars ist sehr wichtig in seinem Horoskop, steht sehr stark in seinem Domizil und ist Dispositor von zwei anderen Planeten. Mars empfängt auch ein Trigon vom großen Wohltäter Jupiter in seinem Domizil und ist im 2. Haus des

Geldes platziert. Also wird er durch seine Marsenergie, der generelle Signifikator für Männlichkeit, fähig sein, ziemlich viel Geld damit zu verdienen.

Er hat keine sehr machtvollen Fixsterne an wichtigen Stellen in seinem Horoskop, aber es gibt noch andere Wege, erfolgreich zu sein. Der Planetenpunkt des Jupiter, der Siegespunkt, ist auf der Spitze des 5. Hauses – Kreativität – und der Venuspunkt der Liebe auf dem expansiven Nordknoten auf dem königlichen *Antares*. Der Herr von 5 (Kreativität) ist ein rückläufiger Saturn in seinem Exil, aber er wird sich stark manifestieren können da er im 10. Haus des Berufes steht. Saturn ist in einer sehr starken Rezeption mit dem Mond, Herrscher des 10. Hauses, der selbst im 1. Haus steht. Das ist eine machtvolle Rezeption, sie verbindet das erste Haus (die Person) und das zehnte Haus des Jobs. Der Mond steht in dem Zeichen, in welchem Saturn seine Erhöhung hat, und Saturn ist in dem Zeichen, das vom Mond beherrscht wird.

Dieser rückläufige Saturn in einem Wasserzeichen und seinem Exil ist eine grafische Beschreibung dafür, wie er berühmt wurde: Es ist dieses Bild aus dem Film TITANIC, kurz bevor sie sinkt und in die Luft zu stechen scheint. Es ist sehr beindruckend, dass dieser Saturn durch Antiszien in Konjunktion mit dem Südknoten ist (untergehen) – genau auf dem Punkt des Ruhms! Hier haben wir ein gutes Beispiel dafür, dass sogar essenziell sehr schwache Planeten eine Karriere beflügeln können. Die Synastrie mit der pränatalen Sonnenfinsternis und Syzygy ist auch stark. Sie zeigt, dass er die richtige Person ist, die das Richtige zum richtigen Zeitpunkt am richtigen Ort tut. Diese pränatale Synastrie ermöglicht es, den Zeitgeist in den persönlichen Aktivitäten einzufangen.

Das 14. Mondhaus – Al Simak

Al Simak: 20.19 Waage – 3.10 Skorpion
Stern: Spica (die Kornähre der Jungfrau)
Arabischer Buchstabe: Nun
Assoziierte Namen: der Unbewaffnete, der Hund mit dem Schwanz in seinem Mund
Assoziierte Planeten und Energien: Venus/Mars – Scheidung, Trennung, Auflösung

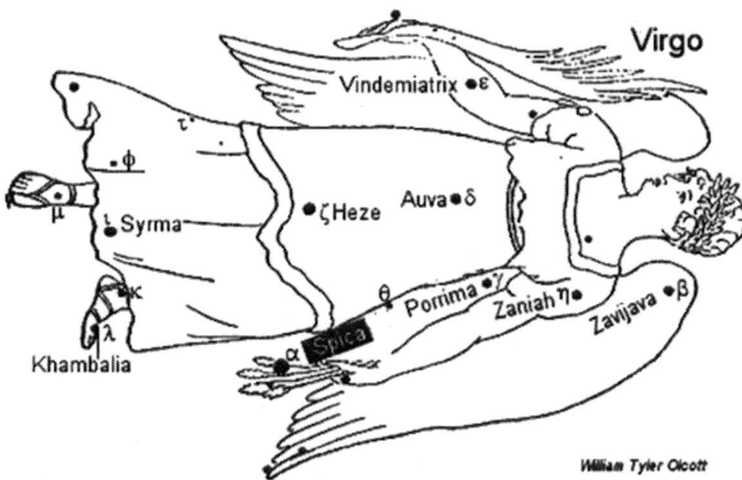

Das 14. Mondhaus heißt Al Simak, was auf Arabisch der »Unbewaffnete« bedeutet, und es bezieht sich auf die Natur von Jungfrau. Jungfrau ist die Konstellation des Erntens und Reinigens, um höhere Dimensionen erreichen zu können, um den Geist zu erlangen. Die Atmosphäre ist völlig anders als das, was wir in der vorherigen Konstellation des Löwen gesehen haben, wo die Essenz der Machtkampf war. Hier gibt es so etwas nicht, keinen Kampf, keine Waffen, obwohl es ein Ringen gibt, das jedoch ganz anderer Natur ist. Es ist das zweite der drei Jungfrau-Häuser und der beschreibende Stern ist *Spica*, die Kornähre. Es ist der Konzentrationspunkt des jungfräulichen Ernteprozesses.

Wie im vorigen Kapitel erläutert, ist dieser Prozess mit der

Beziehung zwischen den erdhaften weiblichen und den spirituellen männlichen Prinzipien verbunden. Deswegen kann auch dieses Haus mit Liebe und Beziehungen assoziiert werden. Aber da wir uns von den Flügeln der Jungfrau bis zur Ähre bewegt haben, hat der ganze Ernteprozess eine andere Ebene erreicht. Die Flügel in Al Awwa bezogen sich auf »oben«, auf den ersten idealisierten Impuls, aber die Kornähre ist die Phase, in der schließlich die Dinge aussortiert werden: Einige werden abgelehnt, andere werden behalten. Dies ist ein weniger begeistertes Haus, also hier werden Beziehungen einem Realitätscheck unterzogen. Hier schlummert ein Potenzial für Reibung.

Das wird in den Planetenherrschern dieses Teils der Jungfraukonstellation widergespiegelt, Venus, die Liebe, und Mars, der Kampf. Der beschreibende Stern *Spica* wird als sehr glücklicher Stern gesehen, er gibt die volle Ernte, deswegen heißt es immer: Dies bringt dich weiter, als du dir jemals hättest vorstellen können. Lady Diana Spencer hatte *Spica* auf ihrem MC, und das gibt uns eine klare Idee davon, was diese Konstellation bringen muss, das »Königin der Herzen«-Charisma passt gut in den jungfräulichen Reinigungsprozess. So eine Position bedeutet nicht, dass alles in Ordnung sein wird, aber *Spica* auf dem MC ist gewiss sehr gut für die Karriere. Im vedischen System hat *Spica* eine ganz besondere Rolle zu spielen, sie markiert nämlich den Anfang des siderischen Tierkreises, gegeben vom Punkt gegenüber von *Spica*. Das macht aus dem gesamten siderischen Zodiak eine Art »Kampf für Reinigung«-Tierkreis.

Dieses Haus hat also wie das vorangegangene mit Liebe und Beziehungen zu tun, aber es gibt hier mehr Probleme. Seine traditionellen Schlüsselworte sind: Abtrennung, Auflösung, Beendigung von Bindungen. Das scheint dem Haus aber einen zu negativen Geschmack zu geben. Es kann zum Beispiel nicht mit den ersten beiden heftigen Widderhäusern verglichen werden und hier ist auch der vorteilhafte Einfluss von *Spica*, gut für Erfolg. Es zeigt, und das ist der Wert der Häuser in der Deutung des Horoskops, dass der Prozess weitergeht und dass er sich besser auswirkt, wenn er bewusst ausgeführt wird, wenn die am meisten positive Rolle in dem Mythos verbunden mit der Konstellation gewählt und absichtlich ausgelebt wird.

Das symbolische Bild in diesem Haus ist ein Hund, der seinen Schwanz in seinem Maul hält, was ein bisschen mysteriös ist. Jedoch ist es ein sehr bekanntes alchemistisches Symbol, in den eigenen Schwanz zu beißen. Es bezieht sich auf den Ouroboros, den Drachen, der in seinen eigenen Schwanz beißt. Es verweist eindeutig auf den Selbstreinigungsprozess im Zeichen Jungfrau, einen Kreis des Erledigens von immer und immer wieder derselben Arbeit des Aussortierens. Wegwerfen, was unsauber ist, und das behalten, was seinen Wert bewiesen hat. Es ist ein Bild vom alchemistischen Destillationszyklus, in dem Merkur, die Seele der Alchemie, gereinigt wird.

Der arabische Buchstabe heißt Nun, sein Element Luft, das bezieht sich auf die Reinigung von irdischen Dingen. Seine Zahl ist 25, das ist 5 mal 5, was sich auf das fünfte »hohe« Element Äther bezieht, das über den vier mehr irdischen Elementen steht und sie kontrolliert.
Nun ist die Abkürzung von Ramadan, dem Monat des Fastens, der reinigend ist, damit man sich besser mit den höheren Dimensionen verbinden kann. Der Buchstabe gibt ein recht genaues Bild von dem, was hier vor sich geht. Der Halbkreis, der die Welt unten symbolisiert, und der Punkt, der nach oben, zu den höheren Dingen weist, mit denen man sich verbinden soll. Es wird gesagt, dass das ein Zwischenzustand zwischen Prinzip und Manifestation ist, genau das, worum es in der Jungfrau geht. Ganz am Anfang war die Welt ein geschlossener Kreis, aber wie man sieht, wurde er durch Sünde gebrochen, durch die Trennung von Gott, und um wieder ganz zu werden, ist Reinigung erforderlich. Dies ist auch die unbefleckte Empfängnis der Maria, die mit der Jungfraukonstellation assoziiert wird. Die Stufe im kreativen Prozess ist die Planetensphäre oder der Himmel der Sonne, das sichtbare Symbol Gottes in unserer Welt, es wird auch das Licht genannt. Im indischen Mondhaussystem ist

die Verbindung mit Realitäten hinter materiellen Erscheinungen auch sehr hervorgehoben. Es ist, dasselbe Grundthema.

Das vierzehnte Mondhaus handelt von Beziehungen, die von Brüchen begleitet werden, sich verbinden oder gehen lassen, Trennung, auseinanderbrechen, kritisch das aussortieren, was zum Erfolg führt.

Ein gutes Beispiel, wie sich das in einem Leben auswirken kann, ist das Horoskop von François Mitterand. Seine auffälligste Fähigkeit während seiner langen Karriere war die Anpassung im richtigen Moment, um die benötigten Veränderungen zuzulassen. Das kann man sofort in seinem 1. Haus sehen, das sehr direkt Mitterand selbst zeigt. Planeten in diesem Haus werden das Leben stark beeinflussen, weil dieses Haus das Individuum darstellt. Er hat den pragmatischen Formveränderer Merkur und den sich immer verändernden Mond, dem feste Strukturen fehlen, in diesem Haus. Daher ist seine Fähigkeit, sich veränderten Bedingungen anzupassen, durch die Planeten in seinem 1. Haus verankert.

Der Mond ist Herr von 10, dem Herrn des Berufes, und so kommt der Beruf fast automatisch zu ihm: Dieser Mond steht auch auf *Spica,* dem sehr vorteilhaften Stern. Der Mond ist nicht nur auf *Spica*, sondern überdies auch in dem Haus, das mit der Kornähre verbunden ist. Oben wurden schon die beiden Funktionen des Mondes erklärt, einerseits als ein Licht auf einem Stern und andererseits als der Indikator der Phase im kreativen Prozess, der »Stufe« im Häuserzyklus. Dies muss klar unterschieden werden. Es ist möglich, dass der Mond auf einem Stern platziert ist, der nicht das Haus beschreibt, in welchem sich der Mond befindet. Aber hier ist dies nicht der Fall. Also ist alles klar. Die ganze Idee einer großen Karriere ist weiterhin gestärkt durch den mächtigen Pluto am MC. Der Herr der Unterwelt ist in der Lage, im richtigen Moment zuzuschlagen und den Preis oder das Mädchen mit nach Hause zu nehmen.

Merkur im 1. Haus ist im Zeichen Waage, beherrscht von Venus, und Venus steht in der Jungfrau beherrscht von Merkur, also sind Merkur und Venus sehr stark verbunden durch eine gegenseitige

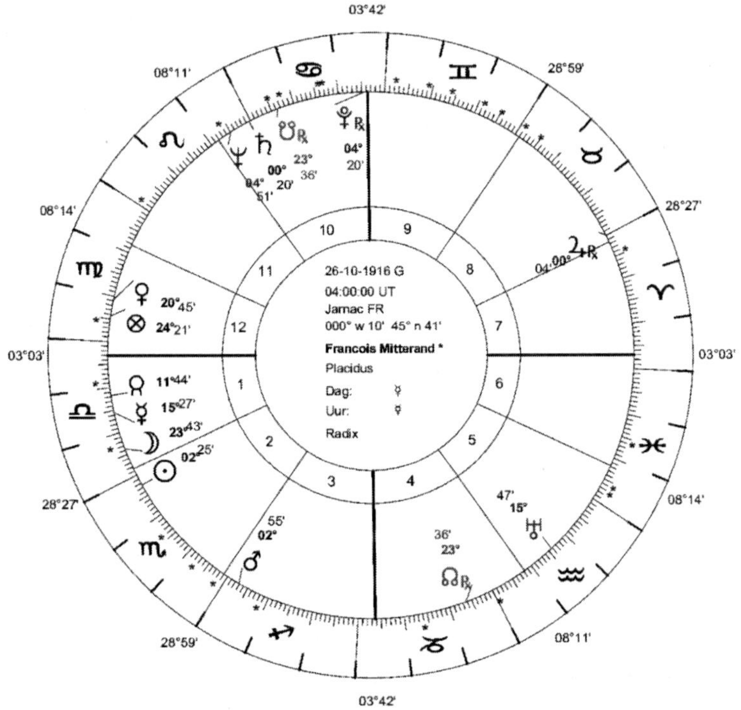

Rezeption. Merkur ist Herr von Haus 12 der versteckten Dinge, Venus, Herrin von 1, steht im 12. Haus. Daher hat er eine natürliche Affinität zu dem, was hinter den Kulissen vor sich geht, sehr gut für einen Politiker. Dazu passt auch die Tatsache, dass er lebenslang eine Geliebte hatte, mit der er sogar eine Tochter hat. Das hat offensichtlich seiner Ehe nicht zu sehr geschadet. Sein Glückspunkt (oder Mondpunkt), sein Hunger, ist im 12. Haus, disponiert von Merkur und der Punkt des anderen Lichtes, der Sonnenpunkt, ist im 1. Haus, disponiert von Venus in der gegenseitigen Rezeption mit Merkur.

Wo man auch immer hinsieht, es ist eine starke Betonung des 12. Hauses der Geheimnisse zu bemerken. Es wundert einen nicht, dass einer seiner Spitznamen die Sphinx war. Die anderen wussten nie, was er gerade im Schilde führte. Die Positionen des Sonnen- und Mondpunktes durch Antiszien sind auch sehr interessant. Die Platzierung eines Planetenpunktes in einem Zeichen oder einem

Haus deutet nur eine »psychologische« Tendenz an. Also zeigt der Sonnenpunkt im 1. Haus, disponiert vom Herrn von 1 (Mitterand selbst), wo er die Zukunft erkennen kann (der Sonnenpunkt zeigt im Prinzip dort, wo wir die Verbindung zu Gott empfinden, unsere einzige Zukunft). Er fühlt es also in sich selbst, in seinen eigenen Handlungen und Initiativen. Eine Konjunktion oder Opposition (mit 2° Orb) eines arabischen Punktes mit einem astrologischen Faktor wie einem Planeten oder einer Hausspitze zeigt eine mehr konkrete Situation. Durch Antiszien ist der Mondpunkt (Hunger) mit dem Deszendenten der Beziehungen in Verbindung. Der Glückspunkt ist der Mondpunkt, eine Antiszie ist versteckt. Die bedeutet also Hunger nach anderen, gleichzeitig auch verbunden mit etwas Verstecktem oder etwas Indirektem in Beziehungen (Deszendent) und mit Frauen (Mond) – wieder die Geliebte.

Al Simak passt nahtlos dazu, da dieses Benehmen von Anpassung das ist was Jungfrau tun würde, ständig abwägend und Dinge gehen lassend, die nicht mehr von Wert sind. Es ist das Ernten, bzw. die Frage »was kann ich behalten, was meine Stellung fördert?« Auch das Jungfrau-Beziehungsthema ist in seinem Leben sehr klar, er blieb sein ganzes Leben verheiratet, hatte aber diese Geliebte, mit der er sogar eine gemeinsame Tochter hatte. Die Planetenherrscher Venus und Mars sieht man hier wirken: Liebe mit Problemen. Venus ist im Fall und Mars peregrin in Mitterands Horoskop und je weniger essenzielle Würde die Herrscher haben, desto stärker manifestieren sich die nicht so erfreulichen Tendenzen.

Das 15. Mondhaus – Al Ghafhr

Al Ghafhr: 3.10 Skorpion – 16.02 Skorpion
Stern: Syrma (in Jungfrau: *jota en kappa Virginis*)
Arabischer Buchstabe: Ra
Assoziierte Namen: die Bedeckung, die Robe, der Schreiber
Assoziierte Planeten und Energien: Merkur/Mars – Gewinne, Geschäftserfolg

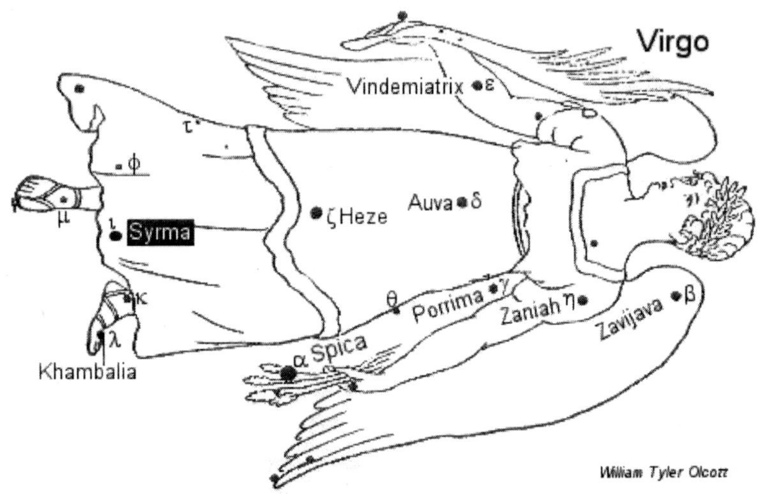

Dieses Mondhaus ist das dritte und letzte der drei Jungfrau-Häuser, und auch der Beginn des dritten Viertels im kreativen Zyklus. Der Name Al Ghafhr ist arabisch für »die Decke« und das Bild oben sagt auch warum. Die Zone, in der man die Konstellation hier betreten hat, ist nach den Flügeln und der Ähre das Gewand nahe den Füßen. Wieder ändert sich hier der Fokus, der gesamte Reinigungsprozess wird mehr irdisch verbunden mit den Füßen und das Gewand zeigt mehr auf äußere Dinge. Es ist wichtig zu verstehen, dass die 28 Mondhäuser 28 Konstellationszonen sind – jeweils mit einer besonderen Natur, durch die der Mond sich bewegt.

Hier kommt immer noch die Mythologie der Jungfrau zum Tragen, die Idee des vorsichtigen Aussortierens von Nützlichem wird sich durch dieses Haus manifestieren. Die Frage kommt auf, warum in aller Welt dieser Stern *Syrma* zusammen mit einem anderen in der Nähe, *Kappa Virginis*, als beschreibende Sterne für dieses Hauses erwähnt werden. Beide werden in keiner Liste der relevanten Sterne aufgeführt, im Gegensatz etwa zum der Stern *Khambalia* nahe am Fuß. Warum nimmt man nicht diesen? Auch *Syrma* ist nicht sehr hell, was für eine Rolle spielt er also hier? Die Antwort lautet: *Smyrna* liegt auf dem Gewand der Jungfrau und das ist in diesem Haus der entscheidende Punkt.

Der beschreibende Stern muss die grundlegende Natur der Konstellationszone und ihren Symbolismus ausdrücken, er muss den speziellen Fokus reflektieren. Daran sieht man, dass es nicht nur um Sterne geht, es geht um Konstellationen, also Gruppen von Sternen oder genauer Teile von Konstellationen einer spezifischen Natur. Diese Natur hier ist die Decke oder das Gewand und dieses mehr äußerliche Detail, kombiniert mit dem Auswahlprozess der Jungfrau, führt uns zu den Schlüsselworten für dieses Mondhaus. Alles hat mit Geschäften und finanziellem Erfolg zu tun. Das ist sicher nicht das einzige Erfolgshaus, aber die Natur des Hauses zeigt auf jeden Fall, *wie* es verdient wird. Es gibt viele Wege, Erfolg zu haben, für jede Person ist es anders, darum gibt es keine allgemeinen Rezepte oder Techniken dafür.

Einer der Planeten, die mit diesem Haus in Verbindung steht, ist Merkur, der Planet für Handel und Geschäfte, die Energie von Zahlen und die Aufmerksamkeit für Details. Mars ist der andere beschreibende Planet, er zeigt die Entscheidungskraft in geschäftlichen Belangen. Das symbolische Bild beschreibt die Natur, es ist ein Mann, der Schriftrollen hält und Briefe schreibt.

Der zugehörige Buchstabe ist Ra, sein Element ist sehr passend Erde, seine Zahl ist 200 (irdische Dualität multipliziert mit der totalen Manifestation). Es wird gesagt, dass er eine Nachricht symbolisiert, welche auf die merkurische Natur dieses Hauses verweist. Die kreative Phase ist der »Himmel der Venus«, die erste Planetensphäre unter der Sonne, die näher und näher an die Erde rückt, einer ihrer Namen ist »Er der Form gibt«. Im vedischen System gibt es kein zugehöriges Haus.

In diesem Haus geht alles um Geschäfte und finanziellen Erfolg.

Ein gutes Beispiel für das Wirken von Al Ghafr sehen wir im Horoskop des brasilianischen Supermodells Gisele Bündchen, das Stichwort »Robe« kann in ihrem Fall wörtlich genommen werden.

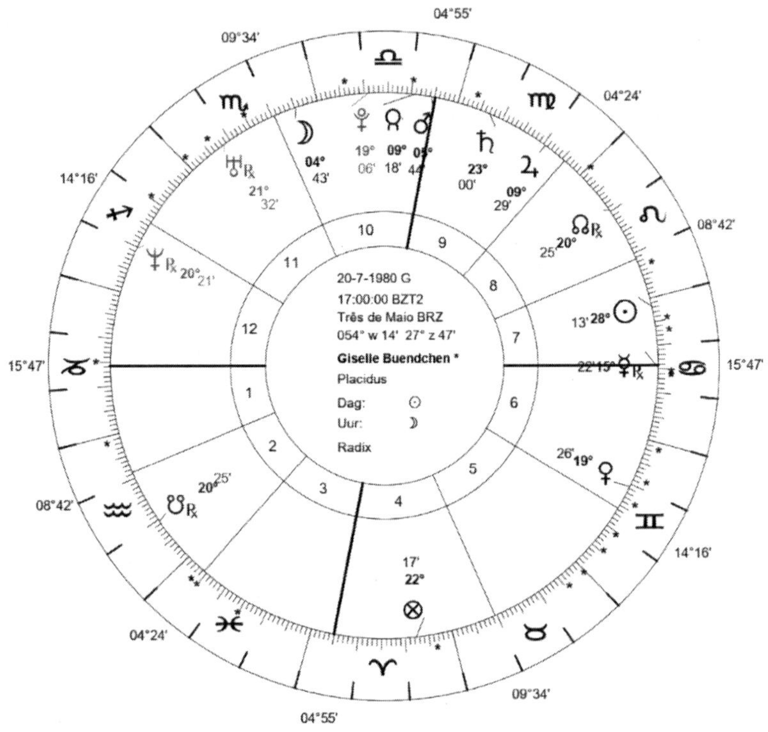

Was in diesem Horoskop ins Auge fällt, ist Mars auf dem MC, was offensichtlich etwas mit ihrem Job zu tun hat, mit dem, was sie der Welt zeigen wird. Der Kampfplanet ist in seinem Exil so schwach, das bedeutet, dass Dinge, die mit Mars zu tun haben, nicht ihr Talent sind, aber Mars wird zu ihrer Karriere beitragen, da er nämlich akzidentiell sehr stark steht. Es ist eine der stärksten Stellungen, die ein Horoskop haben kann, folglich ist es nicht schlecht für ihre Karriere. Er mag nicht in einem guten Zustand sein, hat aber sicher viel Macht.

Natürlich ist Mars nicht der Planet für äußere Schönheit, aber er zeigt sich in der Karriere mit dem Kampfgeist, den er zur Verfügung stellt. Er zeigt auch den Stil an, den sie initiiert hat. Bündchens Aufstieg zum Ruhm markierte eine Änderung in der Welt der Models, er beendete den »heroine chic« mit diesen notorisch blassen und mageren Models. Mit Gisele Bündchen kehrte Vitalität zurück, ein gesunder Look mit guten Kurven, Mars versteckt sich nicht, er zeigt Lebensenergie und Tatkraft. Ihr Stil auf dem Laufsteg, und das ist wohl der wichtigste Teil des Berufes, wird als »Stampfen« bezeichnet, was natürlich recht martialisch ist. Das ist nicht irgendeine kleine interessante Nebensache, es ist ein wichtiger Bestandteil ihres Auftretens, der sie zu dem Superstar gemacht hat, der sie heute ist.

Dieser Mars auf dem MC steht auf dem Stern *Zaniah* auf dem Flügel der Jungfrau, der eine Merkur-Venus-Natur hat, die Mars mehr Eleganz gibt, und natürlich ist Venus der Dispositor von Mars. Venus, der Planet der Schönheit, als Herrin von 10, zeigt was für einen Beruf sie ausüben wird. Venus Herrin von 10 bildet ein Trigon zu Saturn, dem Herrscher von 1, daher ist dieser (Venus-Schönheitsberuf) direkt mit ihr als Person verbunden. Auf dem Aszendenten ist die machtvolle, sehr helle *Wega* platziert, der Hauptstern der ästhetischen Leier. Wega hat auch eine Merkur-Venus-Natur und ist verbunden mit göttlicher Schönheit und Harmonie in irdischer Form. Die Leier heißt auch Geier oder der fallende Adler, weil er von »oben« herunterkommt, wo er viele wunderschöne Dinge gesehen hat, die er der Welt zeigen will.

Merkur ist wie Mars an einer Ecke platziert und Planeten in Eckhäusern sind immer effektive Karrieretrümpfe. Merkur ist Herr von 9 (Ausland), also wird dies eine bemerkenswerte Rolle in ihrem Leben spielen. Durch ein »mundanes Quadrat« ist Merkur mit Mars auf dem MC verbunden. Ein mundaner Aspekt ist nicht *in caelo*, also durch die Zodiakstellung, sondern durch seine Stellung »in der Welt« (lat. *mundus* für Welt), also seine Position in einem Haus. Von Planeten in Häusern, die nicht inkonjunkt sind oder nicht aneinander grenzen mit derselben Entfernung von den Häuserspitzen, sagt man, dass sie in Aspekt *in mundo* sind. Ihr Mars auf dem MC und Merkur auf dem Deszendenten sind in der gleichen Entfernung von den Spitzen – also sind sie in Aspekt durch ein mundanes Quadrat. Beachten Sie, dass die Inkonjunktion nie ein Aspekt ist, denn ein Aspekt ist die Fähigkeit der Planeten, einander zu sehen und auf diese Art ihre Lichter zu vermischen. Die grundlegende Natur der

Inkonjunktion ist, dass die Planeten beides nicht können. Das hat eine Bedeutung, aber es ist kein Aspekt, also keine Verbindung.

Interessant ist Gisele Bündchens 2. Haus des Geldes, sie gehört zu den bestbezahlten Supermodels der Welt! Saturn ist Herrscher des 2. Hauses, er ist nicht der Planet des Reichtums, er hat keine Würde und er steht in einem fallenden Haus, das noch schwächer macht. Das zeigt an, dass Geld astrologisch viel mehr ist als nur das 2. Haus. Entscheidend ist, dass finanzieller Erfolg immer Teil einer breiteren Erfolgsgeschichte ist. Wenn wir ein starkes Horoskop mit sehr viel Erfolgspotenzial sehen, kann mehr Geld erwartet werden und darüber hinaus ist das 2. Haus nicht das einzige finanzielle Haus. Das 11. Haus hat auf jeden Fall mit der finanziellen Position zu tun. Als das 2. vom 10. zeigt es, was man für seine Arbeit und für seine offiziellen Aktivitäten bezahlt bekommt. In Gisele Bündchens Horoskop ist der Herrscher des 11. Hauses, Mars auf dem MC, sehr stark.

In ihrem Fall trägt auch das Mondhaus sehr zu ihrem Erfolg bei. Nicht nur ist Al Ghafr eine Konstellationszone in der Jungfrau mit dem Fokus auf dem Kleid oder der Robe, wörtlich der zentrale Mythos in ihrem Leben, es bedeutet auch geschäftlichen Erfolg. Einer der Herrscher dieses Teils der Jungfrau ist, wie schon vorher erwähnt, sehr passend Merkur, der Geschäftsplanet. Dieser Merkur steht in einer sehr starken Eckposition im mundanen Quadrat mit dem wichtigen Mars auf dem MC, dem anderen Hausherrscher. Noch dazu ist Merkur in Konjunktion mit dem hellen und starken Stern *Canopus*, dem Hauptstern im Argonautenschiff, das mit Reisen verbunden ist. *Canopus* hat auch mit dem Trojanischen Krieg zu tun, ein Krieg, der angefangen wurde wegen eines Schönheitswettbewerbs unter Göttinnen. Diese starke Stellung von Merkur zeigt, dass sie eine gute Chance hat, die Versprechen von Al Ghafr zu erfüllen.

Das 16. Mondhaus – Al Zubana

Al Zubana: 16.02 Skorpion – 28.53 Skorpion
Stern: die Waagschalen, die Klauen des Skorpions
Arabischer Buchstabe: Ta
Assoziierte Namen: die Klauen, der Geschäftsmann
Assoziierte Planeten und Energien: Saturn/Mars – Reichtum, finanzieller Erfolg

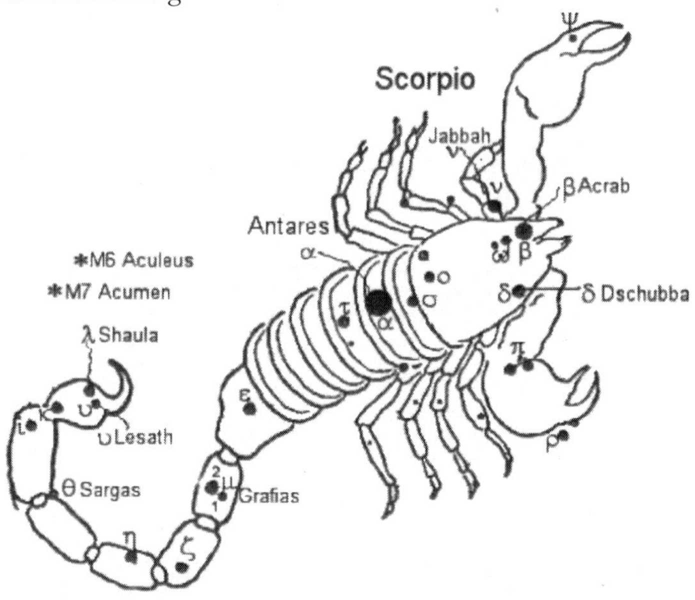

In dem 16. Mondhaus wird das Sternbild Jungfrau verlassen und eine ganz andere Energie kommt zum Tragen. Ja, das Bild oben stimmt, dies ist der Skorpion. Al Zubana ist arabisch für »die Klauen« des Skorpions. Aber die Klauen wurden später in die Waagschalen umbenannt. Die Skorpionklauen befinden sich in den (späteren) Schalen der Waage. Sie sind ihr Instrument und sie sind Teil derselben Geschichte des Skorpions. Da die Griechen nur elf Sternbilder kannten, haben sie den großen Skorpion aufgeteilt, um so die Sternbilder an die zwölf Zeichen des Tierkreises anzupassen. Ob Waagschalen oder Klauen, es handelt sich um einen Teil der

Geschichte, wie Orion getötet wurde, das materialistische Ungeheuer, entstanden aus einer Ochsenhaut und Urin. Er könnte verglichen werden mit dem aus Lehm gefertigten Adam in der Genesis, jedoch ohne den göttlichen Atem eingeblasen bekommen zu haben. Orion repräsentiert die Arroganz der Materie und die Tatsache, dass alles Materialistische am Ende keine Chance hat, es wird als ein Schatten der Realität sterben, unfähig allein zu stehen. Orion, dieser enorm erfolgreiche Jäger, pochte darauf, dass er jedes Tier erlegen könne. Die Götter hörten dies, waren wenig amüsiert darüber und schickten den Skorpion, der ihn tötete. Also steht der Skorpion auf seiner höchsten Ebene für das Thema, durch den Schleier der Materie auf eine sehr entschiedene und kämpferische Art durchzudringen. Nicht umsonst herrscht Mars in diesem Zeichen in der zodiakalen Ordnung.

Die Waagschalen sind der Teil der Skorpionzone, wo Gerechtigkeit ausgeübt wird. Ein Urteil wird vollstreckt und es ist ein Punkt von großer Macht, die Klauen sind das Instrument der Ausführung. Orion wird gegriffen und Meisterschaft über Materie wird ausgeübt. Das gegenüberliegende Haus sollte man auch betrachten, es ist das 2. Haus, wo der kreative Impuls das erste Mal die Materie betritt, aber im 16. Mondhaus wird die Materie getötet und gebändigt. Dies ist die Essenz von Gerechtigkeit, die Waagschalen bringen wieder Balance in der Welt. Was nicht zur ewigen Ordnung gehört, wird sterben, schließlich hat nur Gott Realität. Dieses Haus ist das erste von vier Skorpionhäusern, jedes der vier Häuser bezieht sich auf einen anderen speziellen Aspekt des Skorpions.

Es ist ein Haus der Macht, da Orion getötet wurde und Herrschaft über die Materie erlangt wurde. Das wird reflektiert von den hier arbeitenden Energien, Saturn und Mars, harte Übeltäter. Saturn ist Opfer und Tod, Mars ist die Schlacht. Alle Schlüsselworte sind verbunden mit Erfolg und Reichtum, weil die Macht der harten und unbarmherzigen Klauen hier herrscht. Sie wissen, wie man kämpft und tötet und sie werden auch kämpfen und töten. Das symbolische Bild spiegelt es wider, es ist ein Herrscher, auf einem Thron sitzend, der eine Waage in der Hand hält. Es gibt die Fähigkeit, mit den materiellen Kräften, für die Orion steht, umzugehen. Die kreative Phase wird auch beschrieben als »er, der zählt«, es wird gesagt, dass sie mit dem Himmel von Merkur verbunden ist.

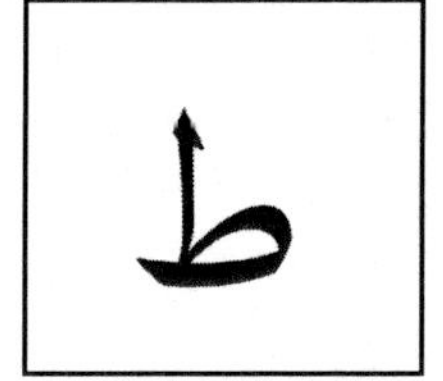

Der Buchstabe ist Taa, der sogar einem Skorpion ähnelt. Ihre Zahl ist 9, 3-mal die Zahl des Geistes (Materie ist erobert), sie gehört zum Feuerelement (das Kämpfen) und ist verbunden mit Scharfblick (Gerechtigkeit schaffen mit den Klauen als Instrument). Das korrespondierende Mondhaus in der indischen Tradition wird mit einem eisernen Willen assoziiert.

Dieses Haus handelt vom Kampfgeist, um Reichtum und Erfolg zu erreichen.

Ein gutes Beispiel, wie Al Zubana sich in einem Leben auswirken kann, ist das Horoskop des Megastars Beyoncé, die wohl nicht vorgestellt werden muss. Erfolg kann man in diesem Horoskop überall sehen, es ist eins der stärksten Horoskope, die ich je gesehen habe. Das verdeutlicht, dass das Horoskop uns zeigt, dass das Leben ein Pauschalangebot ist, eine Art zip.file, das geöffnet wird bei unserer Geburt. Es ist von Anfang an alles da. Das Horoskop ist ein Ausdruck davon, welche Vorstellung Gott vor unserer Geburt von uns hatte. Aber wenn wir in körperlicher Form erschienen sind, ist es wie es ist. Wir können Erfolg nicht erreichen. Er ist im Grunde gegeben. Wir können nicht Beyoncé *sein*, die einzige Ebene, auf der wir frei sind, ist die spirituelle und ethische. Wir können immer entscheiden, was wir tun und nicht tun wollen, und es ist daher wichtig, worauf wir unseren Geist festlegen.

Beyoncés Horoskop ist sehr vielversprechend, mit der enorm starken Venus auf dem Aszendenten in ihrem eigenem Zeichen Waage! Alles, was sie unternimmt, hat mit dieser Venus zu tun, das Singen, das Tanzen. Auch die Tatsache, dass sie sich selbst eine moderne Feministin nennt – Venus/Herrin von 1 wird von niemandem disponiert, niemand beherrscht sie. Waage hat nach der Tradition »eine Stimme«, was für eine Sängerin immer ein Vorteil ist.

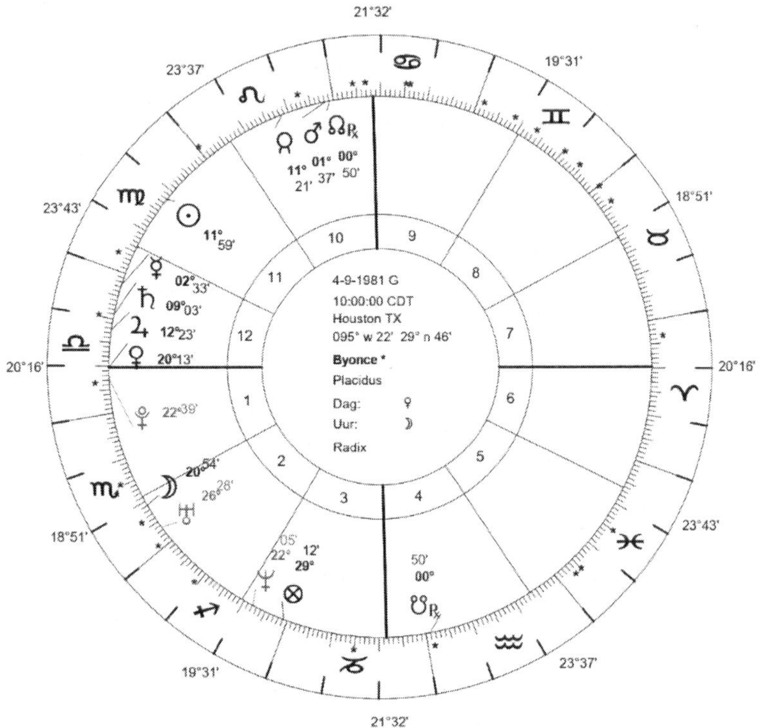

Waage ist das kardinale Luftzeichen, das sich schnell bewegt. Ganz in der Nähe steht Pluto, der dieser liebenswürdigen Venus eine überwältigende Macht verleiht, und der königliche Stern *Spica* ist nah genug, um der Venus eine extra Unterstützung zu geben. Man muss kein Astrologe sein, um zu sehen, dass diese Frau bemerkenswerte Venusaktivtäten entfalten wird.

Während ihrer Solokarriere verkaufte sie 160 Millionen Schallplatten und das machte sie zu einer der bestverkaufenden Sängerinnen aller Zeiten. Mars ist Herr von 2 in ihrem Radixhoroskop und er hat eine Konjunktion mit dem ausdehnenden jupiterartigen Nordknoten im 10. Haus des Berufes. Das ist sehr stark, man kann den Reichtum hier im 2. Haus sehen. Herr von 10 (Beruf) ist der Mond, der genau auf der Spitze des 2. Hauses steht, er verbindet ihre öffentliche Aktivität direkt mit ihrer finanziellen Position. Dies ist durchaus gut, aber nur in bescheidenem Maße, da der Mond im Fall steht und ihre schlechtesten Seiten zeigen wird, einen Mangel an Stabilität und emotionaler Kontrolle, und das wird einen negativen Effekt auf ihren Besitz haben. Jedoch ist da so viel Power in diesem Horoskop und in diesem Leben, dass diese Schwäche reichlich kompensiert wird. Als ob das nicht schon reichte, ist das MC nah am königlichen *Pollux*, dem unsterblichen Zwilling.

Da gibt es drei Planeten im 12. Haus der Isolation und Selbstzerstörung und viele Planeten in diesem dunkelsten aller Häuser können eine Menge Kummer bereiten, aber diese Planeten sind alle disponiert von dieser enorm mächtigen Venus, die Herr von 1 ist. Das stabilisiert die möglicherweise problematischen Tendenzen in ihrem Leben. Ein Dispositor kann einen schwachen Planeten verbessern, wenn er selbst stark ist. Die dunklere Seite kann gefühlt werden, aber Beyoncé ist stark genug, um damit umzugehen.

Ein betontes 12. Haus wird dich auch für die astrale Dimension empfänglicher machen, und das ist wahr, sie sagt, ein Wesen genannt »Sasha Fierce« nehme Besitz von ihr, bevor sie auf die Bühne geht. Das ist sehr unheimlich, was in aller Welt sehen wir da? Ist diese astrale Besessenheit die Quelle dieses allzu glatten Glamours? Der generelle Signifikator von Frauen (Venus) und die Sonne (genereller Signifikator von Männern) sind in gegenseitiger negativer Rezeption, da die Sonne in der Jungfrau ist, wo die Venus ihren Fall hat und Venus in dem Zeichen steht, wo die Sonne ihren Fall hat. Durch Antiszien opponiert die Sonne Venus über die AC-DC-Beziehungsachse, Männer sind Geschöpfe, die zivilisiert werden müssen, weil sie dazu neigen, Frauen zu verletzen, so die Feministin.

Al Zubana passt perfekt dazu, der machtvolle Kampfgeist, das skorpionische Bedürfnis, Orion (Männer) zu töten, da der Jäger nicht nur Tiere jagt, sondern auch Frauen, und natürlich ist da dieser unglaubliche Erfolg. Von den Planetenenergien, die in diesem Haus arbeiten, ist Mars akzidentiell stark im 10. Haus, darum wird der Kampfgeist sich sicher auswirken, Saturn in seiner Härte ist auch in seiner Erhöhung essenziell stark. Das heißt, es wird keine unausgewogene Grobheit geben. Die Platzierung von Saturn im schwächelnden 12. Haus bedeutet, dass die Marsaktivitätsseite des Mondhauses sich klarer manifestieren wird. Um es zu erklären: Essentielle Würde ist der Maßstab für die Qualität der Planetenenergie, akzidentielle Würde zeigt die Kraft des Planeten, sich in der Welt zu manifestieren, seine »Quantität«.

Das 17. Mondhaus – Al Iklil

Al Iklil: 28.53 Skorpion – 11.44 Schütze
Stern: Graffias (= Acrab), Dschubba, (der Kopf des Skorpion)
Arabischer Buchstabe: Dal
Assoziierte Namen: die Krone der Affen
Assoziierte Planeten und Energien: Mars/Saturn – Verteidigung der Ressourcen

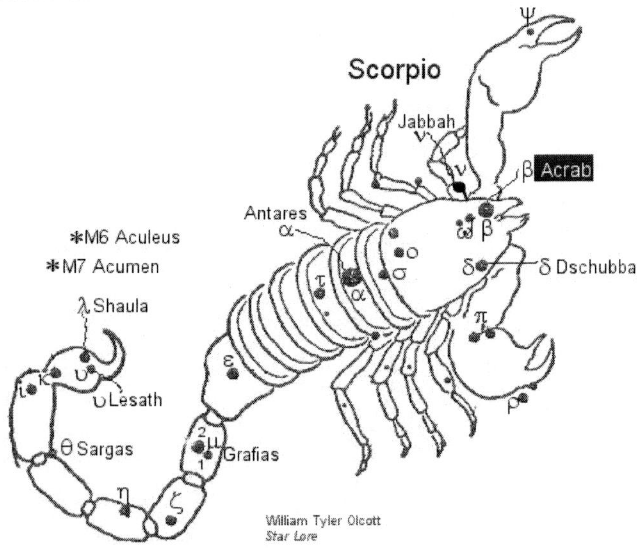

Das 17. Mondhaus Al Iklil ist das zweite Skorpionhaus, und der Fokus hat sich von den Klauen/Waagschalen zum Kopf des Skorpions bewegt. Das zeigt seine Bedeutung, Klauen haben mit gnadenloser Ausführung zu tun, ein Kopf mehr mit Denken. Daher kann man erwarten, dass die enorme Macht des Skorpions sich

mehr intellektuell manifestieren wird oder zumindest weniger in direkter Aktion. Dieselbe mythologische Geschichte kommt hier zum Tragen, aber in einer anderen Form, es gibt noch immer einen Kampf gegen einen rohen materiellen Gegner und die Notwendigkeit, hinter den Schleier der Erscheinungen vorzudringen, aber mehr im Kopf. Es muss vermutlich nicht gesagt werden, dass Skorpion zur Radikalität neigt, ausgedrückt nicht nur durch die martialische Herrschaft des korrespondierenden Zeichens, aber auch wegen seiner fixen Wassernatur. Er wird von fixen Emotionen geleitet.

Daran kann man sehen, dass es eine Beziehung zwischen den Zeichen und den korrespondierenden Konstellationen gibt, das Zeichen ist das Original der Konstellation, die von dieser hervorgeht. Sie sind unterschiedliche astrologische Faktoren und sie haben ihre Plätze in verschiedenen kosmologischen Sphären, aber natürlich sind Zeichen und Konstellationen Familie, nicht Brüder, aber doch Vettern. Die allgemeinen Eigenschaften des Zeichens werden etwas über die Konstellation sagen und über ihren mythologischen Rahmen, aber man sollte im Kopf behalten, dass man auf einer praktischen Ebene ein Zeichen niemals mit einem Mythos verbindet. Nur in der Konstellation findet man den Mythos und darum ist ein klares Verständnis der Präzession so wichtig (siehe Anhang B).

Es ist interessant, einen Blick auf das gegenüberliegende Haus zu werfen, um eine Idee zu bekommen, was hier in dieser verlängerten »Skorpionzone« passiert, die 14 Häuser zurückliegt. Das Haus gegenüber ist das dritte Haus Al Thurayya, ein Stierhaus, welches den Fall in die Materie symbolisiert, die Tatsache reflektierend, dass sich hier auf dem gegenüberliegenden Platz eine Art von Befreiung von materieller Fesselung ereignet. Der Name Al Iklil ist arabisch für »die Krone«, also den Kopf, was keine Erklärung benötigt. Die beschreibenden Sterne *Graffias* (auch genannt *Acrab*) und *Dschubba* werden im Kopf des Killers des Orion gefunden, in des Tieres Gehirn. Die beiden Übeltäter Mars und Saturn sind die Planetenenergien, also haben wir immer noch viel Härte hier. Skorpion ist kein Kuscheltier.

Die Schlüsselworte haben allesamt mit Schutz und Bewachung zu tun, dies ist der heftige Skorpion, der den brutalen Jäger Orion tötet. Das symbolische Bild ist ein Affe, was nicht so merkwürdig ist, wie es scheint, da der Fokus hier auf dem Kopf liegt und ein Affe immer als ein sehr kluges Tier angesehen wird. Die Betonung hat sich hier verlagert zum Denken, im Gegensatz zu dem vorhergehenden Haus der Klauen, das auf harte Aktion getrimmt war.

Der arabische Buchstabe ist Dal mit der erdhaften Zahl 4 und es wird gesagt, dass er zum Erdelement gehört. Er ist verbunden mit den Kämpfen in unserem Leben, um die göttliche Essenz verschleiert durch Materie zu erreichen. Das ist genau das, was Skorpion tut.

Die kreative Stufe, die zu diesem Haus gehört, ist der »niedrigere Himmel« des Mondes, auch genannt »das Evident« – die enge Beziehung zur Materie in diesem Haus wiedergebend, das zentrale Thema in Skorpion. Der nächste Schritt im kreativen Prozess verlässt den Planeten »Himmel« und tritt in die elementare Sphäre ein, indem er die Bewegung nach unten fortsetzt. Jetzt sind wir an der Grenze des Materiellen angekommen. Der Mond ist der unterste der Planeten, der Erde am nächsten. Das korrespondierende vedische Haus ist ebenfalls mit Schutz assoziiert

In diesem Haus geht es um Verteidigung, Schutz seiner Mittel und Kampf gegen Feinde mit einem Fokus auf mentaler Klugheit.

Ein gutes Beispiel, wie dieses Haus sich in einem Leben auswirkt, ist das Horoskop des berühmten deutschen Philosophen Friedrich Nietzsche, der den Tod Gottes und die Geburt des »Übermenschen« proklamierte. Das menschliche Wesen, das sich nur auf sich selbst verlässt und zu einem übergeordneten Wesen wird, indem es das Christentum und alle anderen religiösen Moralvorstellungen hinter sich lässt. Man kann schnell ersehen, warum die Nazis sich zu seinen Ideen hingezogen fühlten, obwohl Nietzsches Philosophie sicher subtiler war als die Inbesitznahme durch die Nazis suggeriert. Trotzdem war seine Ideen sehr radikal, stellte einen fanatischen Angriff auf alles dar, was die europäische Kultur bis dahin aufgebaut hatte.

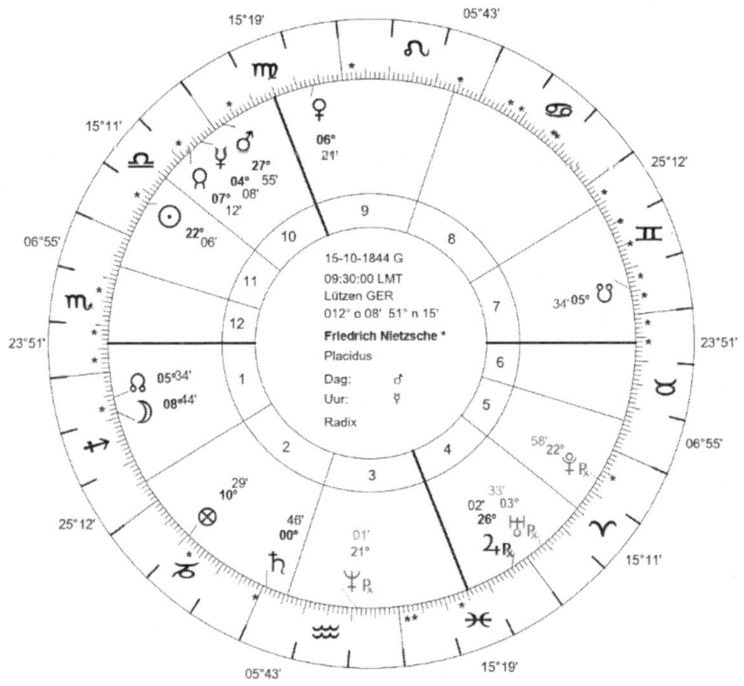

Was in diesem Horoskop deutlich auffällt, ist der heftige Mars, der Herrscher des 1. Hauses der Person, der im 10. Haus der öffentlichen Tätigkeiten platziert ist. Das ist gut für Berühmtheit, die Person ist »da oben«. Es zeigt auch, dass einige raue Aktionen und Kämpfe erwartet werden können. Nietzsche war der Philosoph mit dem »Hammer«. Mars steht auf dem Stern *Markeb* im Argonautenschiff, assoziiert mit Lernen und der Suche nach dem goldenen Vlies. Der Herr von 10 zeigt den Beruf an, Aktivitäten oder Themen, die in unserem öffentlichen Leben eine Rolle spielen. Das ist der Merkur des Schreibens in einem kommunikativen Luftzeichen in gegenseitiger Rezeption mit Venus, so kann das Schreiben attraktiv sein. Die Spitze des 9. Hauses der Philosophie und des höheren Wissens fällt auf die nebulöse Sternengruppe *Praesepe*, die leere Krippe ohne das göttliche Kind, sehr passend für einen Denker, der heftig die Religion generell angreift und besonders das Christentum.

Die Sonne ist Herrscher vom 9. Haus der Ideen und sie steht im 11. Haus, sehr vorteilhaft für Verkündung in der Welt.

Die Sonne ist auch auf der königlichen *Spica*, einem Stern, der großen Erfolg beschert und der Sonne Kraft gibt, sich zu manifestieren. Allerdings ist die Sonne als Herr von Haus 9 der Philosophie im Fall, daher wird die schlechte Seite der Sonne seine Verbindung zu Gott blockieren. Eine ungünstig gestellte Sonne ist Stolz, sie zeigt ein menschliches Wesen, das sich selbst zu einem Gott gemacht hat, also genau den »Übermenschen«, eine Idee, die ziemlich auf einer Linie mit dem damaligen Zeitgeist lag. Der Mond ist wichtig im 1. Haus der Person und er steht auf einem anderen königlichen Stern, nämlich *Antares*, dem Herzen des Skorpions. Das ist ein sehr starker rein marsischer Killerstern, der einem Zyklus ein Ende macht. Diese Position könnte eine Frage aufkommen lassen, denn Al Iklil endet im Jahr seiner Geburt 1844 bei 9.24 Schütze. Der Mond ist noch im Haus des Kopfes des Skorpions, aber als ein Planet ist er schon auf *Antares*, dem beschreibenden Stern des *nächsten* Hauses. Diese Situation wurde oben schon einmal beschrieben und die Lösung ist, dass diese beiden Funktionen auseinandergehalten werden müssen. Sie haben beide astrologische Bedeutungen, aber diese sind verschieden.

Die Planetenpunkte als spezielle Motive haben wie immer etwas hinzuzufügen. Der Marspunkt, die Essenz der martialischen Energie, ist in Konjunktion mit der Übermenschsonne/Herr von 9, also wieder »Hammer«-Philosophie! Auch durch Antiszien sind der Saturnpunkt und der Merkurpunkt in Konjunktion und eine Konjunktion oder Opposition von zwei arabischen Punkten zeigt ein Thema an, das eine wichtige Rolle im Leben spielt. So ist der Merkurpunkt der Verzweiflungspunkt, denn Merkur ist materielles Detail, der Saturnpunkt ist der Gefängnispunkt. Wie klar dies seine gottlose Philosophie beschreibt: das verzweifelte menschliche Wesen gefangen genommen in Materie. Kein Wunder, dass unser Philosoph als tobender Verrückter endete.

Al Iklil passt nahtlos zu ihm, das skorpionische Töten findet im Kopf statt, in Ideen, und er ist sicher »ein kluger Affe«, er scheint wohl der Affe Gottes zu sein, der seine Philosophie wie eine stellvertretende Religion vorführt. Bestimmt ist er auf der Suche nach der Wahrheit hinter den Erscheinungen, aber die Dinge werden verdreht, sein Orion ist nicht die Materie, sondern Gott, eine verrückte Verwechslung. Aber Dinge umzukehren ist was Gottes Affen tun. Von den Planetenenergien ist Mars essenziell schwächer und das führt zu Aggressionen, Saturn ist essenziell sehr stark, er weiß, wie er zu der Essenz durchdringt. Jupiter ist der Planet der Philosophie und er steht stark im eigenen Zeichen, das ist sicher ein Talent. Er befindet sich auf dem Pegasusstern *Scheat.* Dieser ist assoziiert mit dem Versuch, in die göttliche Welt des Olymps einzudringen, indem man nur seinen eigenen menschlichen Kräften vertraut, allerdings mit unheilvollen Konsequenzen.

Das 18. Mondhaus – Al Qalb

Al Qualb: 11.44 Schütze – 24.36 Schütze
Stern: Antares (das Herz des Skorpions)
Arabischer Buchstabe: Ta
Assoziierte Namen: das Herz des Skorpions, die Schlange
Assoziierte Planeten und Energien: Mars – Schutz vor Feinden, Tod, Gift, Medizin

Im 18. Mondhaus ist die Essenz von Skorpion erreicht, der beschreibende Stern ist *Antares*, das Herz des Skorpions, und das ist auch das, was der Name auf Arabisch bedeutet: » das Herz«. Hier arbeitet die pure intensive Skorpionenergie. Der Name Antares kommt von »Anti-Ares«, das ist der Rivale von Ares. Dieser Stern ist genauso martialisch wie Mars selbst oder sogar mehr! Dies ist also das dritte der vier Skorpionhäuser: Die Klauen, der Kopf, das Herz und der Stachel, sie sind alle Konstellationszonen mit einem jeweils klaren eigenen Charakter. Der zentrale Stern *Antares* ist intensiv rot, eine klare Signatur für dieses am stärksten skorpionische Haus.

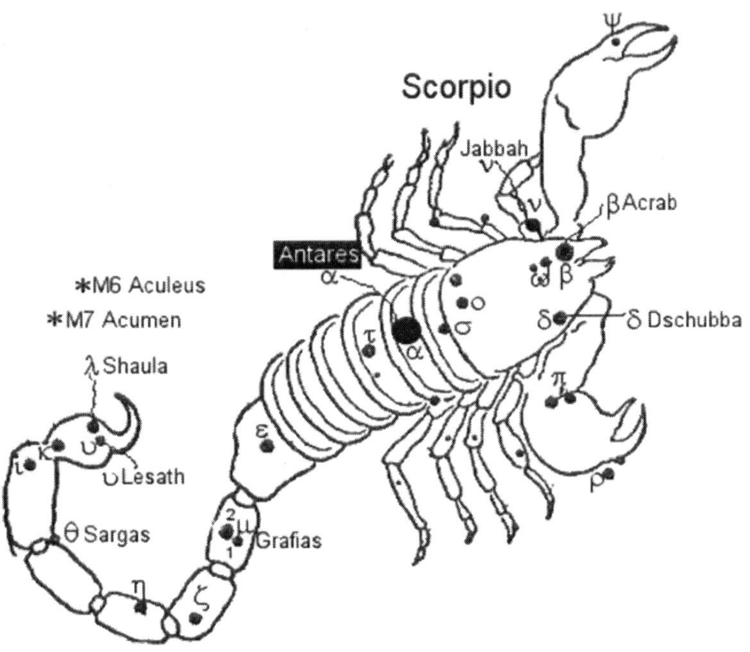

Wieder gibt es eine leichte Unregelmäßigkeit, die erst einmal merkwürdig erscheint, da der zentrale Stern *Antares* gerade vor dem Anfang des Hauses platziert ist. Das ist nicht unbedingt ein Problem, denn der Stern ist unbestritten Teil der Konstellation und er ist nur dazu da, um die Natur des Hauses zu beschreiben. Wie schon gesagt passt die Einteilung des Kreises in 28 Zonen nicht immer genau mit den Unregelmäßigkeiten der Konstellationsebene zusammen, aber Perfektion kann nicht erwartet werden auf dieser Ebene des »lunaren Zodiaks«. Es ist eine Kombination von perfekter Systematisierung (Teilung von 28 Teilen von genau gleicher Länge) und nicht perfekten Gruppierungen sichtbarer Sterne. Es heißt nicht, dass etwas mit den Mondhäusern nicht stimmt, es heißt nur, dass dies nicht die solare Ebene der Perfektion ist.

Die Geschichte des Skorpionmythos wurde schon in den vorherigen Mondhäusern erzählt. Er ist das Tier, das Orion tötet, das rein materielle Ungeheuer. Es will die Macht der Materie auslöschen, ein Zweck, der viele, viele Formen annehmen kann. Das gegenüberliegende Haus ist Al Dabaran, ein Stierhaus mit *Aldabaran* als seinen zentralem Stern, was sehr gut zeigt was dieses Haus im Sinn hat. *Aldabaran* ist das Auge des Bullen, von Materie besessen und auch von einer intensiven martialischen roten Farbe, aber wie das Bild des Bullen zeigt, geht die heftige Energie in die Materie rein. In dem gegenüberliegenden Haus ist die heftige Bewegung anders herum: Materie erobern oder schlagen ist hier das wichtige Thema. Es schließt das Erreichen von Reichtum nicht aus, dies ist Donald Trumps Mondhaus, aber der zentrale Fokus liegt nicht im Anhäufen von Reichtum an sich, sondern seine Verteidigung gegen Gegner und Bedrohungen.

Die Schlüsselworte kommen direkt aus dem Herzen des Skorpions: Gift, Schutz vor Feinden, Verteidigung, Töten. Das verbundene Bild ist eine Otter, die ihren Schwanz über ihren Kopf hält. Das muss man wohl nicht erklären, der Fokus ist sehr auf Gefahr und Töten gerichtet. Die Schlange ist das Symbol der Dualität unseres Seins oder psychologischer ausgedrückt unserer Begierdenatur. Es passt sehr gut zu dem Zeichen Skorpion, welches das Element Wasser – Verlangen – in der fixen Modalität ist. Dies ist das einzige Haus in der arabischen Serie, das mit einem medizinischen Problem, nämlich mit dem Magen, assoziiert wird, weil die Schlange sich »auf ihrem Bauch fortbewegt«. Der mehr spirituelle Prozess hier ist, dass die von Schlange und Skorpion symbolisierte Begierdenatur transzendiert werden sollte, der Skorpion sollte der Adler werden, welcher zum Himmel aufsteigt – befreit von der Bindung an irdische Dinge.

Der zugehörige arabische Buchstabe ist Taa, seine Zahl ist 400, die Zahl der stofflichen Spannung mit 100 multipliziert, sein Element ist Luft. Hier sehen wir den Skorpion materielle Bindung töten, damit er der Adler werden kann. Dieser Buchstabe symbolisiert den Zustand der Ekstase, die Entdeckung und Rückkehr zu Gott, genau das, was der Skorpion erreichen will. Die kreative Stufe ist der Himmel von Äther, das

Element, das der Ursprung der anderen vier ist. Der Name ist »Er, der nimmt«. Ein doppelter Prozess kann hier wahrgenommen werden, das Schlagen von materiellen Feinden und das Beherrschen von Materie, es ist nicht nur ein Kampf um Erfolg, sondern auch eine Rückkehr zu den höheren Dimensionen. Oberhalb von Äther wird die Welt der Elemente zurückgelassen. Das parallele vedische Haus hebt auch Protektion und Kampf mit gegnerischen Mächten hervor.

Dieses Haus handelt von Schutz, Verteidigung und dem Eliminieren von Feinden.

Ein gutes Beispiel, wie dieses Haus in einem Leben wirkt, ist das Horoskop des amerikanischen Serienmörders Ted Bundy, hingerichtet für seine unausprechlichen Verbrechen in einem Gefängnis im Jahr 1989. Natürlich ruft dieser Fall sofort die Frage nach Schicksal und dem freien Willen auf. War es ihm nach seinem Horoskop vorherbestimmt, diese grässlichen Taten zu begehen? War er ein Opfer der Umstände seines Aufwachsens und zeigt sich dies im Horoskop? Kann man darin seine böse Natur erkennen? Gesunde Astrologie kann man nur machen, wenn man davon ausgeht, dass ein Mensch eine freie Wahl hat, niemand wird gezwungen, ein Mörder zu werden. Nach der Heiligen Schrift ist der Mensch nach dem Vorbild Gottes geschaffen und darum notwendigerweise frei. Thomas von Aquin, der »Doctor Angelicus« und ein geschätzter Kirchenlehrer im Westen, der die Astrologie seiner Zeit *nicht* verworfen hat, schreibt, dass der Mensch mit Sicherheit von den Tendenzen, die im Horoskop gefunden werden können, *beeinflusst* wird, dass er aber nicht von ihnen bestimmt wird.

Also wie auch immer man aufgewachsen ist und wie auch immer die Entwicklung war, man ist zu 100 % selbst verantwortlich für seine Entscheidungen. Man kann nicht entscheiden, ob man reich und mächtig wird. Aber man kann entscheiden, gut zu sein, und dann zeigt das Horoskop die Hindernisse. Warum ein Mensch sich entscheidet, zum Monster zu werden, wie Bundy, ist ein Mysterium der Seele, das man im Horoskop nicht erkennen kann.

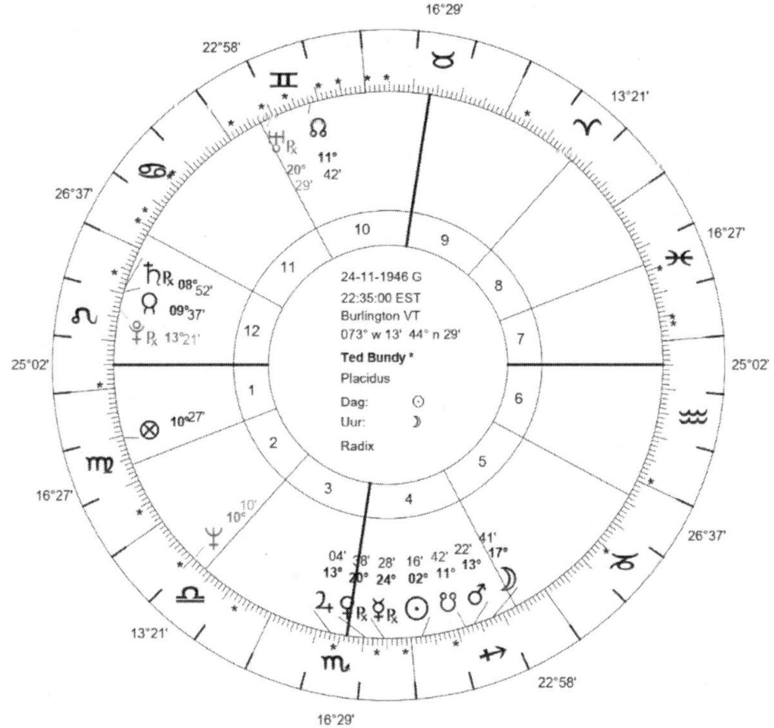

Und das ist genau der freie Wille, der oben erwähnt wurde. Wenn man Horoskope von Naziverbrechern erforscht, kann man nicht sehen, dass sie Monster wurden, aber man kann die mehr konkreten Umstände in ihren Leben aus dem Horoskop ablesen und wichtige Ereignisse vorhersagen.

Obwohl man in einem Horoskop nicht vorhersagen kann, ob jemand ein Mörder sein wird, sehen einige Horoskope eindeutig unangenehmer aus als andere. Adolf Hitlers Horoskop ist mit Sicherheit dunkler als das Horoskop von Papst Benedict! In Bundys Horoskop kann man auch Beweise für seiner Bosheit sehen. Das Erste, was auffällt, ist die enorme Kraft des gewalttätigen Mars, der drei andere Planeten disponiert und in Konjunktion mit dem Mond steht. Das würde Mars zum »Verhaltenssignifikator« machen, weil er einen starken Einfluss auf die Gefühle (Mond durch

Konjunktion) und die Gedanken (Merkur durch Dispsoition) ausübt. Mars ist ein peregriner Übeltäter ohne eine essenzielle Würde, also wird er dazu tendieren sich auf unangenehme Weise zu zeigen. Mars ist auch in Konjunktion mit dem Südknoten, der Ausgangspforte des Lebens und er steht auf *Antares,* dem Todesstern.

Das ist keineswegs gut, da es der Mars ist, der seine Gefühle und Gedanken steuert und es wird sogar schlimmer, weil Mars in starker gegenseitiger Rezeption mit Jupiter steht. Wäre der große Wohltäter in einer guten Verfassung mit viel essentieller Würde, könnte er diesen brütenden Mars korrigieren. Er ist in Konjunktion mit der machtvollen königlichen *Südschale*, der gnadenlosen südlichen Klaue des Skorpions. Überdies ist er auch noch der Herrscher des 8. Hauses des Todes. Wir haben also den Todesstern, die gnadenlose Klaue des Skorpions, den Lebensausgangspunkt (Südknoten), martiale Aggression und Herr von 8 verbunden mit Gedanken und Gefühlen. Das ist wirklich schauerlich.

Der Herr von 7, der sich auf andere bezieht, zählt noch zu der Dunkelheit, die von diesem Horoskop ausgeht, hinzu. Es ist der große Übeltäter Saturn, in seinem Exil seine schlechtesten Seiten zeigend, rückläufig, gegen den normalen Lauf der Dinge angehend. Er ist im 12. Haus der Isolation, des Verbrechens und der Verzweiflung auf dem *Südlichen Esel* der Praesepezone, die von den Chinesen die »Ausatmung von gestapelten Leichen« genannt wird. Er hat auch eine Konjunktion mit dem Sonnenpunkt, den man auch den Geistpunkt nennt, das kann nicht gut sein, wenn man bedenkt in welch furchtbaren Zustand sich Saturn befindet. Dies ist, als ob die Essenz des Sonnenlichts und des Geistes von Saturn verdunkelt wird. Das 12. Haus ist das Haus der dämonischen Besessenheit und schaut euch das Bild von dem Kerl mal an.

Durch eine Antiszie ist Saturn, Herr von 7 (Beziehungen zu anderen), in Opposition mit Merkur, platziert auf dem Stern erstre Magnitude *Agena* im Centauer. Dieser ist verbunden ist mit der Geschichte von Pholus, der starb, weil er aus Neugier einen vergifteten Pfeil aufgehoben hatte. Der Pfeil sah nicht so gefährlich aus, dennoch erwies er sich als tödlich. Merkur in Opposition durch

Antiszie mit diesem grausamen Saturn und Herrn von 7, hat auch eine Konjunktion mit Venus (Frauen), also bleibt weg von diesem Mann! Diese Konstellation ist in Opposition zum Planetenpunkt von Mars, der die gewalttätige Essenz darstellt. Es fällt sofort ins Auge, dass der Merkurpunkt und der Saturnpunkt in Konjunktion stehen, das ist eine Kombination von Verzweiflung und Gefangenschaft als spezielles Motiv. Zu all diesem kommt das Al-Qalb-Haus, das so stark mit Töten verbunden ist. Seine herrschenden Planeten Jupiter und Mars, die zeigen, wie das Haus sich manifestieren wird, bringen uns zurück zu dem unheimlichen Verhaltenssignifikator Mars, der oben beschrieben wurde. Im Januar 1989 wurde Bundy auf dem elektrischen Stuhl im Florida State Gefängnis hingerichtet.

Das 19. Mondhaus – Al Shaula

Al Shaula: 24.36 Schütze – 7.28 Steinbock
Stern: Shaula, Lesath (der Stachel des Skorpions)
Arabischer Buchstabe: Zai
Assoziierte Namen: der Stachel, die bedeckten Augen
Assoziierte Planeten und Energien: Merkur/Mars – Vorsichtsmaßnahmen, Schutz, Belagerung

Das 19. Mondhaus ist das letzte der vier Skorpionhäuser. Al Shaulah bedeutet auf Arabisch »der Stachel«, das bedarf keiner Erklärung. Es ist gut zu merken, dass Al Shaulah, tropisch bei sieben Grad Steinbock endet, die Auswirkungen der Präzession auf den ganzen Häuserzyklus kann man hier klar erkennen, das Haus fällt in die Konstellation Skorpion, ihr Stern *Lesath* ist sogar ganz am Anfang des Hauses. Aber wenn wir den Ausführungen vieler Autoren und Texte folgen und nicht mit der Präzession rechnen, würde dieses Haus viel weiter zurückliegen und tropisch bei ungefähr 21° Skorpion anfangen. Dann ist es nahe einer der Waagschalen, aber mit diesen wird es nicht assoziiert, sondern es ist der Stachel. Wie soll man darin jetzt einen Sinn erkennen? Wenn wir die Präzession bei diesem Haus nicht anwenden, ist die Logik völlig verloren.

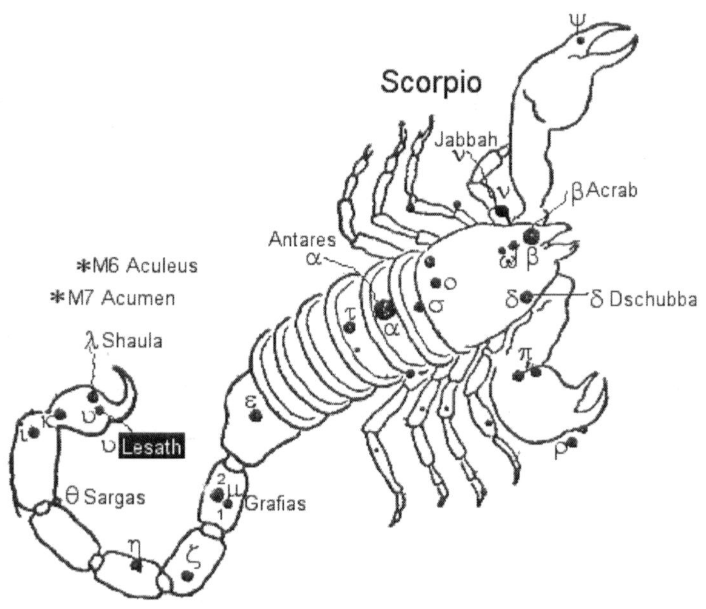

Die mythologische Geschichte ist dieselbe wie bei den vier vorhergehenden Skorpionhäusern, doch es gibt in der Mythologie immer verschiedene Variationen einer Erzählung. In einer dieser Geschichten wurde der brutale Orion nicht von Skorpion getötet, sondern von einem Pfeil der Göttin Artemis, die sich in ihn verliebt hatte. Ihrem Bruder Apollo gefiel das gar nicht und er schickte den Skorpion, um Orion zu bestrafen. Der floh vor diesem gefährlichen Tier und sprang ins Meer. Dann erzählte Apollo seiner Schwester, dass dieser schwimmende Mann eine ihrer Nymphen vergewaltigt hätte. Sie erschoss Orion, aber als ihr klar wurde, was sie da getan hatte, brach ihr das Herz. Sie hatte Orions Geschicklichkeit bei der Jagd immer so bewundert.

Die Geschichte ist im Grunde dieselbe, sie wird nur mit verschiedenen Symbolen erzählt. Apollo ist der Sonnengott und Artemis die Mondgöttin. Wie üblich stehen Bruder und Schwester für zwei Anteile einer Seele und wegen ihrer Liebe zu Orion wird die lunare, mehr zum Irdischen neigende Diana auf seine primitive materielle Ebene hinuntergezogen. Der solare Apollo bringt sie mit einem

Trick dazu, auf Orion zu schießen und so diese destruktive Liebesverbindung zu beenden. Der untere Teil der Seele, der Mond, wird von dem höheren Teil der Seele, der Sonne, vor dem Fall in die Materie mit dieser Tötung gerettet. Dass Artemis so traurig darüber ist, bedeutet, dass die Seele sich immer nach dieser irdischen Dimension sehnen wird. So haben wir in dieser Variante der Geschichte auch das gewalttätige Töten eines materiellen Scheusals, bei dem die Seele sich wieder mit der reinen göttlichen Essenz hinter dem Schleier der Materie verbindet.

Die Sterne *Lesath* und *Shaula* befinden sich auf dem Schwanz des Skorpions, ihre planetarischen Energien sind Mars und Merkur, sehr passend für einen spitzen Stachel, der als Instrument benutzt wird, um tödliches Gift zu injizieren. Die beigefügten Schlüsselworte sind sehr skorpionisch: Verteidigung, Schutz, Wachsamkeit und Belagerung. Das symbolische Bild ist eine Frau, die ihre Hände vor ihr Gesicht legt, was an das Bild von Al Terf erinnert. Aber hier ist es der sich nähernde Skorpion, der so beängstigend ist, und nicht der Löwe.

Der arabische Buchstabe ist Zayin, die Zahl ist sieben, diese bezieht sich auf die sieben dynamischen kosmischen Energien, die sich auch in den sieben klassischen Planeten widerspiegeln, darum ist er mit Leistung verbunden. Der Buchstabe steht auch mit dem von Frauen ausgeführten Exorzismus (den Feind töten), Wahrhaftigkeit (vordringen zur Essenz hinter dem materiellen Schleier) und einem Prozess des Wandels in Verbindung. Sein Element ist Wasser. Im Zyklus der kreativen Stufen ist dies die elementare Sphäre der Luft und ihr Name ist »das Leben«, es ist der göttliche, nichtmaterielle Atem von oben, der Leben spendet. Das entsprechende indische Mondhaus wird durch denselben Stern beschrieben und mit dem Selfmademan assoziiert, der durch tiefe Krisen und Transformationen gehen kann und das Thema des Tötens im Skorpion illustriert.

In diesem Haus geht es um Schutz, Vorsicht und Belagern.

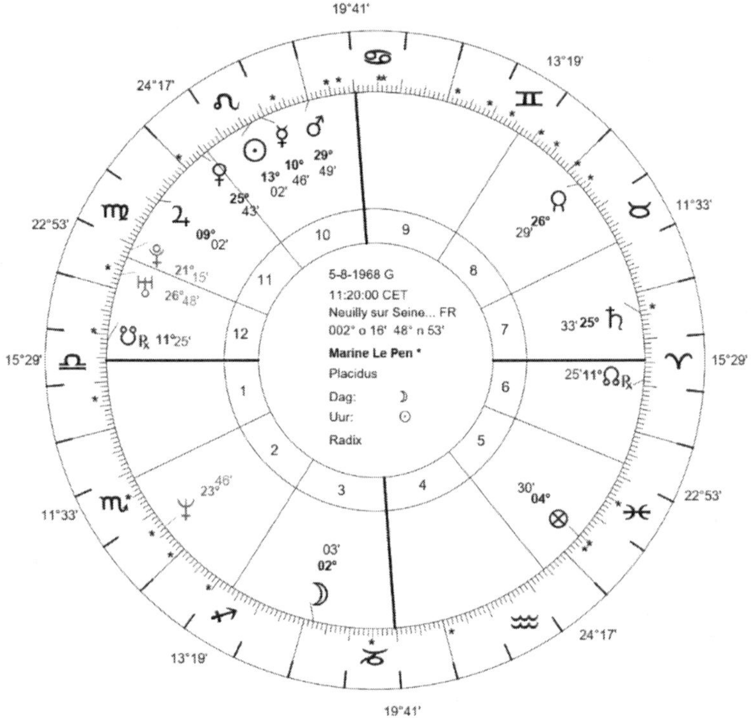

Ein gutes Beispiel wie dieses Haus sich in einem Leben auswirkt, zeigt das Horoskop der französischen populistischen Politikerin Marine Le Pen. Was in diesem Horoskop auffällt, ist die Stellung von Saturn in einem Eckhaus im 7. Haus auf dem Schicksalsstern *Al Pherg* in dem berühmten Band, das die beiden Fische verbindet. Da die beiden Fische ein Symbol sind für die polaren Kräfte, welche unsere Welt strukturieren, und auf eine Art auch die solaren und die lunaren Energien, ist das Band die Stelle, wo die Welt endet. Stehen Sonne und Mond in Konjunktion, funktioniert die Polarität nicht mehr und das wäre das Ende. Deswegen wird in der Tradition immer gesagt, »der Mond kann die Sonne nicht überholen«, und die lunaren Zyklen passen nicht perfekt in den solaren Jahreszyklus. Solange sie verschieden sind, gibt es eine Welt. In diesem Buch richten wir unseren Blick genau darauf. Das ist der Grund, warum wir einen lunaren Zodiak haben, um die polare Spannung von Sonne und Mond, die eine Welt erschafft, zu manifestieren.

Al Pherg ist ein kleiner Stern, er hat jedoch als Schicksalsstern sehr viel Einfluss. In einem Radixhoroskop zeigt er Situationen von großer Bedeutung in einem Leben an. Saturn ist bei Marine Le Pen Herr von Haus 4 der Familie, besonders des Vaters. Saturn ist ein Übeltäter im Fall, somit war die Situation in ihrer Familie schwierig. Ihr Vater Jean-Marie war ein extrem rechtspopulistischer Politiker, der auch gewaltsame Reaktionen ausgelöst hat. Es ist vorgekommen, dass Demonstranten Steine bei den Le Pens durch das Fenster geworfen haben. Für ein junges Mädchen muss das sehr unheimlich gewesen sein. Venus als Herrin von 1 – Marine in ihrem Leben – und Saturn bilden eine negative gegenseitige Rezeption. Venus steht in dem Zeichen, in dem Saturn im Exil ist, und Saturn steht in dem Zeichen, in welchem Venus im Exil steht, beide sind also in negativer gegenseitiger Rezeption und beschädigen sich gegenseitig stark.

Der unangenehme Saturn, verbunden mit der Familiensituation im 7. Haus, beschreibt deutlich eine Tendenz, sich in Beziehungen von anderen abzuschotten: In ihrem Fall resultiert daraus vielleicht die Ablehnung von Immigration. Der Mond zeigt als Herr von 10, was sich in der öffentlichen Rolle abspielt, er ist der generelle Signifikator für das Volk und er ist gerade ins Exil gelaufen. So ein Planet an der Zeichengrenze ist es wert, besonders beachtet zu werden, und dieser Mond würde gerne wieder zurückgehen in das vorherige Zeichen, wo er es viel besser hatte. Hier kann man den Widerstand gegenüber den Veränderungen in der Welt und der französischen Gesellschaft sehen. Sie will zu dem zurück, wie es früher war und sie will Frankreich wieder groß machen. Der Mond ist auf dem Stern *Polis* auf dem Bogen des Schützen, da ist ziemlich viel ideologische Antriebskraft vorhanden.

Im 10. Haus der öffentlichen Rolle findet man den Mars, sehr schlecht gestellt in seinem Fall, und er bildet ein Quadrat zu Saturn, also beide Übeltäter in schlechtem Zustand sind miteinander verbunden. Sie kombinieren Aggression mit Härte, das ist nicht einladend oder freundlich. Auf dem MC ist *Castor*, der sterbliche Zwilling, platziert. Die Zwillinge sind aktive Krieger, *Castor* ist merkurisch und neigt dazu, mehr flexibel oder opportunistisch zu sein. Marine Le Pen reformierte die anstößige rechte Partei ihres Vaters in eine gesellschaftlich wesentlich besser zu akzeptierende Bewegung. Ihre Sonne ist sehr stark im Löwen, sie weiß, wie man führt, Venus/Herr von 1 ist auf dem Hydrastern *Alphard*, der Essenz der menschlichen Begierdenatur. Sie kennt die emotionalen Unterströmungen in der Gesellschaft, deswegen kann sie sie politisch nutzen. Der Saturnpunkt der Gefangenschaft ist in Konjunktion mit dem Herrn von 1, sie verbindet sich direkt mit der Essenz des sich stark »abschließenden« Saturn.

Daher passt *Al Shaula,* mit seinen defensiven Aggressionen perfekt ins Bild. Man sieht hier abermals, wie das Mondhaus ein Kristallisationspunkt ist, der das Potenzial des Horoskops in eine bestimmte Richtung steuert. Von den Planetenherrschern ist Mars essentiell schwach in seinem Fall, das macht die Wirkung des Hauses schärfer, und da er viel akzidentielle Würde hat, kann er sich immer noch stark manifestieren. Der andere Planetenherrscher ist Merkur, er ist peregrin, Seite an Seite mit der martialischen Natur dieses Hauses bringt das eine Dosis Pragmatismus ins Spiel (diese Reformation der Partei ihres Vaters).

Das 20. Mondhaus – Al Na'am

Al Na'am: 7.28 Steinbock – 20.19 Steinbock
Stern: Nunki (Bogen, Pfeil, Vorderbein des Schützen)
Arabischer Buchstabe: Sin
Assoziierte Namen: der Strahl, der Bogenschütze
Assoziierte Planeten und Energien: Jupiter/Mars – ein Ziel leidenschaftlich verfolgen, Allianz, Zähmen von Aggression

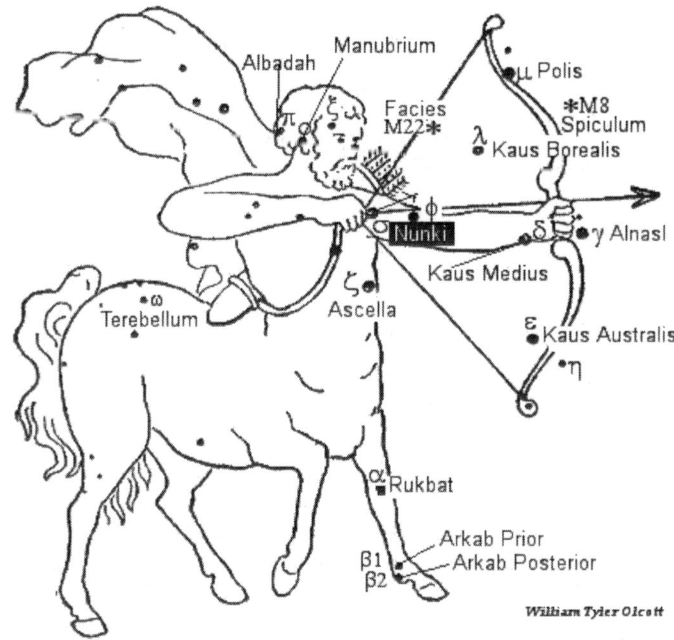

In dem 20. Mondhaus wird die Konstellation Skorpion zurückgelassen und die Atmosphäre ändert sich vollkommen, es ist der Beginn des ersten Mondhauses des Schützen und es heißt Al Na'am. Das bedeutet auf Arabisch »der Strahl« und ist nicht so sehr mysteriös, denn es verweist auf den Pfeil des Schützen, seinen Konzentrationspunkt. Schütze ist Cheiron, der weise Heiler und der Lehrer vieler antiken Helden und sicher ist Wissen eines der zentralen Themen hier. Chiron war mit Pholus einer der wenigen zivilisierten Zentauren, eine ansonsten wilde und ungezähmte Rasse, da sie eine Mischung aus halb Mensch und halb Pferd sind. In den meisten Zentauren hat die unkontrollierte Pferdeseite die Oberhand, aber Cheiron ist anders, er ist unsterblich und zeigt damit seine Verbindung mit höheren Dimensionen, obwohl es da immer diese Spannung zwischen der menschlichen und der tierischen Seite gibt.

Symbolisch drücken seine Eltern diese Natur ebenfalls aus, er ist der Sohn von Chronos, einem Titan, Erdriesen und Gegenspieler der olympischen Götter. Seine Mutter war die Ozeanide Phylira.

Chronos repräsentiert den Fall in die Zeit und in das dualistische irdische Leben. Ozeaniden sind Wassernymphen und Wasser ist das Element der Begierde. Phylira war jedoch eine der zivilisierten Ozeaniden, die der Menschheit beigebracht hat, wie man Papier herstellt und darauf schreibt. Die Grundspannung des Pferdemenschen ist in seinen Eltern reflektiert und darum ist dies der zentrale Punkt in Cheirons Mythos: Da gibt es einerseits Wissen, andererseits aber auch die Tiernatur. Cheiron wurde aus Versehen von einem Pfeil des Herkules verwundet, den er in das Gift der Hydra getaucht hatte. Das Gift der Hydra ist die Essenz der Begierdenatur.

Cheiron leidet sehr unter der Vergiftung, er kann sich trotz all seines Wissens nicht selbst heilen und da er unsterblich ist, kann er auch nicht sterben. Das bedeutet symbolisch, dass er von der Begierdenatur seines Pferdeanteils überwältigt ist. Um dem Leiden zu entkommen, gibt er seine Unsterblichkeit auf und nimmt den Platz des Titans Prometheus ein, der von den Göttern an einen Felsen im Kaukasus gefesselt wurde – als Strafe dafür, dass er das Feuer vom Himmel gestohlen und es der Menschheit gebracht hatte. Dies zeigt, dass die Geschichten von Cheiron und Prometheus (was »Voraussicht« bedeutet) sehr ähnlich sind. Es geht um das Wissen und seine Begrenzungen, den dem Untergang geweihten Versuch der Menschheit, durch Wissen den Göttern ähnlich zu werden. Der in diesem Mondhausaus so deutlich betonte Pfeil ist ein Symbol der Erdachse, des göttlichen Zentrums, um das sich die ganze Welt dreht, also wieder die Assoziation mit höheren Dimensionen.

Es gibt eine spannende Verbindung mit einer anderen Geschichte voll von Bögen und Pfeilen, der Legende von Robin Hood. Alles ist grün in dieser Legende, das Grün symbolisiert die astrale Welt und durch diese vermittelnde Welt zwischen der materiellen Erde und der geistigen göttlichen Welt werden dauernd Pfeile – Symbole der Weltachse, des göttlichen Zentrums – abgeschossen zur Verbindung mit Gott. Deswegen stielt Robin von den Reichen und gibt den Armen, er stellt das Gleichgewicht der göttlichen Gerechtigkeit in der materiellen Welt wieder her. Robins Treffen mit seinem Weggefährten Little John illustriert dies. Little John ist groß, er ist wie ein Titan und repräsentiert die Erdmacht. Sie treffen sich zufällig auf einer Brücke (d.h. sie überqueren das Wasser der Begierden), sie kämpfen und Robin gewinnt die Oberhand. Von da an dient die Erdmacht des Little John Robin Hood als Verbündeter. Lady Marian (deutlich mit Maria, der Mutter Gottes zu assoziieren) ist das Symbol der Seele, die gereinigt werden muss, um in der Lage zu sein, das Göttliche zu gebären. So handeln beide Bogen- und Pfeilgeschichten davon, dass eine Verbindung zu Gott durch höhere Weisheit und Wissen hergestellt wird, indem man materielle Instinkte besiegt.

Die Planetenergien in diesem Haus sind Jupiter und Mars und diese beschreiben es deutlich. Jupiter ist das Wissen, das versucht, sich mit dem Göttlichen in der menschlichen Hälfte zu verbinden, Mars ist die animalische Triebkraft. Der beschreibende Stern ist *Pelagus* oder *Nunki*, ein Stern auf der Befiederung des Pfeils, also dem Steuerungspunkt der Pfeilenergien. Seine Schlüsselworte sind sich dem Verfolgen eines Ziels zu widmen, Kontrolle von Streitlustigkeit und begeisterte Suche. Das zeigt deutlich die enge Verbindung zwischen der menschlichen und der tierischen Seite von Cheiron, die instinktiven Energien, die auf ein Ziel gerichtet werden müssen. Diese raue Tierseite zeigt eine Verbindung zur Natur und zu Outdooraktivitäten. Das symbolische Bild ist ein Zentaur und das entsprechende indische Mondhaus hat dieselben Themen, fügt aber eine maritime Dimension hinzu, symbolisch assoziiert mit der Kontrolle des Wassers und somit der Begierden.

Der arabische Buchstabe ist Sin. Seine Zahl ist sechzig, die Drei des Geistes gedoppelt in der Dualität. Drei ist die Zahl der Wiederkehr des Geistes und verbunden mit der Transzendenz der Zeit. Sein Element ist Wasser (Wünsche), aber manchmal auch Feuer (Reinigung), und man sagt, er würde die Ehre Gottes symbolisieren. Er entspricht »dem Absenken der Flügel der Zärtlichkeit zur Tugend«. Beide Beschreibungen dieses Buchstabens beziehen sich auf die Verbindung mit Gott, die der Pfeil zu erwirken beabsichtigt. Der

Buchstabe scheint grafisch dem Bild des Schützen zu entsprechen. Der kreative Schritt ist das Element Wasser.

> **In diesem Haus geht alles darum, Instinkte und Aggressionen zu kontrollieren, Wissen zu verbreiten, zu jagen, Abenteuer zu erleben, draußen aktiv zu sein, leidenschaftliches Streben und um die Natur.**

Ein gutes Beispiel, wie Al Na'am sich in einem Leben auswirkt, ist das Horoskop des immer noch populären amerikanischen Schriftstellers Ernest Hemingway. Obwohl es meine gundsätzliche Empfehlung ist, zuerst das Horoskop anzuschauen und dann das Thema des Hauses zu integrieren, werde ich es in diesem Fall andersherum angehen. Die wichtigen Themen in Hemingways Leben werden von dem Mondhaus des Strahles kristallklar reflektiert, es ist sehr beeindruckend zu beobachten, wie das Haus als eine »zentrale Kontrollstelle« funktioniert. Hemingway war ein begeisterter abenteuerlustiger Naturmensch. Jagen, Fischen, Stierkampf (als Afficionado), Segeln – er liebte es alles. Natürlich gab es auch diese andere Seite, nämlich Ideen verbreiten. Er schrieb über alle diese Themen und das machte ihn berühmt bis in unsere Tage.

Jedes Schulkind kennt vermutlich DER ALTE MANN UND DAS MEER. Angenehm kurz, aber auch ein ganz klarer Ausdruck der zentralen Geschichte von Cheiron. Die Kämpfe des Fischers mit den Naturkräften des Meeres, der misslingende Versuch, den Fisch an Bord zu bringen, der Kampf mit den Haien: Es ist alles vorhanden. Der Fisch ist das Symbol des göttlichen Bewusstseins, aber er schafft es nicht, ihn an Land zu bringen. Er verliert einen großen Anteil an die Haie – ein Symbol der Begierden (wie bei Cheiron, der von den vergifteten Pfeilen der Hydra verwundet wurde). Es ist unglaublich, dass das entsprechende indische Mondhaus wörtlich maritime Gegebenheiten erwähnt. Ohne etwas über die Mythologie zu wissen, schrieb Hemingway die Geschichte über sein Chironhaus. Weder Mars noch Jupiter haben viel essentielle Würde, daher neigt das Versprechen des Hauses dazu, sich in einer etwas »niedrigeren« und natürlicheren Form zu manifestieren.

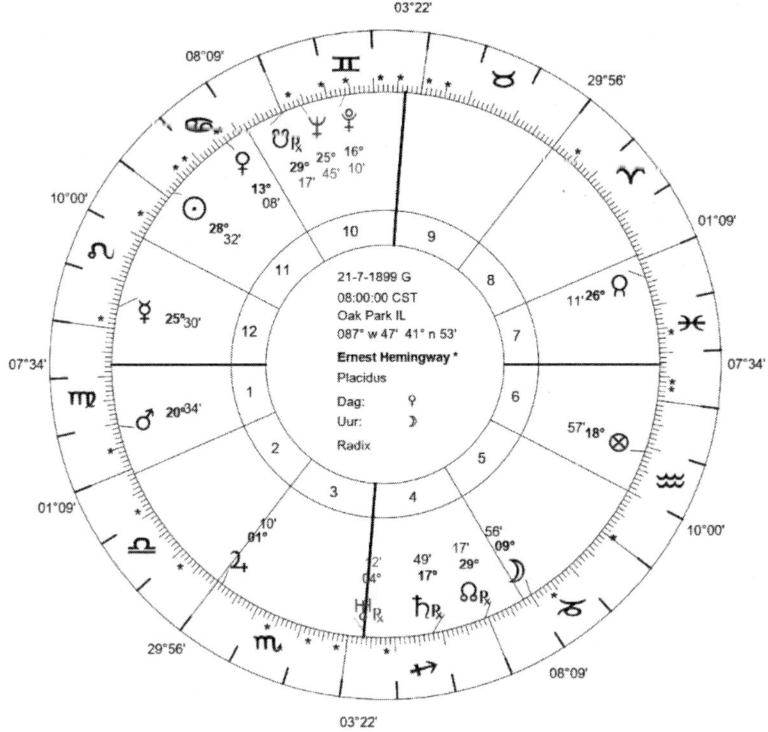

Hemingway war auch sehr stark eine »Vaterfigur«, beinahe die Karikatur eines maskulinen Mannes. Das zeigt Mars, der im Horoskop im 1. Haus der Person platziert ist. Ein Planet im 1. Haus wird als Verhaltenssignifikator gesehen und dies ist selbstverständlich gut passend zu seiner Betonung von Männlichkeit. Mars ist in starker gegenseitiger Rezeption mit Merkur, Herrscher des 1. Hauses der Person und des 10. Hauses des Berufes. Das macht Merkur, den Planeten des Schreibens, sehr wichtig, der Ausdruck von Gedanken ist direkt mit der martialischen heftigen Energie verknüpft. Herr von 1 (»die Person in seinem Leben«) steht auf *Alphard*, dem Herzen der Hydra, das ist eine direkte Verbindung zu den Unterströmungen der starken menschlichen Begierdenatur. Der Herr von 1 ist im 12. Haus der Süchte platziert. So ist es kein Wunder, dass Trinken auch eines seiner geliebten »Hobbys« war.

Es ist sehr interessant, dass Uranus, der von Saturn kastriert wurde, sich auf dem IC befindet. Er ist nicht gerne zu Hause, das ist ihm zu langweilig, er will raus. Mars ist auch der Herr von Haus 9 (Reisen) und er steht im 1. Haus, also werden fremde Länder eine wichtige Rolle in seinem Leben spielen. Natürlich kann er auch, mit dem Pfeil des Cheiron über den Horizont geschossen, andere Welten entdecken, es ist ein Versuch, auf einer niedrigeren materiellen Ebene Gott zu finden. Auf dem MC befinden, die *Hyaden*, die sieben Halbschwestern der Plejaden, die Dionysos aufzogen haben, ein sehr vielversprechendes Kind, das allerdings als unmöglicher Säufer endete, genau wie Hemingway selbst. Schließlich bekam das Gift der Hydra das bessere von ihm, er gab seine Unsterblichkeit auf und genau wie Cheiron setzte er seinem Leben ein Ende.

Das 21. Mondhaus – Al Baldah

Al Balda: 20.19 Steinbock – 3.11 Wassermann
Stern: Al Baldah (das Hinterteil des Schützen)
Arabischer Buchstabe: Sad
Assoziierte Namen: die Stadt, der Januskopf
Assoziierte Planeten und Energien: Mond/Mars – Verlust, Uneinigkeit, Ende

Das 21. Mondhaus wird Al Baldah genannt, arabisch für »die Stadt« oder »der Distrikt«, und dieser Name scheint im ersten Augenblick ein wenig mysteriös zu sein. Aber wahrscheinlich wurde die Stadt als ein Symbol für die Seele gesehen und der Distrikt als ein Teil von ihr, dann würde es die Teilung und das Auseinandergerissenwerden, das in diesem Haus das Thema ist, beleuchten. Der arabische Astrologe Al-Biruni verglich dieses Haus mit einer Wüste oder einer Kluft, besonders mit der Spalte zwischen den beiden Augen des Zentaurs, zwei Augen, die nicht verbunden sind.

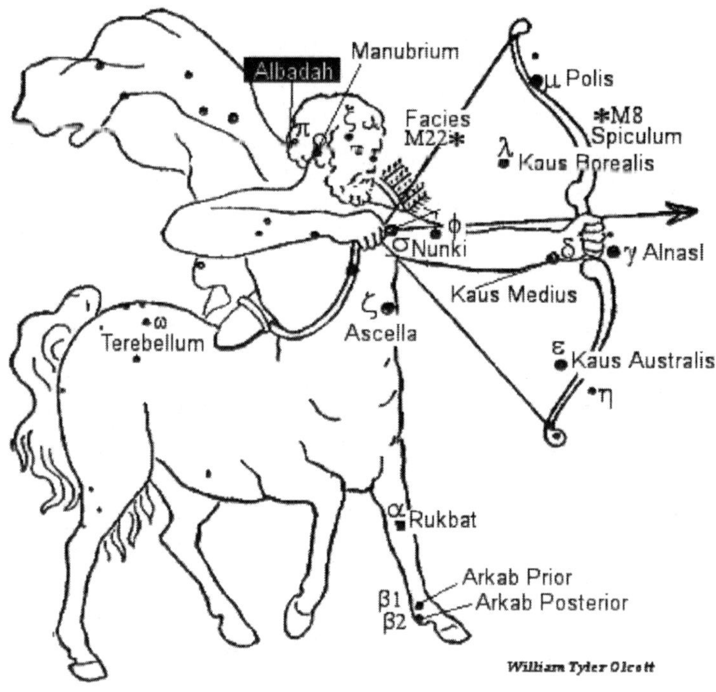

Das ist die Stelle, wo Al Badah zu finden ist, zumindest ist es auf dem Kopf, in der Nähe der Augen. Das zeigt dasselbe Thema an wie »die Stadt«. Agrippa sagt es bedeute »Niederlage« und weist in die gleiche Richtung.

Der zentrale Punkt ist hier, dass diese beiden Augen nicht miteinander verbunden sind, jedes schaut in seine eigene Richtung und das zeigt einen Riss an. Die Hervorhebung dieser beiden Augen ergibt sicherlich einen Sinn, da die Zentauren immer diese angespannten Mischungen aus Mensch und Tier waren. Im vorherigen Mondhaus konnte das in dem Pfeil konzentriert werden, aber in Al Baldah scheinen Cheirons zwei Seiten wirklich auseinandergerissen zu sein. Das Gift der Hydra, das ihn so quält und von dem er sich nicht heilen konnte, scheint überhandgenommen zu haben. Die beiden Seiten lassen sich nicht mehr zusammenbringen, es ist ein Haus, das in zwei kämpferische Seiten geteilt ist. Schließlich musste

Cheiron seine Unsterblichkeit aufgeben, das bedeutet, den angespannten Zustand hinter sich lassen, weil die beiden Teile nicht zusammengehalten werden konnten.

Der beschreibende Stern *Al Baldah* wurde in einem sternenleeren Himmel gefunden und er ist in keiner für die Astrologie relevanten Sternlisten zu finden. Es fällt aber auf, dass er sehr nah an *Facies* und *Manubrium* ist. Das sind beides nebelhafte Sternhaufen in des Bogenschützen Gesicht und wenn ein Bogenschütze nicht sehen kann, wohin er schießt, ist dies natürlich schlecht. Da *Al Baldah* also den Platz zwischen den Augen markiert, kann das Ergebnis davon sein, dass der Stern sich auch in dem nebelhaften Gesicht befindet und von derselben Natur ist, die *Manubrium* und *Facies* vorweisen. Der Nebel im Gesicht verursacht Blindheit und das ist ein weiterer symbolische Hifür diese angespannte zweifaltige Mensch-Tier-Natur. Das Auseinanderbrechen derselben scheint *Al Baldah* zu betonen.

Dies könnte ohne Probleme die Schlüsselworte Konflikt, Feindschaft, Teilung, Scheidung, Niederlage und Verlust erklären. Es zeigt auch das Ende eines Zustandes und den Übergang in einen nächsten Zustand. Sein symbolisches Bild ist ein Mann mit zwei Gesichtern, was an den römischen Gott Janus erinnert, den Gott der Türen und des Übergangs von der Vergangenheit zur Zukunft, wieder eine Doppelheit und eine Teilung.

Sein arabischer Buchstabe ist Sad und dieser sieht sehr ähnlich aus wie der Buchstabe aus dem vorherigen Mondhaus. Sein Element ist Wasser, die Begierdenatur betonend. Seine Zahl ist 90 verbunden mit der 3, der Zahl der spirituellen Wiederkehr zu den Wurzeln des Pfeile abschießenden Schützen. Seine kreative Stufe ist mit dem Erdelement assoziiert. Sie heißt auch »Er, der tötet«, das verweist auf das in zwei Teile Zerfallen in irdischen Umständen.

Dieses 21. Mondhaus handelt von Teilung, Auseinanderreißen, Konflikt, Niederlage und mangelnde Einheit.

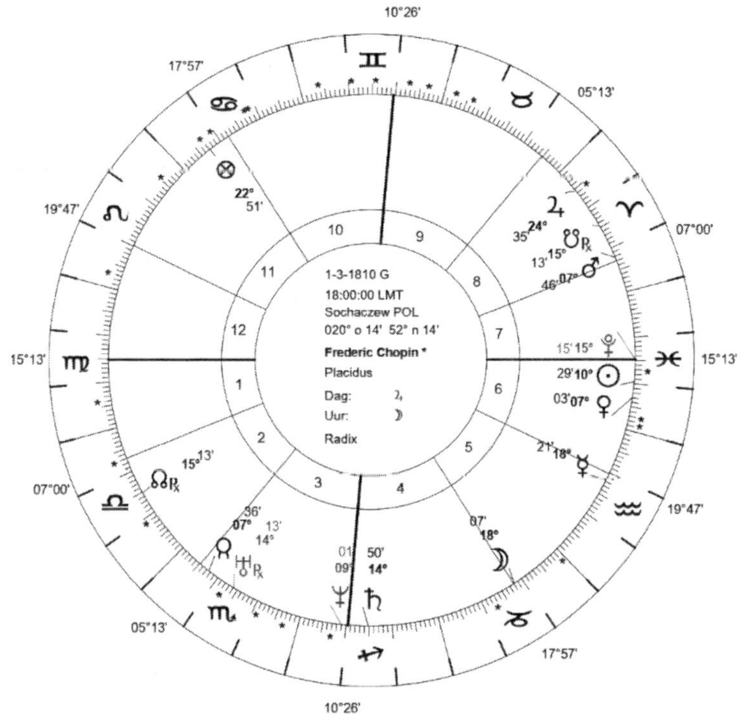

Ein gutes Beispiel für das Wirken Al Baldahs in einem Leben ist das Horoskop von Frederic Chopin. Zuerst ein technisches Detail: Da Chopin 1810 geboren wurde müssen die Grenzen des Hauses mittels der Präzession korrigiert werden, dann ist der Mond im ersten Teil von Al Badah (die Liste in diesem Buch gibt die Positionen für das Jahr 2000). Was bei diesem Horoskop sofort ins Auge fällt, ist sein Temperament. Das ist immer die Grundlage für die klassische psychologische Deutung, es beschreibt das Verhalten mit den Worten der Elemente, aber auch die physische Erscheinung. Elemente wirken auf der psychologischen und der physischen Ebene, an der Erscheinung erkennt also, wie jemand reagiert.

Die Methode, um das Temperament festzustellen, habe ich in meinem Buch KLASSISCHE MEDIZINISCHE ASTROLOGIE beschrieben, deswegen will ich dies hier nicht wiederholen. Die Elemente in Chopins Temperament sind Erde und Wasser, er ist melancholischphlegmatisch und diese Kombination ist sehr passend für einen romantischen Künstler. Erde ist die konkrete Form und Wasser repräsentiert die Gefühle. Es heißt auch, dass er physisch sehr kalt ist, da beide Elemente, Erde und Wasser, kalt sind. Dies ist nicht gut für die Gesundheit, es macht ihn empfindlich für kalte Krankheiten. Auf der 6. Hausspitze ist Merkur platziert in einem Sextil und einer negativen Rezeption mit Saturn Herr von 6 (Krankheiten). Das Krankheitsthema ist also eher hervorgehoben. Merkur ist einer der Signifikatoren für die Lunge und Chopin starb an einem Lungenleiden, wahrscheinlich Tuberkulose, einer sehr kalten Krankheit. Es wäre gut für ihn gewesen wärmendes Essen und Kräuter als präventive Maßnahme zu sich zu nehmen, um mehr ins Gleichgewicht zu kommen.

Seine Anfälligkeit wird weiter verstärkt von der Tatsache, dass Merkur Herr von 1 des Körpers genau auf Hausspitze 6 steht, also genau auf der »hohen Energielinie« des Krankheitshauses. Dass der bösartige Südknoten durch Antiszien auf dem Aszendenten steht und Pluto und Sonne in Opposition zum Aszendenten (dem Körper) sind, ist auch nicht weiter hilfreich. Diese Positionen verweisen auch auf seine stürmische Beziehung zu George Sand, einer Protofeministin und sehr maskulinen Frau. Pluto und Sonne beschreiben diese dominante Partnerin. Es bestand also eine ziemliche Polarität zwischen ihr und diesem gefühlvollen phlegmatisch-melancholischen, romantischen Musiker. Venus als Planet der Liebe steht stark in der Erhöhung. Sie ist in der Nähe und hat sie wahrscheinlich davon abgehalten sich gleich wieder zu trennen.

Das Auge wird auch hingezogen zum IC (Familie). Chopin wurde in Polen geboren, lebte aber wegen der unstabilen politischen Situation in Polen im Exil in Frankreich. Neptun, das Chaos, ist genau auf dem IC, der Übeltäter Saturn steht im 4. Haus und der Herrscher von 4, dem Zuhause, ist Jupiter im 8. Haus des Todes auf dem Schicksalsstern *Al Pherg*. *Al Pherg* ist Teil der Fischekonstellation und symbolisiert das Ende eines Zyklus. Seine polnische Herkunft war ein wichtiges Thema in seinem Leben, in seinen Kompositionen benutzte er viele polnische Volksmusikmotive. Laut George

Sand war er ein sehr enthusiastischer Patriot, die verlorene Heimat blieb ein sehr dominantes Thema in seinem Leben.

Sein musikalisches Talent wird von der erhöhten Venus angezeigt; Erhöhung neigt zum Übertreiben, das beschreibt die Romantik sehr gut. Auf der 5. Hausspitze der Kreativität findet man den Mond, den Planet der Gefühle, in einem schwachen Zustand des Exils – sehr schön für einen Romantiker, da der Mond Material liefert, um damit zu arbeiten. Durch Antiszien hat dieser Mond wieder eine Konjunktion mit dem IC, das zeigt die verlorene Heimat als Quelle der Inspiration. Venus ist auch Herr von 9 (Religion). Chopin war Katholik von Geburt, aber er praktizierte seinen Glauben nicht: Venus, Herrin von 9, ist verbrannt und im 6. Haus nicht sehr stark manifestiert. Trotzdem starb er sehr friedlich, als er auf seinem Totenbett in seinen letzten Stunden zum Glauben seiner Jugend zurückfand. Das zeigt der sehr starke Mars auf der Spitze des 8. Hauses, dort sieht man die Umstände seines Todes. Dieser Mars als Herr von 3 praktiziert seine Religion wirklich.

Al Badah mit seinen Nebenbedeutungen von Verlust und Konflikt passt sehr gut in sein Leben, denn es zeigt, wie wichtig die verlorene polnische Heimat war, und es weist auf die heftigen Liebeskämpfe mit George Sand hin. Mond und Mars sind mit diesem Haus assoziiert, sehr passend für die starken Gefühle eines romantischen Künstlers, der Mond ist im Exil auf der 5. Hausspitze der Kreativität und zeigt, dass es etwas gibt, das kreativ zu verarbeiten ist. Die gequälte Seele eines Künstlers ist eine Goldmine.

Das 22. Mondhaus – Al S'ad al Dhabhi

Al S'ad al Dhabhi: 3.11 Wassermann – 16.03 Wassermann
Stern: Dhabi (das Auge des Steinbocks)
Arabischer Buchstabe: Za
Assoziierte Namen: der glückliche Schlächter
Assoziierte Planeten und Energien: Saturn/Venus – Entkommen, Heilung, Erlösung

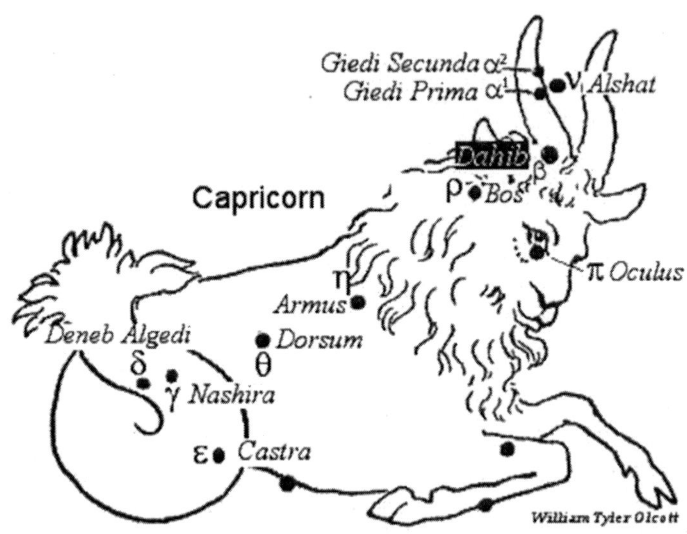

Dieses Mondhaus steht am Anfang des letzten Viertels des Mondhäuserzyklus und in der Reihenfolge des Tierkreises wird Steinbock mit Winter und Tod zusammengebracht. Al S'ad al Dhabhi bedeutet auf Arabisch das Glück des Schlächters: Man sieht, dass dies kein besonders glückliches Haus ist. Der Ziegenfisch, der hier das zentrale Thema bildet, wird im Allgemeinen nicht sehr gut verstanden. Dass er oft auf antiken Grabmonumenten zu finden ist, weist uns den Weg zu seiner Bedeutung. Er hat zu tun mit dem Tod und dem Übergang in einen anderen Zustand im weitesten Sinne. Nach den alten Texten ist Dhabhi das Auge des Ziegenfisches und das zeigt einen starken Fokus auf das nächste Leben, der Ziegenfisch blickt auf die Phase, die nach dem Tod kommt.

Die mythologische Geschichte des Steinbocks betont dasselbe Thema. Diese Geschichte handelt vom Waldgott Pan, jenem Gott mit der Flöte, der durch den Wald wandert, die schöne Natur genießt und hofft, dass eine entzückende Nymphe erscheint. Aber stattdessen trifft er unerwartet auf Typhon. Typhon ist ein grauenhaftes Monster mit einem Körper, der aus nur Schlangen besteht. Schlangen sind Symbole der Dualität, also man versteht, dass in Typhon der Tod gesehen wird. Wenn Menschen in das irdische Leben eintreten, dann kommen sie in die Dualität ein und das bedeutet, sie werden sterben müssen, alles wird schließlich zur göttlichen Einheit zurückkehren. Nichts kann selbst in einer stabilen Form auf die Dauer existieren. In der christlichen Theologie wird dies als die Erbsünde beschrieben, als die Konsequenz dessen, was Adam und Eva im Garten Eden entschieden haben. Sie wurden von Gott getrennt, fielen in die Dualität und schufen Krankheit und Tod.

Typhon ist also der Tod und selbstverständlich versucht Pan zu entkommen, er springt in einen Fluss und verwandelt sich in einen Fisch, insofern ist der Ziegenfisch ein Symbol des Übergangs. Der Ziegenanteil in Pan ist die natürliche Lebenskraft, die wegen der Konfrontation mit dem Tod gezwungen ist, eine Transformation in die nächste Phase zu unternehmen, und das ist der Fisch. Der Fisch ist ein Symbol für höhere Dinge, wie es von Christus als »Ichtos« illustriert wird. Der Fisch ist auch ein wohlbekanntes Symbol für einen spirituellen Zustand. Er ist losgelöst vom Verlangen, symbolisiert durch die Tatsache, dass er in Salzwasser leben kann, ohne zu sterben. Er ist immun gegen das Wasserelement (das Element der Begierde), das anderen Kreaturen den Lebensatem nimmt. Es wird auch gesagt, dass ein Fisch nie schläft, er hat seine Augen immer offen und sie deuten auf eine höhere Bewusstheit hin, die die irdische Dualität transzendiert.

Das Wort *Panik* kommt von Pan, weil er immer merkwürdige Geräusche im Wald machte, um Menschen Angst einzujagen. Dies symbolisiert die dunkle Seite des sinnlichen Lebens im Körper, für das Pan steht. Es mag attraktiv erscheinen, aber es gibt etwas Unheimliches, denn man kann nicht sehen, was sich da im Wald versteckt und diese Geräusche produziert. Es ist genau die Konfrontation mit Typhon, die deutlich macht, was dies ist: Der irdische Körper ist am Ende kein sicherer Platz. Die einzige Art, Typhon zu überleben, besteht darin, sich in einen anderen Zustand zu verwandeln, wie Pan selbst so deutlich illustriert. Dass die Panik am Mittag ausbricht, ist sehr symbolisch. Die Sonne steht an ihrem höchsten Punkt und die Dinge können von da an nur noch abwärts gehen, man fängt an, den Punkt des Sonnenuntergangs zu sehen. Die

Botschaft ist »stirb, bevor du stirbst«, »lass irdische Bindungen los, bevor sie dir weggenommen werden«. Das ist der Grund, warum dieses Haus mit dem »Opferer« oder dem »Schlachter« verbunden wird. Das sich Verwandeln in einen Fisch, um seine Seele zu retten, kann nur vollzogen werden, wenn ein Opfer dargebracht wird.

Der beschreibende Stern ist *Dhabhi*, das Auge des Ziegenfisches ist fixiert auf das Nachleben, obwohl es im Steinbock auch noch einen Stern gibt, der *Oculus* heißt, lateinisch für ein Auge, welches das andere Auge rechts markiert. Es ist sehr interessant, dass man in mittelalterlichen Kirchen auch ein »Oculus« finden kann, es ist ein Loch durch die dicke Kirchenmauer gebohrt, durch das das Licht von draußen sichtbar ist. Das zeigt genau das Hauptthema, das Licht von oben durch die Wand der Materie sehen, indem man ein Opfer darbringt (in der Kirche).

Seine Schlüsselworte sind von dieser Geschichte her perfekt zu verstehen: Gefangenschaft entfliehen, irdische Bindung durchbrechen und eilige Flucht. Es handelt vom Durchbrechen irdischer Bindungen. Sein Bild ist ein Mann mit Flügeln an seinen Füßen und einem Helm auf seinem Kopf. Die Flügel haben eindeutig mit Flucht vor irdischen Begrenzungen zu tun und der Helm erinnert an Perseus, der einen trug, der ihn unsichtbar machte, damit er Medusa, die Essenz der Begierdenatur, töten konnte. Die Symbolik ist eindeutig, die irdische Form wird zurückgelassen. Dies ist das Mondhaus im Horoskop von Papst Franziskus (das Opfer) und der deutschen Kanzlerin Angela Merkel (die Flucht ist in ihrem Fall die »Wende«, sie wuchs in Ostdeutschland auf).

Der zugehörige Buchstabe ist Za, in welchem man den Blickpunkt auf die nächste Phase fast schon grafisch sehen kann. Das zeigt, dass in der arabischen Sprache wie in der hebräischen die Buchstaben wie Schöpfungsenergien gesehen wurden. Seine Zahl ist 900, also 3 x 3 x 10, diese Zahl ist die Rückkehr zu Gott, es symbolisiert die Manifestation des Göttlichen und es korrespondiert mit »der Unterdrückung des satanischen Staates«, was natürlich in einer Linie mit der oben beschriebenen Steinbockgeschichte ist. Die kreative Stufe heißt »die Mineralien«, was sich auf die irdische Form bezieht, die man hinterlässt.

Es gibt kein entsprechendes Mondhaus im indischen System, jedenfalls keines, das mit dem Steinbockmythos zu tun hat. Das 22. Mondhaus ist in Indien mit einer extrazodiakalen Konstellation assoziiert, was in den indischen Serien häufiger vorkommt als im arabischen Zyklus. Im indischen Mondzyklus ist dies der Adler, dessen Hauptstern *Altair* ist, er ist der majestätische König der Vögel, der hoch in den Himmel fliegt, um zu sehen, wie es da oben ist. Das Thema ist hauptsächlich dasselbe, obwohl die Opferdimension im Adlermythos nicht betont wird. Dies hat sicher mit den kulturellen Unterschieden zwischen diesen beiden Zivilisationen zu tun. Da Europa der Teil der Welt ist, in dem die materielle Versteinerung am schlimmsten ist, sind sehr weitreichende Maßnahmen notwendig, um den Menschen von seiner materiellen Fesselung zu befreien. Wir sollten hier anmerken, dass die Grenzen der arabischen und der indischen Mondhäuser nicht dieselben sind. Die Systeme sind ähnlich, aber nicht gleich (siehe Appendix A).

In diesem Haus dreht sich alles um Flucht vor schwierigen Umständen und Gefängnissen, Opfer, das Leben nach dem Tod, Konfrontation mit dem Tod, geistige Transformation, Entkommen.

Es wird klar sein, dass eine starke religiöse Bedeutung in diesem Haus liegt, da hier der »Opferer« Pan ist. Er gibt seine Sinnlichkeit auf, um dem Tod zu entfliehen, was die menschliche Schwäche zeigt und die Abhängigkeit des Menschen von Gott. Das geht spirituell nicht immer positiv aus, es ist ja das »Glück des Schlachters«. Es kann sich in einer verwirrten und gestörten Weise äußern wie im Horoskop des notorischen Kultführers und Mörders Charles Manson ersichtlich. Seine Geschichte ist bekannt, er und seine Gruppe waren in mehrere Morde verwickelt, am bekanntesten ist der an der schwangeren Schauspielerin Sharon Tate, die Frau von Roman Polanski. Er wurde verurteilt und starb im Jahr 2017 im Gefängnis.

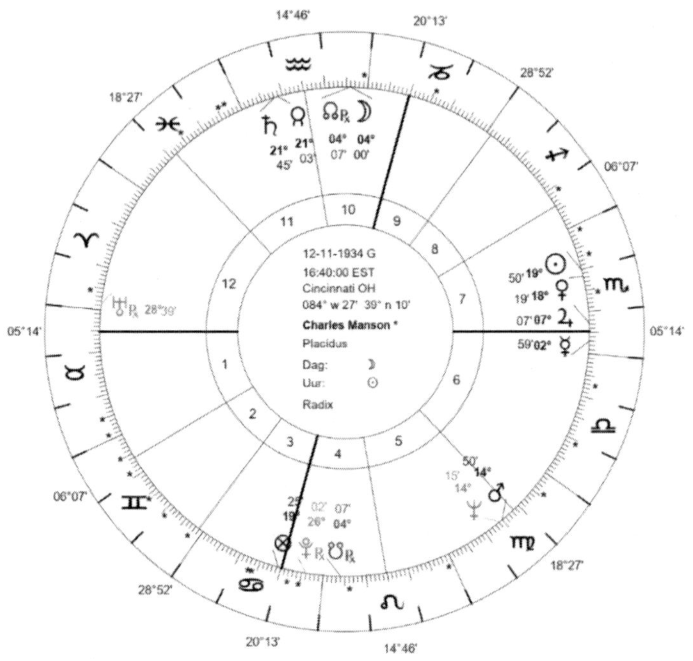

In seinem Horoskop fällt als Erstes auf, dass in einem Eckhaus Jupiter, der Planet der Religion, steht. Er ist auch Herr von 9 (Spiritualität) und der Herr von 12 (Isolation und Verbrechen, der Magie und des Gefängnisses). Und er verbrachte in der Tat die meiste Zeit hier auf Erden hinter Gittern. Natürlich war er auch ein Kultführer und hatte Kontakte zu Scientology, dem finsteren Geisteskind von Lafayette Ron Hubbard. Die meisten Leute wissen nicht, dass Hubbard nicht nur der Erfinder von Scientology war, er war auch tief involviert in die schwarze Magie, denn er arbeitete eng mit dem Raketenwissenschaftler und Crowley-Anhänger Jack Parsons zusammen. Dass Charles Manson sich zu diesen okkulten Themen hingezogen fühlte, kann man an seinem Jupiter in einem Eckhaus sehen, in seiner Rolle als Herr von 12, dem Haus der magischen Techniken.

Mit zwei Planeten am Deszendenten wird er sich machtvoll zu manifestieren wissen und da sind noch zwei andere Planeten in

Haus 7, die Sonne und die Venus (Herr 1 im 7. Haus). Das heißt, er wird andere stark beeinflussen. Venus ist Herr von 1, also ist Manson »in seinem Leben« schwach, denn Venus ist im Exil, sie zeigt ihre schlechtesten Seiten und ist verbrannt. Er wird von allem, wofür die Sonne steht, verletzt werden. Die Sonne können unter anderem die Autoritäten sein. Venus, Herrin von 1, ist auf dem Stern *Unukalhai*, dem vergifteten Herz der Schlange, also auf der Schlangenessenz, und die Sonne steht auf der *Nordschale*. Das ist eine der Klauen des Skorpion, der Vollstrecker der Justiz.

Auch auffällig ist die Position des Mondes, dem generellen Signifikator von Familien und dem Herrscher des 4. Hauses der Familien. Er steht auf dem Nordknoten sehr stark im 10. Haus. Mansons Kult wurde die »Mansonfamilie« genannt, der Glückspunkt, der Hunger, steht auf dem IC – ja, das ist es, was er so gerne will. Im 11. Haus, auch sehr gut für die Manifestation in der Welt, befindet sich Saturn, der Herr von 10, in sehr guter Verfassung und in Konjunktion mit dem Punkt des Überflusses. Mit sechs Planeten auf sehr starken Plätzen ist es klar, dass diese Person einen Einfluss auf die Welt ausüben wird. Wieder haben die Planetenpunkte mit ihren starken Motiven viel dazu beizutragen. Der Jupiterpunkt ist auf dem MC und stärkt damit das Jupiter-Religionsmotiv, die Punkte für Gefangenschaft (Saturn) und Verzweiflung (Merkur) sind in Konjunktion, das hat sich wörtlich ausgewirkt. Der Venuspunkt von Liebe/Verbindung ist auf der Spitze des 8. Hauses, des Todes in Konjunktion mit *Antares*, dem Todesstern. Das ist wirklich unheimlich.

Dieses Haus des Opferers passt sehr gut dazu, da es die starke religiöse Tendenz, das Thema des Todes und schwierige Umstände wiedergibt, die einen erdrücken und natürlich das Opfer. Doch anstatt das Richtige zu tun, indem er seine eigene Begierde aufgibt, opfert er Andere wie ein heidnischer Priester. Mars, eine der Planetenenergien in diesem Haus, steht nicht stark, er hat keine essentielle Würde und neigt daher dazu, sich in böser Weise auszuwirken. Der andere Herrscher, Venus, ist sehr schwach, kann Pans sinnliche Anhänglichkeit nicht gehen lassen, und dies endet nicht gut. Man sieht hier viele destruktive Tendenzen, aber die Entscheidung, sich vom Licht abzuwenden, kann man nicht sehen. Der Entschluss, diese furchtbaren Verbrechen zu begehen, entspringt dem freien Willen: jeder kann immer nein sagen zu was auch immer sich ihm im Leben präsentiert.

Das 23. Mondhaus – Al Sa'd Bula

Al Sa'd al Bula: 16.03 Wassermann – 28.53 Wassermann
Stern: Al Bali (die linke Hand des Wassermanns)
Arabischer Buchstabe: Tha
Assoziierte Namen: das Glück des Schluckers, die Hundkatze, der Hybrid
Assoziierte Planeten und Energien: Merkur/Saturn – Verschlingen, Zerstörung, Verlust

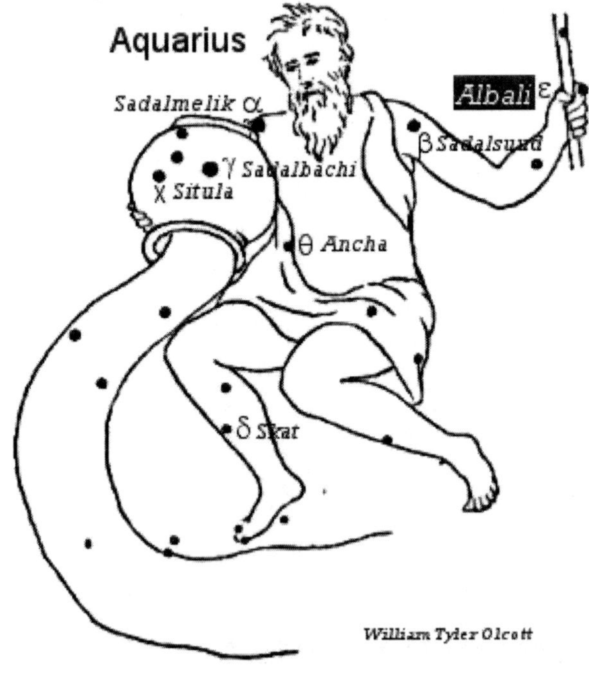

Dies ist das erste der drei Wassermannhäuser und sein arabischer Name ist das »Glück des Verschlingers«, was ein bisschen geheimnisvoll ist (siehe unten). Die Geschichte des Wassermanns ist in einer Version mit Ganymed verbunden, dem schönsten aller Sterblichen, der deswegen von einem Adler zum Himmel getragen wurde, um dann Zeus als Mundschenk zu dienen.

Die hier erwähnte Schönheit sollte natürlich als ein Symbol verstanden werden, sie zeigt die Nähe des Ganymed zur göttlichen Welt an. Dasselbe ist angezeigt mit dem berühmten Krug, in dem der Wassermann Süßwasser aufbewahrt. Wassermann ist die einzige der zwölf zodiakalen Konstellationen in der es Süßwasser gibt, und Süßwasser ist symbolisch gesehen kontrollierte Begierde, Salzwasser zeigt wilde unkontrollierte Begierde. Dieses Süßwasser, das Disziplinieren der menschlichen Begierden, ist eine Vorbereitung auf die nächste Phase, die geistige Wiedergeburt.

Diese nächste Phase wird durch das Ausgießen des Wassers symbolisiert, es strömt schließlich in den Mund des Südlichen Fisches und ein Fisch ist das Symbol von realisierter höherer Bewusstheit wie es schon in dem Kapitel mit dem Ziegenfisch erklärt wurde. In beiden Versionen der Geschichte vollzieht sich ein Reinigungsprozess, der schließlich mit dem Befrieden der unruhigen Seele und der geistigen Erkenntnis endet, aber *schließlich* ist dies wohl der Schlüssel, um das erste der drei Wassermannhäuser zu verstehen. Hier beginnt der Prozess und dies ist ein schwieriges Geschäft, das Wasser ist noch nicht verfeinert und süß, dies wird nämlich erst in den beiden nächsten Häusern gelingen.

Aber dies ist die frühe Phase in Al Sad Al Bula. Es kann zu Problemen kommen indiziert durch den besonderen Platz seines beschreibenden Sterns *Albali* auf der linken Hand des Wasserträgers, und links ist immer ein bisschen problematisch, »sinister« auf Lateinisch, denn es hat immer eine etwas negative Bedeutung. Es ist die dunkle und falsche Seite. Sich von der dunklen linken zur hellen rechten Seite zu bewegen, würde sicherlich den Prozess der Zähmung des Wassers, das durch die drei Häuser läuft, bedeuten. Dieser Prozess muss in der Seele stattfinden, es darf keiner zusehen und genau darum sind Wassermannsterne mit Geheimnissen verbunden.

Der beschreibende Stern *Albali* kann als Anfang des Prozesses gesehen werden, wenn das Wasser noch wild und salzig ist. Die planetarischen Energien, die in diesem Haus arbeiten sind Merkur und Saturn. Die Schlüsselworte sind sehr negativ, sie beinhalten Zerstörung, Verschwendung, Scheidung, Verlust, Abbau und Verzehrung. All dies hat mit der linken Position zu tun. Der Start der Destillation des wilden Wassers der Begierdenatur ist gefährlich, der Prozess hat noch keine feste Basis, er wird leicht unterbrochen und korrumpiert, die Kraft des Salzwassers mag die Person überfordern, so dass die Dinge nicht zusammengehalten werden können. Kontrolliert von der Begierdenatur wird der Destillierer zum Verschlinger. So kann man den Namen erklären. Das symbolische Bild ist klar, es ist ein Hundekopf auf dem Körper einer Katze, eine instabile Kombination von zwei Gegensätzen.

Von dem assoziierten Buchstabe Tha sagt man, dass er Konsolidierung repräsentiert, genau das, was dieses Haus erreichen will. Seine Zahl ist 500, die 5 zeigt die menschliche Kontrolle über die anderen vier Elemente, sein Element ist Wasser. Darum geht es in diesem wassertragenden Haus. Die kreative Stufe ist verbunden mit dem Pflanzenreich und wird »Er, der ernährt« genannt. Wassermann will schließlich das Wasser für die Leute ausgießen. Es gibt kein entsprechendes Wassermannhaus im indischen System.

In diesem Haus geht alles um Zerstörung, Einsturz, Scheidung und eine starke Spannung zwischen zwei ausländischen Elementen.

Ein gutes Beispiel, wie das Haus des »Glückes des Verschlingers« sich in einem Leben auswirken mag, ist das Horoskop von Maxima Zorreguieta, die den niederländischen Kronprinzen Willem Alexander geheiratet hat und die nun die Königin der Niederlande ist.

Königin Maxima kam in Argentinien auf die Welt und sie brachte der königlichen Familie südamerikanischen Schwung, was sie sehr populär machte. Sie kommt aus einer guten Familie, ihr Vater wirkte in mehreren argentinischen Kabinetten als Minister für Landwirtschaft. Dies bereitete große Probleme in den Niederlanden, weil dies während der Jahre der grausamen Junta war und ihr Vater auch als mitverantwortlich für die Gräueltaten galt, obwohl es scheint, dass er nicht direkt daran beteiligt war. Er war jedenfalls offiziell nicht zur Hochzeit seiner Tochter mit dem Kronprinzen eingeladen.

Diese Schwierigkeiten und Geheimnisse ihrer Familie sind deutlich zu sehen. Jupiter, der Planet der Elite, ist Herr von Haus 4 der Familie, in der man aufwächst, und er steht sehr stark in seinem eigenen Zeichen: eine gute Familie. Allerdings ist Jupiter im 12. Haus der Geheimnisse platziert und er hat eine Konjunktion zu Neptun. Das ist ein Faktor, der dazu neigt, Chaos zu verbreiten, Poseidon ist kein besonders netter Kerl. Bevor wir die anderen Planeten anschauen, ist es eine gute Idee, die Planetenpunkte zu deuten, um zu zeigen, wie wichtig sie in einem Leben sind, auch in einem sehr konkreten Sinn. Es geht nicht ohne sie! Zum Beispiel hat der Mondpunkt, die Essenz der Mondenergie, durch Antiszien eine Konjunktion zum Sonnenpunkt, der Essenz der Sonnenenergie. Ja, König und Königin!

Wenn es zu einer Konjunktion oder Opposition von zwei Punkten kommt, spielen die Themen, die damit verbunden sind, eine wichtige Rolle in dem Leben. Dazu müssen sie nicht mit einem anderen Radixfaktor verbunden sein. Diese Wichtigkeit von Beziehungen erkennt man auch daran, dass am Deszendenten der Beziehungen eine Konjunktion vom Merkurpunkt und dem Venuspunkt durch Antiszien stattfindet. Der Merkurpunkt symbolisiert eine sehr schwierige Wahl, die getroffen werden muss und der Venuspunkt ist natürlich der Punkt der Liebe. Diese Konjunktion der Punkte am Deszendenten der Beziehungen zeigt auf eine wichtige Entscheidung, die getroffen werden muss. Einen Kronprinzen zu heiraten ist sicher keine einfache Entscheidung.

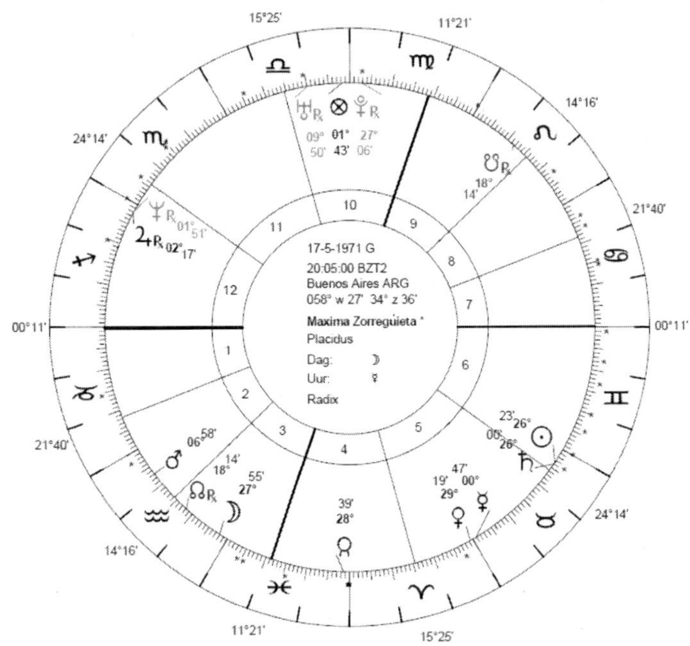

Da gibt es sogar eine dritte Konjunktion von Planetenpunkten durch Antiszien, nämlich die der Punkte von Saturn und Mars. Das symbolisiert Gefangenschaft (Saturn) und den Mut (Mars), damit umzugehen. Das zeigt natürlich, dass diese Heirat ein goldener Käfig für Maxima ist und dass sie den Mut hat, darin zu leben. Da die Punkte sich sehr schnell bewegen, sind ihre Positionen *sehr* individuell und sehr spezifisch für diese Person, denn ein Mädchen, das zwei Minuten später geboren wurde hat diese Punkte nicht mehr in dieser Stellung. In diesem Horoskop gibt es viele aktivierte Planetenpunkte, was auf ein sehr spezielles Leben hindeutet.

Herr von 1 in diesem Horoskop ist Saturn und seine Position ist auffällig, nämlich in enger Konjunktion zur Sonne, also ist der Herr von 1 verbrannt, sie ist total überwältigt von der königlichen Sonne – ja sie ist mit einem König verheiratet! Diese Konjunktion steht auf *Algol*, oft als der übelste Stern in den Himmeln bezeichnet, wie sollen wir das deuten? *Algol* ist nicht nur die pure Katastrophe, er ist auch mit Glanz und Glamour verbunden. *Algol* ist in der Tat

Medusa, ein hässliches Monster mit Schlangen als Haare, aber Medusa wird oft auch als verführerische Frau dargestellt. Das sind zwei Seiten derselben Münze, die Schlangen auf dem Kopf sind Symbole für die Begierde, welche das Denken kontrolliert, also verweist dies darauf, dass man seinen Kopf verliert, weil klares Denken aufhört. Aber *Algol* kann auch dafür sorgen, dass andere den Kopf verlieren. Das ist der Glamour des Königsterns *Algol,* der ihr sicherlich gefällt. Die Konjunktion der Sonne mit dem Herrn von 1 bildet ein Quadrat mit dem Herrn von 7 der Beziehungen, was das Thema der royalen Heirat hervorhebt.

Venus im Exil im Widder hat ein Sextil zu dem generellen Signifikator der Gefühle, dem Mond, und disponiert über den generellen Signifikator des Denkens Merkur. Dies wiederum bedeutet, dass Venus Verhaltensherrscher ist, da sie die Gefühle und Gedanken sehr stark beeinflusst. Venus ist selbstverständlich Charme, ihr Exil nimmt die Natur des Planeten nicht weg, aber sie ändert den Fokus: Es ist nicht wirklich die emotionale liebende Verbindung, welche die Venus hier geben kann, es ist mehr die liebliche Erscheinung. In Königin Maximas Fall sieht man das, neben ihrem untrüglichen Charme, an der Haute Couture, die sie oft trägt und mit der sie viel Aufmerksamkeit erregt. Der Verhaltensherscher beschreibt sehr gut, wie man sich präsentiert.

Aber wie in aller Welt kann das Mondhaus des »Glücks des Verschlingers« mit seinem starken negativen Ruf von Verschwendung, Scheidung und Verlust zu dem Leben dieses glamourösen Mädchens aus Argentinien passen, das den holländischen Kronprinzen geheiratet hat und Königin der Niederlande wurde? Diesen Fall habe ich extra deswegen in dieses Buch genommen, um zu zeigen, dass es nicht immer so offensichtlich ist, manchmal müssen wir noch einmal schauen, und es ist nie eine gute Idee, sich zu sehr auf Schlüsselworte zu verlassen. Das Bild des Mondhauses von »Hundkatze« zeigt eine Vereinigung von zwei ziemlich fremdartigen Teilen. Sie musste ihr eigenes Leben und ihre Freiheit aufgeben, um in den kühlen, windigen und nassen Niederlanden zu leben. Sie musste sich an die holländische königliche Familie anpassen und eine Beziehung zum niederländischen Volk aufbauen, alles Elemente, die ihr völlig fremd waren. Also die Verbindung von Katze und Hund ist da, das ist die wichtigste »Situation« in ihrem Leben. Da ist auch der Aspekt des Verschlingers, sie scheint sich sehr gerne der luxuriösen Seite des prunkvollen Luxuslebens der königlichen Familie hinzugeben.

Kann man sehen, wie sich dies entwickeln wird? Wird das Haus seine schlechtesten Seiten zeigen oder wird es sich milder manifestieren? Die Planetenenergien in diesem Teil des Wassermanns sind Merkur und Saturn und wenn diese in einer schlechten Verfassung sind, kann man erwarten, dass das Haus sich von seiner weniger angenehmen Seite zeigen wird. Merkur hat ein wenig essentielle Würde durch das Dekanat, schwach, aber besser als überhaupt nichts. Saturn hat eine mittlere Würde durch das Dekanat und die Grenze, nicht stark, aber auch besser als nichts. So können sich die Energien in dem Haus in einer milderen und mehr positiven Form manifestieren, wären die Planeten im Exil oder im Fall, wäre es schwieriger gewesen.

Das 24. Mondhaus – Al S'ad al Suud

Al S'ad al Suud: 28.53 Wassermann – 11.45 Fische
Stern: Sadalsuud (Schulter des Wassermanns)
Arabischer Buchstabe: Dhal
Assoziierte Namen: der Glücklichste der Glücklichen, die Amme
Assoziierte Planeten und Energien: Saturn/Merkur – Fruchtbarkeit, Wachstum, Möglichkeiten

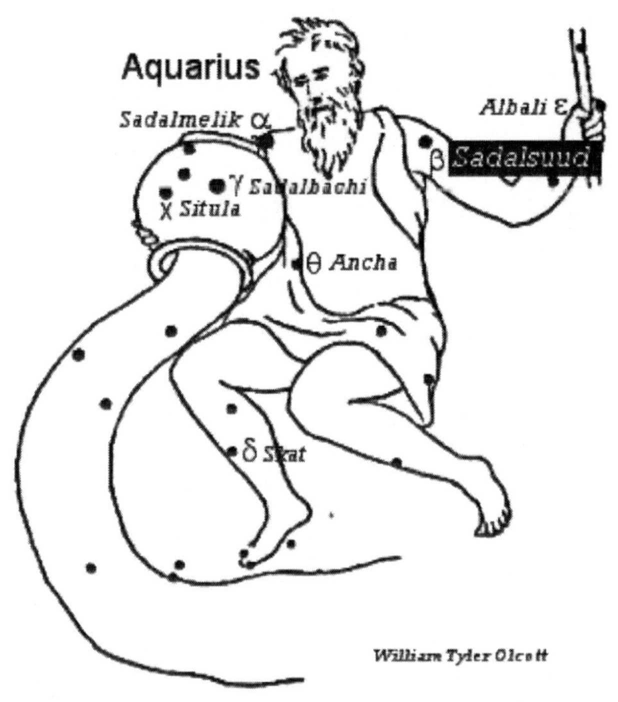

Im 24. Mondhaus fängt die nächste Wassermannphase an. Das ist die Schulter des Wasserträgers und verglichen mit der linken Hand zeigt es einen stabileren Zustand. Das spiegelt sich im Namen dieses Hauses wider, welcher auf Arabisch »der Glücklichste der Glücklichen« lautet. Der negative Ruf des vorherigen Hauses ist Vergangenheit. Hier ist das Herausdestillieren des rohen Salzwassers in vollem Gange und die Früchte reifen, das süße Wasser kann jetzt zum Segen aller ausgegossen werden. Sehr passend wurde der Stern mit demselben Namen immer assoziiert mit einer Periode von sanftem, fruchtbar machendem Regen. Die Schulter ist auch die Stelle, an der der Krug getragen wird, es scheint jetzt alles an seinem Platz zu sein.

Das Wasser des Wasserträgers ist ein Strom, der im Mund des Südlichen Fisches endet, spirituelle Wiedergeburt signalisierend. Der Stern *Fum-al Hut* ist der Mund des Fisches, der Weihnachtsstern, also ist Wassermann eine Art von Vorbereitungsphase, wie im letzten Kapitel über das »Glück des Verschlingers« erklärt wurde. Es wird etwas an andere ausgegeben, was ihnen guttun soll in ihrer Entwicklung, und dies ist verbunden mit der Spiritualität in dem Südlichen Fisch. Dass es um das Süßwasser geht, kann man erwarten, da dies mit höherem Lernen zu tun hat. Am Ende ist es dafür gedacht, die Menschen dazu zu befähigen, ihre niederen Instinkte zu kontrollieren, was in keiner Weise bedeutet, dass das immer von Erfolg gekrönt ist. Jedes Haus kann weniger erfreuliche Effekte haben, die Würden der Planeten, die ihre Natur beschreiben, geben Auskunft darüber.

Die in diesem Haus wirkenden Planetenenergien sind Saturn (Disziplin) und Merkur (Detail) und sie beschreiben den Reinigungsprozess des Wassers recht gut. Das Bild in diesem Haus muss nicht sehr ausführlich erklärt werden, es ist eine Frau, die ihr Kind stillt, also wird die Idee von Füttern und Nähren hier sehr unterstrichen. Es korrespondiert klar mit dem Strom von purem Süßwasser, vorbereitet vom Wasserträger. Die Aktivitäten des Mondhauses sollten immer aus der Perspektive dieses Wassers, das in den Mund des südlichen Fisches strömt, gesehen werden. Interessanterweise ist das 24. Mondhaus in der indischen Serie das einzige Wassermannhaus und sein zentrales Thema ist der Prozess der Humanisierung und das Kontrollieren und Reinigen der Gewässer des Verlangens. In Indien ist dieses Wassermannhaus verbunden mit höherem Wissen in der Form von Astrologie oder Astronomie, aber auch ganz wörtlich mit Flugtechniken (Wassermann ist auch Ganymed, der von einem Adler in den Olymp hochgetragen wurde). Diese Verflechtung von Wörtlichem und Symbolischem ist ziemlich typisch für Sterne und Konstellationen.

Wassermann ist als das am meisten menschliche Zeichen bekannt, was man natürlich von dem Prozess des destillierenden Wassers aus verstehen kann. Bevor eine wirkliche Verbindung mit der spirituellen Dimension hergestellt werden kann, muss der Mensch wirklich Mensch werden, also seine tierhaften Seiten so weit hinter sich lassen wie möglich. Ist jemand völlig von seiner Begierdenatur kontrolliert, werden spirituelle Türen nicht gefunden und nicht geöffnet. Das erklärt auch, dass Saturn, der Planet der Disziplin und des Opfers, der Herrscher von Wassermann ist. Konstellationen und Zeichen sollten klar unterschieden werden, aber natürlich sind sie auch verwandt, nicht identisch, aber ähnlich. Es wird niemanden überraschen, dass die Schlüsselworte in diesem Haus recht positiv sind: Vergrößerung, Wachstum, Vermehrung und Glück. Die kreative Stufe sind »die Tiere«, denn ihre Natur wird hier kontrolliert.

Der dazugehörige arabische Buchstabe ist Dhal, seine Zahl ist 700, die alle dynamischen Kräfte repräsentiert (die 7 Planeten), ihre Ganzheit im Kosmos (multipliziert mit 100) ist 700. Es wird gesagt, er gehöre zum Feuerelement, das sich auf die Reinigung bezieht (Feuer brennt das Begierdenwasser weg), es repräsentiert das Herz der Ideen und die Kenntnisse von Sprachen, indem es die Verbindung von Wissen und die Destillation der Essenz symbolisiert.

In diesem Haus geht es um Verbreitung, Wachstum, Akkumulation, Fortpflanzung und Expansion.

Ein gutes Beispiel, wie dieses Haus sich in einem Leben auswirkt sind Joe Bidens Progressionen zu der Zeit, als er zum Präsidenten der USA gewählt wurde. Die sekundäre Progression des Mondes auf ihrem Lauf durch die Häuser zeigt die Entwicklung, die ein Mensch durchmacht.

Deutet man die Progressionen auf traditionelle Manier, werden die Bewegungen der Lichter (Sonne und Mond), der Kardinalpunkte (Primärdirektionen von Aszendent und MC) und die Punkte der Lichter (Glückspunkt und Sonnenpunkt) untersucht. Dies sind die wichtigsten Faktoren und man braucht nicht viel mehr, um die Hauptlinie der Entwicklung in einem Leben zu erkennen. Als Erstes fällt bei Bidens Progressionen im November 2020 auf, dass das MC sich über *Antares* bewegt, das intensiv rote und martialische Herz des Skorpions, »hell brennend in dem Wald der Nacht«, wie William Blake es ausdrückte. *Antares* als das Herz des Skorpions ist ein äußerst starker und mächtiger Killerstern. Der Skorpion ist das giftige Biest, das die Götter geschickt haben, um den sehr erfolgreichen und arroganten Jäger Orion loszuwerden. Er ist der Todesstern, der Zyklen beendet.

Hier kann man die Finessen bei der Deutung der Sterne sehen, denn es erhebt sich die Frage, wem ein Ende bereitet wird? Wird es Bidens eigene Karriere sein oder wird *er* der Skorpion sein, der Orion den Todesstoß versetzt? Es dreht sich alles um Rollen. Donald Trump als Orion zu sehen ist offensichtlich, das bedeutet also, dass Joe Biden Orion-Trump töten wird. Wenn man mit Fixsternen arbeitet, ist der zugehörige Mythos absolut wichtig. Die Rolle in dem mythologischen Szenario, gegeben durch die Umstände, bestimmt, wie die Vorhersage ausgeht. Wer seine Sterne kennt kann sogar bewusst versuchen, die bessere Rolle in der Geschichte zu betonen.

Andere progressive/dirigierte Positionen auf hellen und wichtigen Sternen bestätigen Bidens Sieg. Der Glückspunkt ist nah an *Achernar*, dem mächtigen wohltätigen und erfolgreichen Mund des Flusses, einem Stern mit einer Jupiternatur mit einem Unterton von Usurpation. Orion-Trump beschuldigte seinen Killerskorpion, ihm die Wahlen gestohlen zu haben – ein Mythos kann sich auf viele Arten zeigen. Der Sonnenpunkt, der die Sonnenessenz repräsentiert, ist auf *Altair*, dem Hauptstern im Adler, dem königlichen Vogel, der nach oben in den Himmel fliegt. Der Sonnenpunkt (das umgekehrte Stiersymbol) ist natürlich sehr relevant für einen kommenden Präsidenten. Wegen seiner Formel (Asz + Sonne - Mond) bewegt er sich rückwärts durch die Zeichen. Er wird also bald in den Steinbock eintreten und seinen Herrscher Saturn aktivieren und Saturn ist stark gestellt in Bidens Geburtshoroskop, er steht auf *Aldebaran*, dem mächtigen roten Auge des Bullen.

Die Bewegung des sekundär progressiven Mondes durch die Mondhäuser vervollständigt das positive Bild. Zum Zeitpunkt seines Sieges war der Mond in Al S'ad Al Suud, mit Sicherheit hat Biden die Kontrolle von animalischen Instinkten stark zum

Ausdruck gebracht verglichen mit seinem auf eine Art ungestümen Gegenspieler. Er goss das gezähmte süße Wasser aus, um das Volk zu füttern. Saturn, einer der beschreibenden Sterne in diesem Haus, ist sehr stark in seinem Radixhoroskop, daher arbeitete die positive Natur des Hauses für ihn. Hier sehen wir, dass das Haus, durch das der Mond sich bewegt, auch Vorschläge macht, wie man sich verhalten soll und wie man die möglichst positive Rolle in dem Szenario des Hauses einnehmen soll.

Das 25. Mondhaus – Al Sa'd Al Akhbiya

Al Sa'd al Akhbiya: 11.45 Fische – 24.36 Fische
Stern: Sadalmelek (Die rechte Hand des Wassermanns)
Arabischer Buchstabe: Fa
Assoziierte Namen: glücklicher Stern der versteckten Dinge, der Pflanzer
Assoziierte Planeten und Energien: Saturn/Merkur – Expansion, Wachstum

Das 25. Mondhaus ist das dritte in der Konstellation Wassermann, hier waren alle Themen der Reinigung des Wassers der Begierde zu finden, das Ausgießen, um andere zu füttern, und dieselben mythologischen Assoziationen wie in den vorherigen beiden Häusern. Der arabische Name bedeutet »der glückliche Stern der versteckten Dinge« und klingt recht vielversprechend. In dieser dritten Phase der drei Zonen der Wassermannkonstellation ist der Fokus nicht auf der linken Hand oder der Schulter, sondern auf der rechten Hand, die den Krug selbst hält und wo der ganze Prozess stattfindet. Die versteckten Dinge im Namen beziehen sich darauf, dass Wassermann mit Geheimhaltung assoziiert wird. Dieser Reinigungsprozess kann nur heimlich stattfinden, deswegen haben wir hier eine andere Betonung, sie ist weniger großzügig und öffentlich als im vorigen Mondhaus. Es hält mehr zurück.

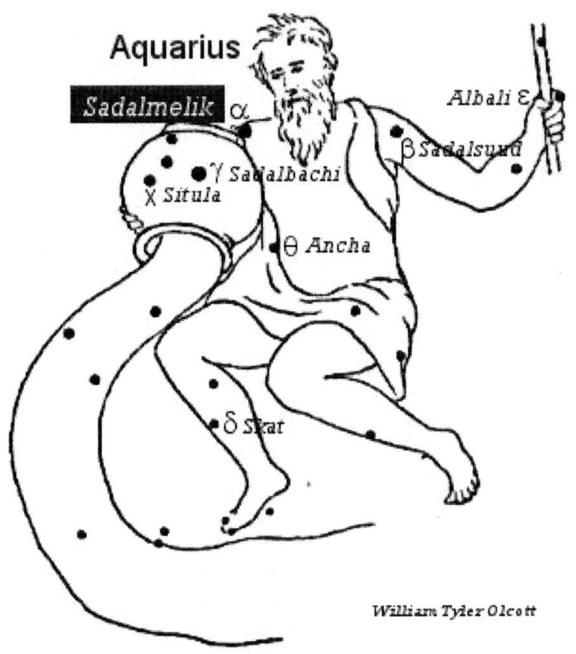

Der beschreibende Stern in diesem Haus ist *Sadalmelek,* den man übersetzt mit »der Glückliche des Königs«, der positive Beiklang wird hier wohl wiederholt. Die planetarischen Energien sind wieder Saturn und Merkur, den Prozess der Reinigung unterstreichend. Saturn bedeutet Disziplin und Reinigung. Es ist wichtig wahrzunehmen, dass diese symbolischen Erklärungen sich auf die höchste spirituelle Ebene beziehen, aber konkrete Auswirkungen können viele verschiedene Formen annehmen, auch sehr banale oder sogar schlechte. Es hängt alles vom weiteren Zusammenhang des Horoskops ab und wie es sich im Leben manifestieren wird. Jede Form der Manifestation ist *essentiell* verbunden mit der Kernmythologie und allen ihren symbolischen Assoziationen.

Wie zu erwarten sind die Schlüsselworte für dieses Haus positiv: Expansion, Wachstum, Nähren, Erhalten und Erfüllung. Die einzig negative Bedeutung hat etwas mit Liebe und Heirat zu tun und das kann von denselben Schlüsselworten hergeleitet werden. Alles ist assoziiert mit dem langsamen Wachsen von etwas Gepflanztem, jedoch in einem sehr langsamen Prozess. Natürlich wachsen Liebesbeziehungen mit der Zeit, aber das ist nicht die Art von Wachstum, die Saturn anzeigt. Die Entwicklung einer Liebesbeziehung braucht ein bisschen mehr Leidenschaft, als der landwirtschaftliche Saturn zur Verfügung stellt. Er ist der sich zurückhaltende Teil, wie vorher erwähnt wurde, der sich mit der Betonung auf den Krug und das Wasser, das im Krug enthalten ist, befasst. Je weniger essentielle Würde Saturn im Horoskop hat desto, mehr wird sich die negative Seite herausschälen.

Das symbolische Bild ist sehr eindeutig. Es ist ein Mann, der etwas pflanzt. Mit der Zeit wird dies Früchte tragen und Resultate bringen. Der arabische Buchstabe ist Fa, seine Zahl ist 80 (eine erdhafte Zahl, verbunden mit der gedoppelten materiellen 4, das langsame Wachstum reflektierend), das Element ist Feuer assoziiert mit Reinigung und Destillation. Das bezieht sich auf die Bereitung des Wassers, das hier in den Mund des Fisches fließen soll, ein Symbol für spirituelle Bewusstheit und Wissen von den tiefsten Dingen. Die kreative Stufe ist mit der Ebene der Engel verbunden, ihr Name ist »der Starke«. Im indischen System gibt es kein korrespondierendes Haus.

In diesem Haus geht alles um Anpflanzen, langsame Erweiterung, Reifung, Nähren, Vermehrung, es ist aber nicht gut für Liebe und Beziehungen.

Ein gutes Beispiel, wie sich dieses Mondhaus in einem Leben auswirken mag, ist das Horoskop von Hugh Hefner, dem Begründer des *Playboy*-Imperiums. Das Erste, was an diesem Horoskop auffällt, ist die Sonne, dieser unverzichtbare männliche Planet, erhöht im Widder, so dass sie sich für wunderbar hält. Das ist die »Playboy«-Sonne: Alles ist da, damit er Spaß hat. Es ist klar, dass die Erhöhung der Sonne hier sehr wichtig ist, da der Mondpunkt, auch genannt der Punkt des Hungers, von der Sonne disponiert wird. Es gibt einen Hunger nach diesen maskulinen Dingen – ich will spielen!

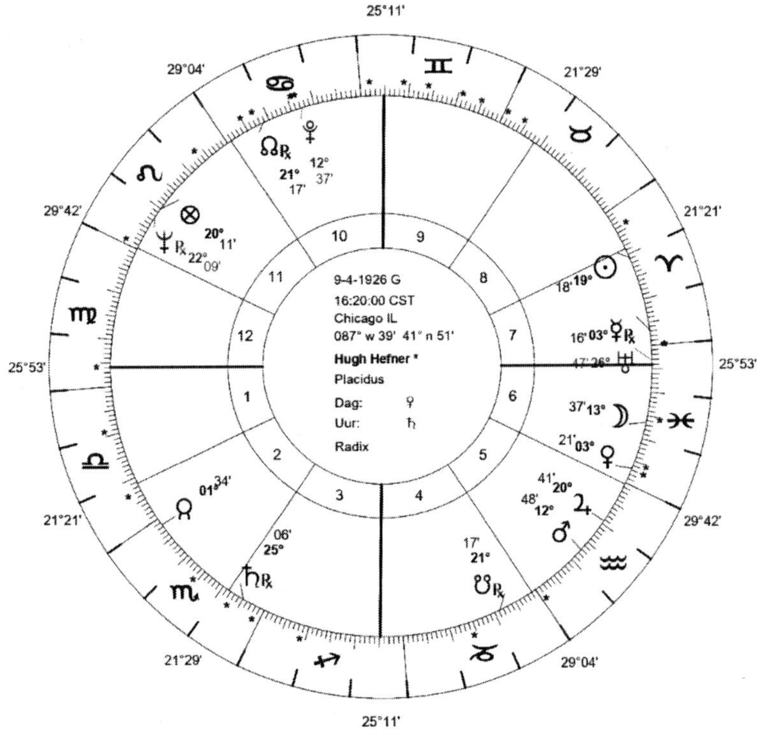

Durch Antiszien ist der Mond, der wichtigste weibliche Planet, in Opposition mit der Playboy-Sonne (da es um die beiden Lichter geht, kann der Orbis von zwei Grad etwas erweitert werden). Dies ist wie ein antiszialer Vollmond, eine enge Verbindung zwischen der archetypisch männlichen und der archetypisch weiblichen Energie, in welcher die Sonne dominiert.

Dieser Mond ist in seiner originellen Position auf dem machtvollen Stern erster Magnitude, *Achernar*, der eine Jupiternatur hat und als Mündung des Flusses mit Ausgießen assoziiert wird, aber auch mit dem Stehlen des Sonnenwagens. Wiederum eine ausgeprägt männliche Thematik. Die beiden weiblichen Planeten Mond und Venus sind im 6. Haus platziert, welches ausgehend vom 7. Haus der Partnerschaft das gedrehte 12. Haus der Geheimnisse ist. Also: heimliche Frauenbekanntschaften und »ich will spielen«. Die ästhetische Venus ist in ihrer Erhöhung auf dem Stern erster Magnitude, *Deneb,* in der Konstellation des Schwans, ein sehr venusisches Sternbild. Was auch immer man darüber denkt, es ist kein harter Porno, was er verkauft, es ist in einer gewissen Weise ästhetisch. Erhöhung neigt zu Übertreibung, dazu, ein bisschen zu rosa zu werden. Sehr interessant ist der Uranus auf dem Deszendenten, dieser Urhimmelsgott, der nicht begrenzt werden will und versucht der Kastration durch Saturn zu entkommen. Nur ein Partner, das geht nicht …

Merkur ist in diesem Horoskop sehr wichtig, er regiert die wichtigsten Häuser, das erste und das zehnte, er ist in einem starken Eckhaus platziert und durch Antiszien (versteckte Dinge wieder) bildet er eine Konjunktion zum Aszendenten. Natürlich ist Merkur der Planet von Magazinen, er ist rückläufig, also ist er nicht Mainstream. Er bildet auch eine Konjunktion mit dem Marspunkt, dem Punkt des Mutes. Und ja, was Hefner tat, als er anfing, war mutig, er wusste, er würde es nicht vermeiden können, vor Gericht gehen zu müssen. Der MC des Berufs ist in Konjunktion mit *Beutelgeuze*, einem der Hauptsterne des Orion, dem brutalen Jäger von Tieren und Frauen gleichermaßen. Dies ist ein Stern des großen Erfolges. Auf dem Aszendenten finden wir den Stern *Labrum*, einen Schicksalsstern, der verbunden ist mit dem Suchen nach höherer Schönheit in diesem irdischen Schmutz.

In diesen Zusammenhang fügt sich Al Sa'd al Akhbiya perfekt ein. Dieses ausgegossene Wasser für das Volk ist verfeinertes Wasser, nicht salziges Hartpornowasser. Das überlassen wir Harry Flynts HUSTLER. Es wurde *akzeptabel* gemacht und das Haus wiederholt die Idee der versteckten Dinge schon so klar ersichtlich durch die vielen aktiven Antiszien. Auch die Vorstellung, dass dieses Haus Beziehungen zuwiderläuft, passt gut. Saturn, eine der beschreibenden Planetenenergien, hat nur schwache essentielle Gesichtswürde, der PLAYBOY ist kein harter Porno, aber das war's dann auch. Die andere beschreibende Energie, Merkur, der Magazinplanet, ist peregrin, doch er wird fähig sein, sich stark zu manifestieren, da er in einem Eckhaus steht und durch Antiszien mit dem Aszendenten in Konjunktion ist.

Das 26. Mondhaus – Al Fargh Al-Awwal

Al Fargh al Awwal: 24.36 Fische – 7.27 Widder
Stern: Markab (Pegasus)
Arabischer Buchstabe: Ba
Assoziierte Namen: die Flügel des Pferdes, die obere Tülle des Kruges, die Schönheit
Assoziierte Planeten und Energien: Mars/Merkur – Anziehung, Liebe, Freundschaft

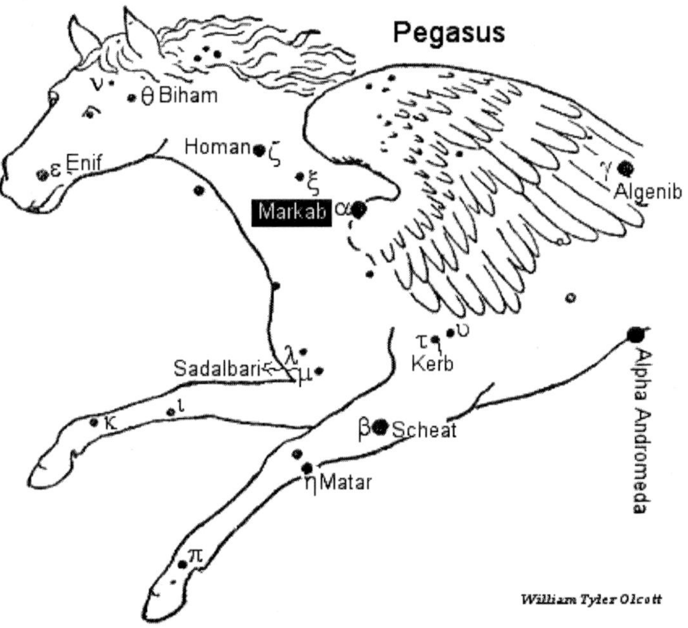

Mit dem 26. Mondhaus wurde Wassermann verlassen und wir erreichen die letzte Konstellation des Zyklus. Diese wirft sogleich Fragen auf, denn es ist ein bisschen merkwürdig, dass dieses und das nächste Haus dem Bild Pegasus zugeordnet sein sollen. Die drei Häuser, die den Kreis abschließen sollen, fallen allesamt in die Konstellation Fische! Sollten dann nicht alle drei letzten Konstellationszonen als Fischehäuser betrachtet werden? Fische als Konstellation umfasst ungefähr 40 Grad, also könnten darin ohne Weiteres drei Mondhäuser enthalten sein. Andere Konstellationen wie Löwe, Skorpion und sogar Wassermann sind auch mit mehr als einem Mondhaus verbunden, und es scheint kein prinzipieller Grund vorzuliegen, warum dies nicht auch so ist im Fall der Fische sein soll. Warum also haben wir diesen Pegasuseinfluss hier?

Auf der Ebene der traditionellen Bilder am Himmel der Konstellationen, und das ist immer unser Ausgangspunkt, ist dies klar. Oberhalb von Fische befindet sich die Konstellation Pegasus und ein bisschen weiter ist Andromeda, deren Geschichte stark mit Pegasus verbunden it. Pegasus ist das fliegende Pferd, auf dem der Held Perseus reitet, der Andromeda vor dem Seemonster rettet. Werden die beiden Konstellationen Pegasus und Andromeda auf den Tierkreis projiziert, fallen sie auf zodiakale Grade, die von diesen letzten drei Häusern besetzt sind: das 26. und das 27. Pegasus-Haus sowie das letzten Mondhaus, das als Andromeda-Haus bezeichnet wird. Aber das ist *nicht* der Punkt. Es geht vielmehr darum, dass die Fischekonstellation sich viel näher am Tierkreis sich befindet als Andromeda und Pegasus, da es sich um eine zodiakale Konstellation handelt. Sollte man sie eigentlich als zodiakale Konstellation nicht vorziehen im Gegensatz zu den nicht zodiakalen Konstellationen Pegasus und Andromeda, die zudem weiter draußen sind?

Es bleibt ein wenig mysteriös, aber einer der möglichen Gründe könnte sein, dass den Fischen keine eindeutige Mythologie zugeordnet wurde. Man sagt, dass die beiden Fische Venus und Cupido seien, die unerwartet Typhon in die Arme laufen und ihm entkommen, indem sie ins Wasser springen, wo die danach von zwei Fischen gerettet werden. Das ist dieselbe Geschichte wie sie des Steinbocks, in der Pan der Drohung von Typhon entkam, indem er sich von einer Ziege in einen Fisch verwandelte und wegschwamm. Im Fischemythos geht es also auch um das Thema des Sich-Verwandelns in einen »fischigen« Zustand, als symbolischer Hinweis auf das Ende des Zyklus, um auf einer höheren geistigen Ebene einen neuen Kreislauf zu beginnen. Der Fisch ist ein Symbol für höheres Bewusstsein.

Man hat den Eindruck, dass alles zum Abschluss des Zyklus etwas durcheinandergerät, da ja auch eine gewisse Unklarheit im Hinblick auf die Namensgebung herrscht. Auf Arabisch heißt das Haus Al Fargh Al Awwal oder Al Fargh Al Mukdim, was »obere Tülle des Wasserkruges« bedeutet. Was in aller Welt macht ein Wasserkrug hier? Das klingt mehr nach Wassermann, aber der Wasserträger wurde doch schon zurückgelassen! Ein anderer Punkt ist, dass »Awwal« auf Arabisch Flügel bedeutet. Al Fargh bezieht sich auf ein Pferd, logischerweise ist das ein Pferdeflügel und das ist genau der Fokus in diesem Haus des fliegenden Pferdes. Die geheimnisvolle »obere Tülle« könnte sich in einer indirekten Weise auf Fische beziehen. Fische sind die Könige des Begierdenwassers, das hier in einem Krug aufbewahrt wird – kontrolliert und sicher. Es scheint hier eine Mischung von Fische (kontrolliertes Wasser) und Pegasus (Pferdeflügel) vorzuliegen. Vielleicht sollten wir dieses Mondhaus sowohl als ein Fische- als auch ein Pegasus-Haus sehen.

Gemäß der Mythologie wurde das fliegende Pferd aus dem Blut der Medusa geboren, der monströsen Frau mit den Schlangenhaaren, nachdem sie von Perseus geköpft wurde. Dies ist eine sinngemäße Symbolik, die Enthauptung der Medusa steht für das Opfern der Begierdennatur; wenn also das Pferd Flügel bekommt, wird seine Fesselung an seine irdische Natur gebrochen. Die instinktiven Triebkräfte und Energien des Pferdes werden jetzt für höhere Dinge genutzt. Es ist auch folgerichtig, dass Perseus nach der Tötung der Medusa auf dem Rücken des Pegasus durch die Himmel reitet und Andromeda, Symbol für die Seele, vor dem Seemonster rettet, das sie zu verschlingen droht. Das Thema dieses Hauses ist also die Seele zu retten, indem die Begierdennatur des Wassers geopfert wird. Der zweite Teil des Pegasusmythos wird im nächsten Kapitel über das zweite Pegasus-Haus erzählt. Dieser Teil ist verbunden mit gefährlichem, übermäßigem Selbstvertrauen und einer Weigerung, Führung anzunehmen. Jedenfalls haben beide Mondhäuser mit Pegasus zu tun, nur mit einem unterschiedlichen Blickpunkt.

Der Ausgangspunkt wird sein, dieses Haus vornehmlich als ein Pegasus-Haus zu betrachten und dann wäre sein Stern *Markab*. Die beschreibenden Planeten sind Mars und Merkur, ein reitender Perseus ist ein kompetenter Krieger. Es ist wohl kein Wunder, dass die Schlüsselworte dieses Hauses sehr positiv sind: Anziehung, Liebe, Freundschaft, Wohlwollen und Gefallen. Oder, wenn man an den Wasserkrug denkt, das Begierdewasser wird hier erfolgreich aufbewahrt und dazu genutzt, emotionale Verbindung herzustellen. Das symbolische Bild braucht keine Erklärung, eine Frau wäscht ihr Haar und kämmt es.

Der arabische Buchstabe in diesem Mondhaus ist Ba, seine Zahl ist zwei, symbolisch wird hier materielle Dualität und Teilung besiegt. Sein Element ist Luft, die Flucht vor materieller Fesselung beschreibend. Die kreative Stufe ist die astrale Welt der Dschinn (Feuerwesen) oder der Feen, der astralen Wesen, die in der nicht-stofflichen Welt oberhalb der Materie leben, auch die subtile oder imaginäre Welt genannt. Das parallele vedische Haus ist interessant, denn es ist auch ein Pegasus-Haus, allerdings liegt hier der Schwerpunkt auf der dunkleren Seite des Mythos, nämlich auf der Weigerung, Führung anzunehmen.

In diesem Mondhaus dreht sich alles um Liebe, Sympathie, Verbindung und Anziehungskraft.

Ein gutes Beispiel, wie dieses Haus sich in einem Leben auswirken kann, ist das Horoskop des französischen Politikers und Freimaurers Dominique Strauss-Kahn, der Universitätsprofessor, Finanzminister und später der Direktor des IMF (Internationaler Währungsfond) war. In Frankreich wurde sein Name oft als DSK abgekürzt. Er war der Präsidentschaftskandidat der Sozialisten und hätte den Kandidaten der Mitte-rechts-Partei UMP Nicolas Sarkozy leicht aus dem Feld schlagen können. Jedoch wurde er in New York festgenommen wegen sexueller Belästigung eines Zimmermädchens im Hotel. Er musste seine Tätigkeit für den IMF aufgeben und er konnte sich nicht mehr für die Präsidentschaftswahl aufstellen lassen.

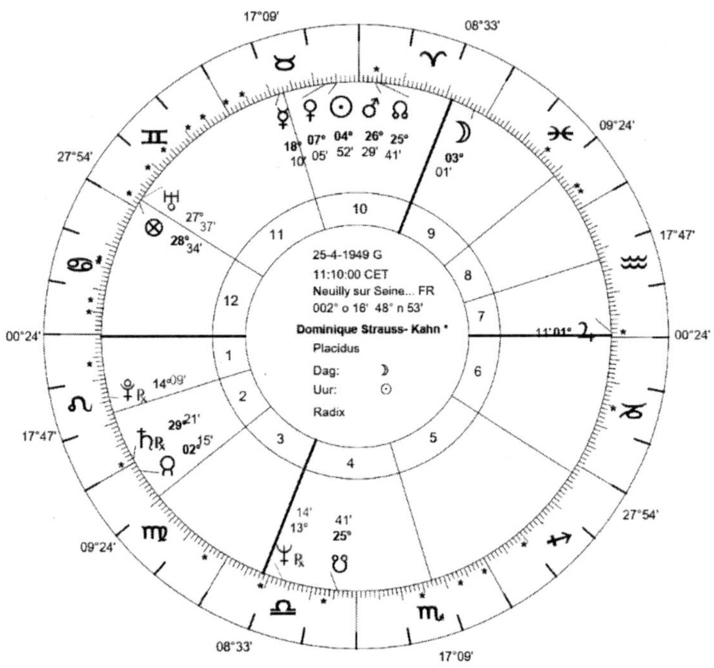

Am Ende wurde allerdings kein verlässlicher Beweis für diese Anschuldigung gefunden und er wurde freigesprochen. Später wurde er noch einmal angeklagt, dass er eine andere Frau in Frankreich vergewaltigt hätte, aber er wurde nicht verurteilt und wieder gab es keinen Beweis. Auch in einem anderen Fall war das so, als er der Zuhälterei beschuldigt wurde, weil er Prostituierte für Sexparties beschafft habe. Trotz vieler Anschuldigungen wurde DSK nie verurteilt, er arbeitet immer noch als internationaler Finanzberater und hat eine saubere Akte. Aber es ist klar, dass diese Affäre eins der wichtigsten, vielleicht das wichtigste Ereignis in seinem Leben war.

Das Erste, was man feststellen kann, ist die Kraft, die in diesem Horoskop steckt. DSK war enorm erfolgreich. Mars ist der Herr von 10 in seinem Domizil im 10. Haus auf dem expansiven Nordknoten. Das ist sehr, sehr stark und es erklärt seine hochrangige Funktion beim IMF und die politische Karriere. Dies wird von Jupiter unterstützt, genau auf dem Deszendenten, dem Planet der

Lehrer, der Politik und des Wissens, der sich auf dem mächtigen Stern erster Magnitude, *Altair,* befindet. *Altair* ist der Hauptstern im Adler mit einer Mars-Jupiter-Natur. Er wird mit der Wissensverbreitung assoziiert, Jupiter ist auch Herr von 9, dem Haus, das mit fremden Ländern und Universitäten zu tun hat, ja: Auch den Universitätsprofessor kann man hier erkennen.

Die Position auf dem Deszendenten macht einen Planeten sehr stark, aber sie ist auch recht wackelig, da dies ja das Haus der anderen ist und mit einem Selbst in Opposition, daher steht es dir nicht umfänglich zur Verfügung, wie es auf dem Aszendenten der Fall wäre. Im 10. Haus des Berufs gibt es eine Konjunktion der Sonne, Herr von 1 (DSK selbst), und Venus, Herrin von 11 (Früchte der Arbeit). Venus wird nicht sehr beschädigt von dieser Verbrennung, weil sie in ihrem eigenen Zeichen steht. Die Konjunktion wird sich mehr wie eine gegenseitige positive Rezeption auswirken. Sie zeigt auch die große Wichtigkeit von Frauen, Venus ist der generelle Signifikator für Frauen. Venus ist auf dem heftigen *Hamal,* auf einem der Hörner des Widders, platziert, assoziiert mit der Geschichte von Bruder und Schwester Phryxos und Helle. Helle wurde zurückgelassen, da sie ins Meer fiel, eine gute Beschreibung von DSKs Neigung zu zwanghaften Frauengeschichten.

Herr von 7 (andere Leute und Beziehungen) ist ein rückläufiger Saturn in seinem Exil auf dem starken Königsstern *Regulus.* So ein essentiell sehr schwach gestellter Saturn auf einem sehr starken Stern als Herr von 7 (Beziehungen) zeigt einen Mangel an Beschränkung oder Disziplin in der Liebe, aber auch sehr starke Gegner an. Dieser Saturn hat ein Trigon zu Mars, dem Herrn von 10, eine klare Warnung, dass dies einen schlechten Einfluss auf seine Karriere haben könnte. Der Glückspunkt, sein stärkster Hunger, ist genau auf der Spitze des 12. Hauses (alle Dinge, die Gott verboten hat), er steht auch auf *Betelgeuze,* dem arroganten Jäger. Uranus, der Himmelsgott, Symbol für unbegrenztes Potenzial, ist in der Nähe, Saturn will den Himmelsgott Uranus kastrieren, also disziplinieren und ihn zur Vernunft bringen, aber die Frage ist, wird DSK dies erlauben?

Mars als der sehr starke Herr von 10 ist auch Herr von 5 (Sexualität) und die Punkte der Venus und des Mars, des archetypischen Liebespaares, sind gemeinsam in Opposition mit dem Mond. Eine Konjunktion von Punkten zeigt ein spezielles dominantes Motiv im Leben an. Die Betonung auf Frauen ist überwältigend in diesem Horoskop, ebenso wie der Schaden, den seine Karriere daran genommen hat. Saturn, Herr von 7 (Beziehungen), schadet dem Herrn von 10. Venus in Konjunktion mit dem Herrn von 1 ist in gegenseitiger negativer Rezeption mit dem Herrn von 10 (Karriere) und die Konjunktion zwischen der Venus und dem Marspunkt hat eine Opposition zum Mond. Das Mondhaus passt perfekt – erinnern wir uns an die Frau, die sich die Haare wäscht und kämmt.

Die Planetenergien Mars und Merkur sind gut platziert, er wird fähig, sein Potenzial zu manifestieren. Dies verlieh ihm sein Charisma und die machtvolle Anziehungskraft, die er auch in seiner Karriere einsetzen konnte. Trotzdem ist die andere Seite von Pegasus auch vorhanden, der Sturz vom Pferd als Konsequenz von Selbstüberschätzung und der Zurückweisung von Führung. Es ist interessant zu bemerken, dass sein Mond, als ihn diese Affäre 2011 stürzte, durch Al Haqa lief, Haus des Orion, des stolzen Jägers der vom Skorpion getötet wurde.

Das 27. Mondhaus – Al Fargh al Thani

Al Fargh al Thani: 7.27 Widder – 20.19 Widder
Stern: Algenib (Pegasus), Alpheratz (Andromeda)
Arabischer Buchstabe: Mim
Assoziierte Namen: das zweite Pferd, untere Tülle des Kruges, der leere Behälter
Assoziierte Planeten und Energien: Mars/Merkur – Verlust, Gefahr, Zerstörung, Erschöpfung

Dies ist das zweite der Konstellation Pegasus gewidmete Mondhaus und sein Name soll »die untere Tülle des Wasserkruges« sein. Das erste Pegasus-Haus war der obere Ausguss. Dieser Unterschied macht klar, dass im vorherigen Haus der Krug gefüllt ist und in diesem wird er geleert. Der Name kann auch übersetzt werden als das »zweite Pferd« (Al Fargh ist das Pferd) und das scheint sehr stimmig zu sein. Die ganze Geschichte des fliegenden Pferdes passt auch in dieses Haus und das zentrale Thema ist der Eigenwille, keine Führung zu akzeptieren und nicht viel Verbindung zuzulassen. In diesem Haus dominiert der destruktivere Teil des Pegasusmythos.

Im ersten Teil des Mythos ist es der Held Perseus, der auf Pegasus reitet, geboren aus dem Blut der schrecklichen Gorgonin Medusa mit Schlangen als Haaren, die von ihm geköpft wurde. Die Geburt des fliegenden Pferdes ist ein Resultat aus dem Opfer der Begierdennatur, symbolisiert von den Schlangen auf dem Kopf der Medusa. Nachdem er Medusa getötet hatte, flog Perseus auf

Pegasus davon, rettete das Symbol der Seele Andromeda vor dem Seemonster und heiratet sie. Das ist die sehr positive Seite der Pegasus-Geschichte, doch sie geht weiter mit einem anderen Reiter, Bellerophon, und seine Geschichte ist nicht schön. Bellerophon ritt auf Pegasus und tötete zuerst die Chimäre, eine grausige Kreatur, halb Löwe (Verlangen nach Macht,) halb Schlange (Begierden) und halb Ziege (Erde), also eine Ansammlung von chaotischen Kräften. Diese tötete er, indem er ein Stück Blei in deren Mund warf. Blei ist das Metall des Saturn, das bezieht sich also auf Disziplin.

Nach diesem Sieg jedoch wird Bellerophon vermessen und er entscheidet sich, zu den Göttern auf den Olymp zu fliegen. Das ist nicht erlaubt, man kann nicht auf eigene Initiative in die Welt der Götter eintreten, das muss einem durch Gnade gegeben werden, man darf es nicht erzwingen. Folglich war Zeus nicht sehr erfreut und schickte eine Hornisse, die Pegasus stach. Als Ergebnis fiel Bellerophon vom fliegenden Pferd, verkrüppelt, blind und einsam verbrachte er den Rest seines Lebens. Das ist die Geschichte von Selbstüberschätzung und Stolz, Mangel an Respekt für Grenzen und den Drang in unerlaubte Gefilde einzudringen. Wir können sehen, dass diese Pegasusthemen auch in Strauss-Kahns Fall eine Rolle spielten. Schließlich geht es in beiden Häusern um denselben Mythos.

Der beschreibende Stern ist hier *Algenib*, wie *Markab* ist er auf dem Flügel des fliegenden Pferdes. Die planetaren Energien sind Mars und Merkur, Kampf und Gewandtheit, aber auch Pragmatismus. Es ist wohl keine Überraschung, dass die Schlüsselworte in diesem Haus negativ sind, sie unterstreichen Bellerophons Beispiel: Tücke, Erschöpfung, Ruin der Ressourcen, Zerstörung, Schaden und Gefahr. Das symbolische Bild bedarf nicht vieler Worte, es ist ein Mann mit Flügeln, der ein leeres, durchlöchertes Gefäß in den Händen hält. Das hat deutlich mit der unteren Tülle zu tun, die schon im Namen des Hauses auftaucht.

Der arabische Buchstabe ist Mim, seine Zahl ist 40, Symbol der Materie, in die Bellerophon zurückfiel. Das Element ist Feuer, es soll die Beziehung der materiellen Dualität zur göttlichen Macht symbolisieren, das scheint in der Tat der kernmythologische Bezug hier zu sein (zum Berg Olympus fliegen). Die kreative Stufe ist die Phase des Menschen, auch genannt »Er, der vereint«. Der Mensch als Mikrokosmos enthält alles in sich, das Irdische sowie das Göttliche.

Es ist interessant zu sehen, dass in der indischen Version auch zwei Pegasushäuser vorhanden sind, eines hat eine mehr positive und das andere eine mehr negative Bedeutung. Hier ist der Mythos ebenfalls geteilt. Allerdings hat in der vedischen Variante das erste Haus die eher negative Bedeutung, in dem der Eigenwille dominiert, und das zweite ist die positive Variante.

In diesem Haus geht alles um Zerstörung, Zerfall, Erschöpfung, Verluste und das Abweisen von Führung.

Ein gutes Beispiel, wie sich dieses Mondhaus in einem Leben auswirkt, ist das Horoskop der amerikanischen Schauspielerin Angelina Jolie, die als weibliche Heldin in dem Actionfilm TOMB RAIDER weltberühmt wurde. Was in ihrem Horoskop sofort auffällt, sind die vier Planeten um die wichtigsten Ecken herum, den Aszendenten und den MC. Das zeigt sehr viel Kraft, um sich in der Welt zu zeigen, und eine große Möglichkeit für Erfolg. Astrologisch gesehen kann Erfolg auf verschiedene Weisen gegeben sein, aber viele Planeten an den Eckenpunkten sind auf jeden Fall ein Zeichen für Möglichkeiten, etwas Besonderes zu erreichen.

Auf dem Aszendenten steht Venus, der Planet der Schönheit und der Künste, beides passt zu ihr. Venus am Aszendenten ist in einem mundanen Quadrat mit Jupiter genau am MC. Ein Aspekt mit Jupiter direkt auf dem MC ist nicht schlecht für Venus, er wird ihre Kraft, sich in der Welt zu zeigen, nur vergrößern. Mundane Aspekte werden auch »in mundo« genannt, also in der Welt und nicht im Zodiak, und sie entstehen durch die Platzierung der Häuser. Wenn Planeten dieselbe Entfernung zur Häuserspitze haben, aspektieren sie sich »in mundo«, vorausgesetzt, dass die Häuser in einer Aspektbeziehung stehen (also keine Inkonjunkte – die Essenz eines Inkonjunkts ist, dass dies kein Aspekt ist).

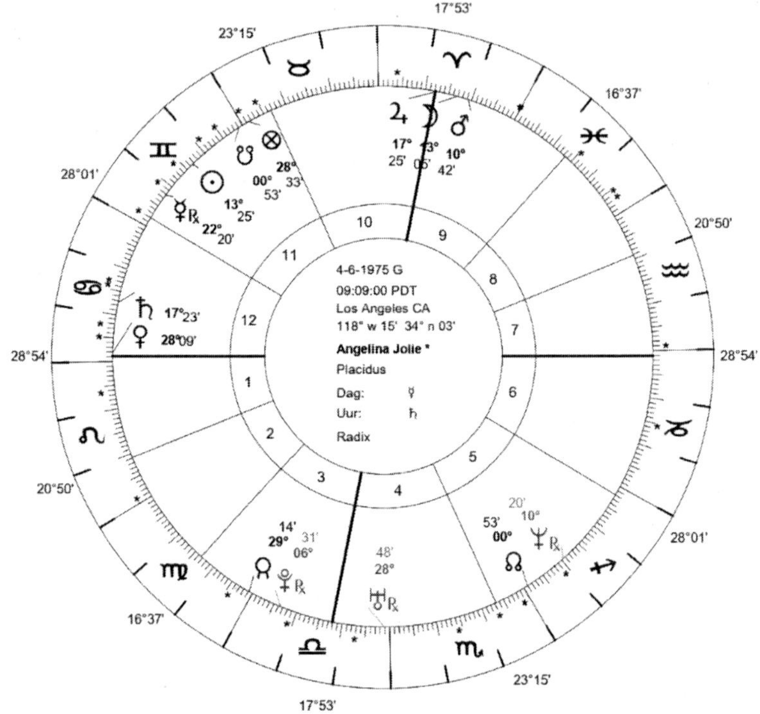

Mars ist Herr von 10 (Berufes), er ist essentiell sehr stark in seinem eigenen Zeichen. In Kombination mit Venus am Aszendenten wird die weibliche Actionheldin deutlich angezeigt. Der starke Mars ist in diesem Horoskop sehr wichtig, weil er auch über zwei andere Planeten um den MC herum disponiert, den Mond und Jupiter. Es ist ein sehr spezieller Mars, seine Geschwindigkeit ist höher als normal, er ist im Widder platziert, dem Zeichen des schnell sich bewegenden Feuers, und er ist in Konjunktion mit dem Marspunkt! Auf jeden Fall ist das ein sehr martialischer Mars, sie ist folglich nicht zufällig Lara Croft in TOMB RAIDER. Mars ist auch der Herrscher des 5. Hauses (Kreativität) und damit ein Kanal für sehr viel Energie.

Es ist weiterhin interessant festzustellen, dass Venus, der Planet der Weiblichkeit, auf dem Aszendenten eine Konjunktion durch Antiszien auf dem Südknoten hat. Der Südknoten nimmt Dinge weg und fordert ein Opfer. Dies zeigt auf die Tatsache, das ihre Rollen dazu neigen, sehr männlich zu sein, aber es hat sich auch auf einer anderen Ebene manifestiert. Angelina Jolie entschied sich ihre Brüste vorsorglich amputieren zu lassen, weil sich bei ihr nach Aussagen der Ärzte langfristig Brustkrebs entwickeln würde, genau wie bei ihrer Mutter. Natürlich steht Venus auch für weibliche Organe und das Zeichen Krebs ist anatomisch mit den Brüsten verbunden. Jupiter, sehr stark auf dem MC, ist Herrscher von Haus 6 (Krankheiten) und genereller Signifikator für Wachstum. Er hat ferner ein Quadrat zu Saturn, der auch in seinem Exil im Zeichen Krebs steht. Ein Saturn im Exil hat alle seine beschränkende Kraft verloren. Dieser Jupiter, Herr von 6, ist auch in einem mundanen Quadrat mit Venus am Aszendenten, es gibt also klare Hinweise auf diese medizinischen Probleme. Das Horoskop scheint die Befürchtungen der Ärzte zu bestätigen.

Der Mond ist Herr von 1, also Angelina Jolie in ihrer Lebenssituation, und ist steht unter Berücksichtigung des traditionellen 5-Grad-Orbis für Hausspitzen oben wirklich schon im 10. Haus. Der Mond steht unter Disposition und in Konjunktion mit dem Herrn von 10, das betrifft nicht nur den Beruf, sondern auch die Mutter. Sie hat tatsächlich ein gutes Verhältnis zu ihrer Mutter. Venus ist Herr von 4 (Vater) und durch Antiszien in Konjunktion zu dem schmerzvollen Südknoten. Man sieht, dass die Beziehung zum Vater schwieriger war. Der Mond, Herr von 1 im Widder, ist in dem Zeichen, in dem Venus ihr Exil hat, sie war nicht gerade begeistert von ihm. Mars ganz in der Nähe ist die Mutter und Mars ist in gegenseitiger negativer Rezeption mit Venus/Herr von 4, dem Vater. Durch diese Rezeptionen bekommen wir ein Bild von den gespannten Familienbeziehungen.

Der Mond/Herr 1 ist im Widder ebenso in dem Zeichen, in dem Saturn seinen Fall hat. Saturn ist Herr von 7, das zeigt wichtige Themen in der Beziehung. Sie neigt dazu, Beziehungen zu schädigen, weil sie die beschränkende disziplinierende Energie, die dann aufkommt, nicht aushält. Der Herr von 7 wird weiterhin destabilisiert, er ist sehr schwach, weil er in seinem Fall steht. Es gibt vier Planeten im Horoskop die gegen den Herrn von 7 arbeiten, daher ist es keine Überraschung, dass sie dreimal geschieden ist. Der Herr von 7 (Beziehungen) ist auch auf dem Zwillingestern *Wasat* mit einer puren saturnischen Natur und er ist im 12. Haus der Isolation platziert, das macht Ehen nicht sehr stabil.

Das zweite Pegasus-Haus passt sehr gut, da es einen starken Eigenwillen und das Ablehnen von Führung verspricht. Sagen wir mal, dass dies nicht ein Haus der Mäßigung ist, was sich auch in Beziehungen auswirkt. Ihre Rolle als Lara Croft in Tomb Raider, die für ihre Karriere so wichtig war, war sehr gewalttätig, Bellerophon, der Reiter des Pegasus, kämpfte auch gegen ein Monster wie sie es in diesem Film tat. Es ist anhand dieses Beispiels klar, dass Schlüsselworte nicht zu wörtlich genommen werden sollten, da sie ja nun sehr erfolgreich ist. Mars und Merkur, die dieses Haus beschreiben, sind beide sehr stark in ihrem Horoskop, deswegen werden die problematischen Themen des Mythos, obwohl wir sie wiedererkennen, sich nicht völlig negativ für sie auswirken.

Das 28. Mondhaus – Batn al Hut

Batn al Hut: 20.19 Widder – 3.11 Stier
Stern: Mirach (Alrisha/Al Pherg)
Arabischer Buchstabe: Waw
Assoziierte Namen: der Bauch des Fisches
Assoziierte Planeten und Energien: Venus – Verwirklichung, Ernten, Sammeln, Freude, Verbindung, Ende des Zyklus

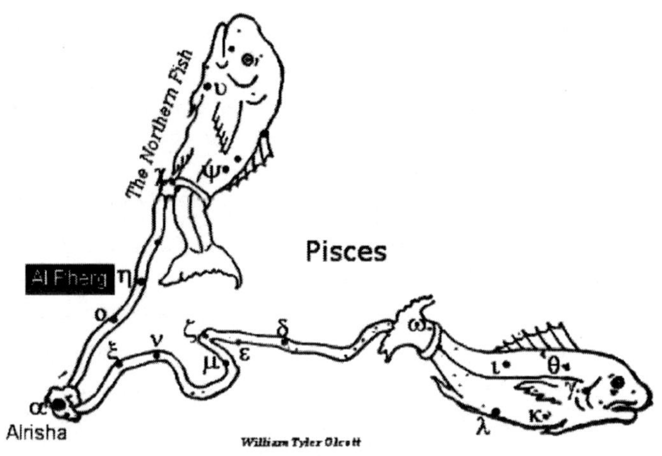

Mit dem 28. Mondhaus schließt sich der Kreis und alles scheint klar zu sein, so wie im solaren Tierkreis: Es sind die Fische, die sein Ende markieren. In den Fischen sind der vertikale Nördliche Fisch und der horizontale Südliche Fisch mit dem berühmten Band zusammengebunden. Darum endet der Zyklus hier, die beiden Fische repräsentieren die polaren Kräfte, Yang und Yin, männlich und weiblich, Schwefel und Quecksilber, die die Welt am Laufen halten, und wenn sie sich vereinigen endet die Welt. Das ist auch der Grund, warum der einzige relevante Stern in den Fischen, *Al Pherg,* als Schicksalsstern bekannt ist. Der Zyklus endet und bald wird es einen Neustart geben.

Der Name dieses Mondhauses ist auch ziemlich klar, Batn Al Hut, das bedeutet der Bauch des Fischers. Das zweite Mondhaus Al Butain hat dieselbe sprachliche Wurzel, es übersetzt sich aus dem Arabischen als der »kleine Bauch«, um es von dem großen Bauch hier zu unterscheiden. Aber dann gibt es wiederum Verwirrung wie in den beiden vorherigen Häusern. Dieses Haus fällt in die Konstellation der Fische, aber die Texte kennzeichnen es nicht als zu Fischen gehörig, außer seinem Namen und seinem Bild (welches auch ein Fisch ist, siehe unten). Es soll mit Andromeda verbunden sein, einer Konstellation, die auch in diese Längengrade fallen, jedoch viel weiter vom Tierkreis entfernt sind.

Dasselbe Problem wie in den beiden vorherigen Mondhäusern wird wiederholt. Die Konstellation Pegasus ist auch weiter weg vom Zodiak als die Fische. In den beiden vorherigen Mondhäusern folgten wir den traditionellen Texten und sie werden als Teil von Pegasus mit ihren assoziierten mythischen Themen gedeutet. In diesem Fall scheint ist es ein wenig problematisch, dem Texten zu folgen und dieses letzte Mondhaus als zur Andromeda gehörig zu sehen, denn es gibt so viele Anzeichen dafür, dass es mit den Fischen verbunden ist. Daher wird es als Fischehaus gesehen obwohl die Andromedathemen im Hinterkopf bleiben. Oben sind beschreibende Sterne und Planeten, die mit den Fischen in Verbindung sind, angegeben. Nach den alten Texten beschreiben der Stern *Mirach* und der Planet Venus dieses Mondhaus.

Wenn also die Konstellation der Fische als Fundament zum Verstehen genommen wird, sind die beschreibenden Sterne *Al Pherg* und *Al Risha*, sie markieren den Punkt, an dem die beiden Linien verbunden sind, und es ist ein gutes Bild, worum es sich in diesem Haus handelt. Die Geschichte von Venus und Cupido – beide sehr mit dem Thema Liebe verbunden –, die vor Typhon fliehen, indem sie ins Wasser springen und von den Fischen gerettet werden, ist auch relevant. Da ist es die Idee zwei polare Gegensätze (den Nördlichen Fisch und den Südlichen Fisch) zusammenzubringen, was den Wechsel in einen anderen Zustand und das Ende des Zyklus ergibt. Andromeda würde das Thema der auf einer Insel angeketteten und von einem Seemonster bedrohten Prinzessin bedeuten, die von Perseus gerettet wird. Beide Perspektiven teilen das Thema »zusammenbringen«.

Die im Text gegebenen Schlüsselworte sind sehr folgerichtig aus Sicht der Fischeperspektive: Sammeln, Erreichung, Ernten, Zusammenbringen. Es wird klar sein, dass dieses Haus auch gut für die Liebe ist, dazu kommt die Idee, dass man in Erwartung eines Neuanfangs ist und sich in einer Phase der Vorbereitung befindet. Alle Erfahrungen des gesamten Zyklus werden verarbeitet. Das symbolische Bild könnte nicht eindeutiger sein, es ist ein Fisch, der arabische Buchstabe ist Waw, verbunden mit dem Erdelement, die Zahl ist 6, die *gedoppelte* 3, die Zahl des Geistes. Das spiegelt die *zwei* Fische wider, der Fisch ist eindeutig ein Symbol für Spiritualität.

Der Buchstabe Waw repräsentiert das mystische Versprechen des Aufstiegs zu Gott, somit haben wir hier Auflösung des Zyklus und die Vereinigung mit dem Göttlichen. Es bezieht sich auf den perfekten Menschen und auf die Idee, dass jetzt alle Kräfte verbunden sind, wiederum eine Veranschaulichung der Fische am Ende des Zyklus. Die kreative Stufe heißt »die Hierarchisierung der Stufen der Existenz, nicht ihre Manifestation« oder »Er, der die Grade erhöht«. Es gibt die Idee, alles zu sammeln, allem seinen passenden Platz zu geben, als Vorbereitung auf den nächsten Zyklus, der im Widder startet. Das entsprechende indische Mondhaus enthält dieselbe Idee einer Verbindung und fügt das Thema der Zeit hinzu. Das ist einleuchtend: Da die Zeit hier endet, können wir durch die Zeit auf das Zeitlose schauen.

In diesem Haus dreht sich alles um Sammeln, Zusammenbringen, Verbinden, das Beenden eines Zyklus, Vorbereitung auf einen neuen Zyklus; es ist auch gut für Liebe und Heirat.

Ein gutes Beispiel, wie dieses Haus sich in einem Leben auswirken mag, ist das Horoskop des ewigen Prinzen von Wales, Charles of Windsor, und jetzigen König Charles III. Er hat lange auf einen neuen Zyklus gewartet! Als Erstes fällt einem sofort auf, dass der Mond im Horoskop oben steht und es vollkommen dominiert. Alles andere befindet sich unter dem Horizont. Dieser Mond ist gerade in seine Erhöhung im Stier eingetreten und er fühlt sich da wunderbar. Stier ist feste Erde, der Mond hat noch 29° Stier vor sich, er wird sozusagen »für immer« dort bleiben. Dieser Mond ist seine Mutter, da Mond der generelle Signifikator der Mütter ist, noch dazu ist er im 10. Haus der Mütter platziert. Wieder weisen die Planetenpunkte auf sehr spezielle und wichtige individuelle Motive wie zum Beispiel die Antiszie des Sonnenpunktes.

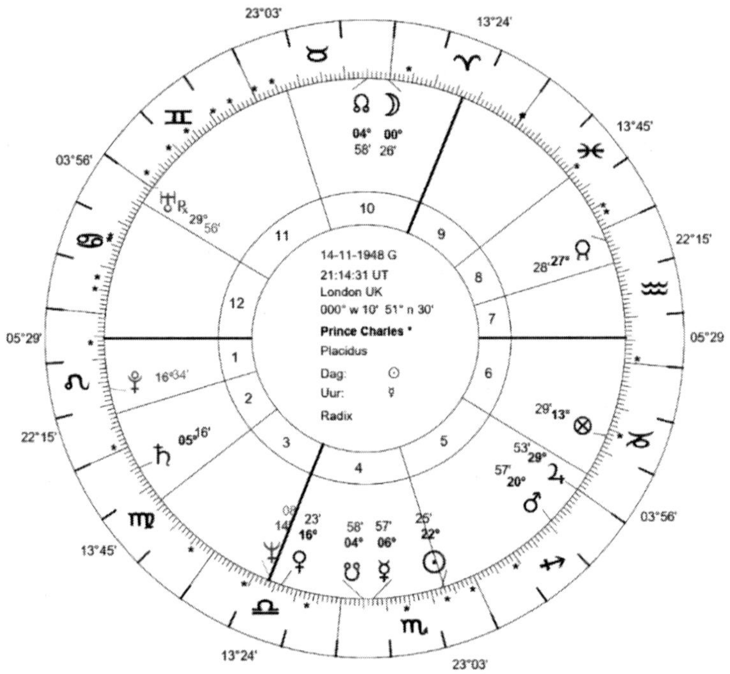

Die Essenz der royalen Sonnenenergie steht in Opposition zum Mond, er kann nicht König sein, weil seine Mutter da oben steht. Die Antiszie des Sonnenpunktes ist zudem in Konjunktion mit dem Südknoten, dem Punkt, der einem Dinge vorenthält! Noch dazu ist der Merkurpunkt, der auch Verzweiflungspunkt genannt werden kann, in Opposition zu Mars, der Herr von 10 des Berufes ist. Am Aszendenten findet man *Praesepe*, die leere Krippe, das Königskind ist abwesend, es ist nicht dort, wo es sein sollte, und wiederholt, was der Sonnenpunkt uns zu sagen hat. Dieser nebulöse Sternenhaufen neigt dazu, Chaos und Aufsplitterung zu schaffen. Das Rezept, dies zu verhindern, lautet, sich nicht davon abhalten lassen, seiner Hauptaufgabe nachzugehen.

Weiter auffällig ist die Venus in einem Eckhaus, sehr stark in ihrem Domizil im 4. Haus der Familie, der Dynastie. Auf einer Ebene entspricht dies sicherlich Lady Diana, und es ist klar angezeigt, dass diese Venus nicht gut für ihn sein wird – nicht nur, weil der chaotische Neptun dicht bei ihr steht, sondern auch wegen der Rezeptionen. Venus in der Waage wird Mars, dem Herrscher des gegenüberliegenden 10. Hauses, schaden, also seiner öffentlichen Stellung. Und sie wird auch dem Planeten, der seine Erhöhung im gegenüberliegenden Zeichen Widder hat, also der Sonne, schaden. Die Sonne ist nicht nur der Signifikator der Könige, sondern auch Charles selbst, der Herrscher von 1. Die Sonne/Herr 1 ist im Zeichen Skorpion, wo Venus ihr Exil hat, insofern schadet die Sonne auch der Venus, dies ist eine gegenseitige negative Rezeption zwischen Venus-Diana und Sonne-Charles. Ein kompetenter Astrologe hätte dem Prinzen von Wales geraten, sich nicht mit sehr venusartigen Mädchen, so wie Diana eines war, einzulassen. Obwohl sie sehr schön aussehen mögen und auch sehr nett sein können, sind sie nicht gut für den Betreffenden.

Die drei essentiell starken Planeten in diesem Horoskop sind Mond, Venus und Jupiter. Sie zeigen die wichtigsten Frauen in seinem Leben: seine Mutter, Diana und Camilla. Camilla ist Jupiter, stark in seinem eigenen Zeichen, Jupiter im 5. Haus des Vergnügens, aber im zweiten Zeichen vom 5. Hauses aus und auf den letzten Graden. Das bedeutet, sie wird spät kommen, fast zu spät, es sind nur knapp sieben Minuten verbleibend, bis sie in das Zeichen ihres Falls eintritt. Aber Jupiter ist besser als Venus für Charles, da der große Wohltäter nicht in irgendeiner negativen Rezeption mit der Sonne oder dem Herrn von 10 des Berufes steht so wie Venus. Natürlich sagt Saturn/Herr 7 etwas aus über Beziehungen im Allgemeinen und dieser Saturn ohne irgendwelche Würden wird seine negativen Seiten manifestieren: Es ist die königliche Zwangsjacke, die ihm viele Dinge unmöglich macht.

Das letzte Mondhaus im Zyklus passt zu all diesem. Der Mond steht ein paar Grad vor der Stelle, an welcher der neue Zyklus in Al Sharatain wieder beginnt. Das erste Widderhaus, in dem die neue Flamme gezündet wird, ist von hier aus fast schon zu sehen. Das gibt uns das Bild von einer Person, die in einem Warteraum sitzt, direkt vor einem Anfang, und da das Haus die zentrale Lebensgeschichte ist, auch auf einer konkreten Ebene, ist es klar: Er hat sein ganzes Leben gewartet, immer war er nah dran. Die Idee, dass zwei Polaritäten sich zu einem zentralen Thema verbinden in diesem Haus ist auch klar: Das Drama um Diana war das zentrale Thema in seinem Leben. Dieses Haus soll gut für Liebe und Heirat sein, weil es sich um die Zusammenführung polarer Energien handelt, aber da ist auch die Assoziation des In-die-neue-Phase-Gehens und das heißt nicht, dass jede Beziehung gut ist. Das Haus wird sich auswirken im Zusammenhang des ganzen Horoskops. Dies ist das mythologische Fischethema vom Wechseln auf eine neue Ebene verursacht durch unerwartete widrige Umstände.

Epilog

»Und als er das siebte Siegel geöffnet hatte, war da Stille im Himmel von einer halben Stunde. Und ich sah die sieben Engel, die da vor Gott standen; und ihnen wurden sieben Posaunen gegeben.«

Die Apokalypse von Sankt Johannes, 8,1-6

Anhang

Appendix A: Vergleich der arabischen und der indische Mondhäuser

Unten sind gegeben: Die *tropischen* Grenzen der 28 arabischen Mondhäuser, die Konstellationsnatur der entsprechenden 27 indischen Mondhäuser, die *tropischen* Grenzen der vedischen Häuser und die traditionellen medizinischen/anatomischen Assoziationen der vedischen Häuser. Die indischen Mondhäuser werden nach den Lahiri Ayanamsha errechnet (Anfang des Häuserzyklus gegenüber von Spica) für das Jahr 2000.

Die medizinisch/physikalischen Entsprechungen, die besonders empfängliche Körperteile anzeigen, sind gültig für die indischen Mondhäuser!

	Arabisch (28)	**Indisch (27)**	**körperlich**
1	Widder, Hörner: 3.11 – 16.02 Ta	Widder 1: 23.50 Ar – 7.10 Ta	Knie, Füße
2	Widder, Hinterteil: 16.02 – 28.53 Ta	Widder 2 7.10 – 20.30 Ta	Kopf, Füße
3	Stier, Plejaden: 28.53 Tau – 11.45 Ge	Plejaden: 20.30 Ta – 3.50 Ge	Hüften, Kopf, Leiste
4	Stier, Auge: 11.45 – 24.36 Ge	Stier: 3.50 – 17.10 Ta	Scheinbein, Wade
5	Orion, Kopf: 24.36 Ge – 7.28 Ca	Orion 1: 7.10 Ge – 0.30 Ca	Kindheit schwach
6	Zwillinge, Fuß des Pollux: 7.28 – 20.20 Ca	Orion 2: 0.30 – 13.50 Ca	Augen, Kopf

7	Zwillinge, Kopf Castors: 20.20 Ca – 3.11 Le	Zwillinge: 13.50 – 27.10 Ca	Lungen, Tuberkulose
8	Krebs, Herz des Krebs: 3.11 Ca – 16.02 Le	Krebs: 27.10 Ca – 10.30 Le	Muttermal im Gesicht
9	Löwe, Augen: 16.02 – 28.54 Le	Hydra: 1.30 – 23.50 Le	Gelenke, Ohren, Nägel
10	Löwe, Kopf: 28.54 Le – 11.45 Vi	Löwe 1: 23.50 Le – 7.10 Vi	Lungen
11	Löwe, Rücken: 11.45 – 24.36 Vi	Löwe 2: 7.10 – 20.30 Vi	Lippen, Hand Sexualorgane
12	Löwe, Schwanz: 24.36 Vi – 7.28 Li	Löwe 3: 20.30 Vi – 3.50 Li	Wie oben in 11
13	Jungfrau, Flügel: 7.28 – 20.19 Li	Krähe: 3.50 – 17.10 Li	Hände, Fin- ger, Herz
14	Jungfrau, Ohr: 20.19 Li – 3.10 Sc	Jungfrau: 17.10 Li – 0.30 Sc	Nacken, Kopf, Blase
15	Jungfrau, Gewand: 3.10 – 16.02 Sc	Boötes: 0.30 – 13.50 Sc	Brust, Eingeweide
16	Waage, Klaue Skorpions: 16.02 – 28.53 Sc	Skorpion, Schalen: 13.50 – 27.10 Sc	Brust, Arme
17	Skorpion, Kopf: 28.53 Sc – 11.44 Sa	Skorpion 1: 27.10 Sc – 10.3 Sa	Magen, Bauch
18	Skorpion, Herz: 11.44 – 24.36 Sa	Skorpion 2: 10.30 – 23.50 Sa	Nacken, Torso
19	Skorpion, Hinterteil: 24.36 Sa – 7.28 Ca	Skorpion 3: 24.36 Sa – 7.28 Ca	Torso, Füße, Gelenke
20	Schütze, Pfeil, 7.28 – 20.19 Ca	Schütze 1: 7.10 – 20.30 Ca	Rücken, Blase
21	Schütze, Hinterteil: 20.10 Ca – 3.11 Aq	Schütze 2: 0.30 Ca – 3.50 Aq	Taille

22	Steinbock, Auge: 3.11 – 16.03 Aq	Adler, 3.50 – 17.10 Aqu	Ohren, Haut, Sexualorgane
23	Wassermann, linke Hand; 16.03 – 28.53 Aq	Delfin 17.10 Aq – 0.30 Ps	Anus, Rücken
24	Wassermann, Schulter: 28.53 Aq – 11.45 Ps	Wassermann 0.30 – 13.50 Pi	Kiefer, rechter Oberschenkel
25	Wassermann, rechte Hand: 11.45 – 24.36 Pi	Pegasus 1: 13.50 – 27.10 Ps	linker Oberschenkel, Füße
26	Pegasus, Flügel: 24.36 Pi – 7.27 Ar	Pegasus 2: 27.10 Pi – 10.30 Ar	Schienbein
27	Pegasus, Spitze der Flügel: 7.27 – 20.19 Ar	Fische 10.30 – 23.50 Ar	Gedärme, Knöchel, Füße
28	Fische, Bauch des Fisches: 20.19 Ar – 3.11 Ta		

Beide Systeme sind ähnlich, aber das arabisch-westliche System folgt mehr den zodiakalen Konstellationen. Nur die Konstellationen der arabischen Häuser 5 (Orion) und 26/27 (Pegasus) befinden sich außerhalb des Tierkreises, wobei es beim Mondhaus 28 Zweifel gibt (ist es wirklich Andromeda oder ist es Fische?).

Das vedische System hat zweimal Orion, die Hydra, die Krähe, Boötes, den Delfin, den Adler und zweimal Pegasus, also insgesamt 9 außerzodiakale Mondhäuser. Das ist ein Drittel! Steinbock hat in dieser Reihe kein Haus. Der Hauptunterschied besteht darin, dass es in der indischen Serie 27 und nicht 28 Mondhäuser gibt. Der Anfangspunkt ist außerdem nicht durch den ersten Stern in der Widderkonstellation gegeben, sondern auf dem Stern *Revati* in der Mitte der Fischekonstellation (gegenüber von Spica) fixiert.

Appendix B: Die Präzession und die Illusion des Wassermannzeitalters

Die Präzessionsbewegung wird in der Astrologie im Allgemeinen nicht klar genug verstanden. Das ist ungünstig, denn dieses unvollkommene Verständnis hat zu illusorischen Ideen geführt wie der Vorstellung eines Wassermannzeitalters. Darüber hinaus ist es auch wichtig, eine klare Vorstellung von der Präzession zu haben, wenn man die Fixsterne in richtiger und effektiver Weise benutzen will. Die Präzession ist astrologisch ein fundamentales Phänomen und das alte Modell der Sphären liefert die richtige Perspektive von dem, was es wirklich ist. Es ist das alte kosmologische Sphärenmodell, das ein festes Fundament für ein klares Verstehen der Rolle der Fixsterne in der Astrologie ermöglicht und dies schließt die Bewegung der Präzession mit ein. Bei der Präzession wird die sehr langsame Verschiebung des Frühlingspunktes gegen den Hintergrund der Fixsterne gemessen. Der Frühlingspunkt bewegt sich mit einer Geschwindigkeit von 1° in 72 Jahren und das Resultat ist, dass die Sterne, auf die der Frühlingspunkt fällt, sich im Lauf der Zeit verändert. Diese Bewegung, die per definitionem bei 0° Widder im tropischen Tierkreis stattfindet, ist aber nur eine scheinbare, da der tropische Tierkreis, der göttliche Entwurf des Kosmos, sich ja gar nicht bewegen *kann.*

Um diese Vorstellung kosmologisch zu verdeutlichen und nicht nur auf einer zu oberflächlich materiellen oder rein astronomischen Ebene, ist es notwendig das alte und wichtige Modell der Sphären zu erklären. Dieses lieferte auch der Hintergrund zu Dantes GÖTTLICHER KOMÖDIE, wir sind hier also in guter Gesellschaft. Das Modell der Sphären hat die Erde als Zentrum, die von konzentrischen Kreisen umgeben ist. Die ersten sieben sind die Sphären der Planeten, der Mond besetzt selbstverständlich die erste Sphäre und Saturn die siebte. Es ist sehr wichtig, das Modell in Bewegung zu sehen, jede Sphäre dreht sich innerhalb der nächsten wie ein Rad in einem größeren Rad.

Schema huius præmissæ diuisionis Sphærarum.

Diese Abbildung ist sehr erhellend, denn die achte Sphäre oberhalb von Saturn, in der wir die Fixsterne und genauso die Mondhäuser finden, dreht sich *unterhalb* der Sphäre des Zodiaks. Das heißt also, die Sterne transitieren die Tierkreiszeichen ebenso wie die Planeten und in dieselbe Richtung wie die Planeten, aber in viel langsamerem Schritt. Auch die äußeren Planeten, die nicht wirklich Planeten sind im klassischen Sinn, finden ihren eigenen Platz im Modell in dieser Sphäre. Uranus, Poseidon und Hades können als »sternenartige« mythische Sonderfaktoren gesehen und verwendet werden. Der Tierkreis, der in der neunten Sphäre direkt über den Fixsternen beherbergt ist, bewegt sich nicht. Er ist der göttliche kosmische Entwurf, der für immer bis zum Ende aller Zeiten an seinem Platz bleibt.

Diese Grenze zwischen der achten Sphäre der Fixsterne, dem »Firmamentum«, und der neunten Sphäre des Zodiaks, dem

»Crystallinum« (das, was kristallisiert ist und sich nicht ändert), ist hochinteressant. Wir sollten immer im Gedächtnis behalten, dass die achte Sphäre der Fixsterne für die Augen sichtbar ist im Gegensatz zur neunten. Das zeigt uns, dass die Zeichen des Tierkreises und die Konstellationen, die wir sehen können, von unterschiedlicher Natur sind. Die Konstellation des Widders ist nicht dasselbe wie das Tierkreiszeichen Widder, obwohl es Wechselbeziehungen zwischen der Widderkonstellation und dem Widderzeichen gibt. Sie sind ähnlich, aber nicht identisch. Sie könnten als Cousins gesehen werden. Ein Cousin ist ein enger Verwandter, aber er ist nicht ich. Das Scheitern, diesen fundamentalen Unterschied zwischen Konstellation und Tierkreiszeichen zu akzeptieren, hat zu lang anhaltenden Irrtümern in der Astrologie geführt. Das ist nicht erfreulich, denn dadurch wird die Wahrheit über unsere moderne Zeit zu verschleiert. An erster Stelle ist dies die Idee des Wassermannzeitalter.

Die einfache Version des Wassermannzeitalters

Die Vorstellung, dass wir am Anfang eines neuen Zeitalters stehen, welches besser als die rückständigen christlichen Zeiten sei, die wir hinter uns lassen werden, ist allgemein verbreitet. Nach den starken Reaktionen auf »das Ende« des Mayakalenders im Jahre 2012 steckt die Idee von einer neuen Zeit immer noch in den Köpfen vieler Menschen, nicht nur bei Astrologen. An dieser Stelle wollen wir nicht den Unterschied zwischen den Ideen eines New Age und des Wassermannzeitalters ergründen. Es ist ausreichend zu wissen, dass diese beiden Ansätze nach populärer Meinung heutiger Menschen miteinander verbunden sind. Das mag nicht angebracht sein, aber es wird oft so gesehen und viele Astrologen lehren es ihre Schüler.

In den meisten Fällen bezieht sich diese recht vereinfachende Idee darauf, dass der Frühlingspunkt sich nun in die Konstellation Wassermann hinein bewegt und dass wir dadurch nach und nach die christliche Ära der Fische verlassen. Zunächst gibt es für diese

Vorstellung keine haltbaren astrologischen Argumente. Es kann nicht bestimmt werden, wo sich der Frühlingspunkt gerade genau befindet, da er sich ja nicht durch die Zeichen bewegt – was per definitionem auch unmöglich ist –, sondern durch die Konstellationen. Die Konstellationen haben jedoch – im Gegensatz zu den Tierkreiszeichen – keine festen Grenzen, es gibt keine »Spitzen«, sondern durchaus Leerräume zwischen den Konstellationen, darum weiß man nicht, wann das Wassermannzeitalter anfangen wird.

Dies ist nicht nur ein Detail! Es ist so unklar, dass in Artikeln und Büchern über den Beginn des Wassermannzeitalters sehr unterschiedliche Zeitpunkte genannt werden, so werden Daten zwischen 1762 und 3042 vorgeschlagen, was die ganze Problematik offenbart. Davon abgesehen gibt es ein weiteres Problem, denn das Zeitalter der Fische, auch wenn man die Grenzen nicht genau kennt, wäre deutlich länger als zum Beispiel das Zeitalter des Widders oder des Krebses. Wir bekommen eben nicht zwölf Zeitalter von ungefähr gleicher Dauer. Die Widder- und Krebskonstellationen sind viel kürzer als Fische oder Skorpion zum Beispiel. Das untergräbt die Vorstellung von zwölf Zeitaltern ernsthaft, die mit zwölf Tierkreiszeichen verbunden sein sollen. Es kann nicht sein, dass ein Zeitalter mehr als 3000 Jahre dauern soll und ein anderes weniger als 1000 Jahre. Das und die Unklarheit über die Grenzen der Konstellationen bedeutet, dass diese einfache Version der Idee eines Wassermanzeitalters astrologisch unhaltbar ist und vergessen werden kann. Sie ist gegründet auf der Verwirrung über die achte und neunte Sphäre, denn sie versucht Konstellationen als eine Art Zeichen zu behandeln.

Die verfeinerte Version des Zeitaltermodells

Um dieses Problem zu lösen, wurde eine differenziertere Version vorgeschlagen, die zumindest auf den ersten Blick ihre attraktiven Seiten hat. Sie wurde in einem Artikel von Robert Hand in seinem Buch ESSAYS ON ASTROLOGY (Whitford Press 1982) diskutiert und basiert auf den Kapiteln 6–9 in AION, einem Buch, das Carl Gustav Jung über das Zeitalter der Fische geschrieben hat. Jung hat in seinem Buch das »Morphomaton«-Modell (= in der Astrologie eine Konstellation) befürwortet, welches Robert Hand dann in eine astrologisch detailliertere Form ausgearbeitet hat. Jung und ihm folgend Robert Hand schauen auf die Sterne auf dem Frühlingspunkt zu einer bestimmten Epoche, und die Konstellation dieser Sterne sollen zeigen, in welchem Zeitalter die Welt steht. Dies betrifft die Position der Sterne in den zodiakalen Konstellationen (!), projiziert auf den Tierkreis, was allgemeine Praxis in der Astrologie ist.

Der Vorteil verglichen mit dem einfachen Modell ist, dass wir nun ein klareres Timing haben: Wenn 0°-Widder das *erste Mal* auf einen Stern in den Fischen fällt, dann beginnt das Fischezeitalter und das ist im Jahr 111 vor Christus. Das zeigt mehr oder weniger den Beginn des Christentums, und weitere historische Ereignisse sollen durch die Sterne und Asterismen der Fische, die sich über den Frühlingspunkt bewegen, erklärt werden. Der erste Östliche Fisch wird mit der Dominanz der katholischen Kirche in Verbindung gebracht, aber 1351 steht der Frühlingspunkt mitten in den Fischen und tatsächlich zeigt das wieder nur grob die Renaissance, den großen Wendepunkt der europäischen Geistesgeschichte an.

Also scheint das zumindest in Hinblick auf die Geschichte des Christentums einigermaßen zu passen. Das Problem ist nur, dass die anderen historischen Ereignisse, die Hand erwähnt, um dieses Modell zu unterstützen, überhaupt nicht überzeugend sind. Um ein klares Bild von dieser Idee zu bekommen, sollte man sich auf das oben erwähnten Sphärenmodell beziehen. Betroffen sind Sterne, die sich über 0° Widder bewegen. Man kann sich die Sterne als eine Art Planeten vorstellen, die durch den Tierkreis laufen, wie das Sphärenmodell es so schön zeigt. Und auch nach Jungs Modell sind wir noch mitten im Zeitalter der Fische.

Trotz der offensichtlichen Vorteile von Jungs Modell des Morphomatoms, das Hand präsentiert, tauchen große Probleme auf, sobald man es kritisch und logisch durchleuchtet. Die erste Schwierigkeit ist seine technische Unhaltbarkeit, das zweite Problem ist, dass es auch zu Zeitaltern kommen kann, die sehr verschieden lang sind, und das dritte und wirklich ernste Problem ist Jungs Interpretation des zweiten Fisches in der Konstellation als Antichrist.

Das technische Problem ist, dass dieses Modell prinzipiell auf der Interpretation der Sterne basiert, die den Frühlingspunk »transitieren«. Es wird gesagt, dass dies dann die Natur der Epoche wiedergibt, und für das Fischezeitalter scheint das wenigstens bis zu einem bestimmten Ausmaß zu funktionieren. Aber wenn die Idee theoretisch unangreifbar wäre, sollte sie für andere Konstellationen und ihre zugehörigen Zeitalter auch funktionieren.

Versucht man dies anzuwenden, bekommen wir unverzüglich Schwierigkeiten. Zum Beispiel kann die Grenze zwischen Wassermann und Steinbock nicht gefunden werden, wir sind also wieder bei den Schwierigkeiten des einfachen Modells. Denn der letzte, am weitesten im Westen stehende Stern des Wassermanns *eta Aquarii* fällt, wenn man ihn in den Zodiak projiziert, in die Mitte des Steinbocks, und der erste Stern des Steinbocks wird viel weiter im Osten in der Richtung des Hauptkörpers des Wassermanns gefunden. Also wann und wo beginnt dann das Zeitalter des Steinbocks? Die einzige Möglichkeit, eine eindeutige Grenze zu bekommen – eine echte »Konstellationsspitze« –, wäre nur machbar würde man den Teil des Wassermann ignorieren, der sich parallel zum Steinbock ausstreckt und auf welchem aber *eta Aquarii* platziert ist. Das ist undenkbar. Wenn wir weitersuchen, werden die Probleme nur noch größer, zum Beispiel ist zwischen der Steinbock- und Schützekonstellation eine Lücke, wohin keine Sterne einer zodiakalen Konstellationen projiziert werden.

Diese Lücke enthält allerdings Sterne des Sternbilds Adler. Heißt das, dass es ein dazwischengeschobenes Zeitalter des Adlers geben ird? Man kann nicht sagen, Sterne der Konstellation zählen nicht, weil sie zu weit weg sind. Einige Sterne in den Fischen, die Jung und Hand in ihr System mit einbezogen haben, sind sogar noch weiter vom Tierkreis entfernt als die Adler-Sterne. Und es wird noch schlimmer, denn was sollen wir aus der Tatsache machen, dass der Schlangenträger in zwischen Jungfrau und Skorpion bis in den Bereich des Tierkreises hineinreicht? Weist dies auf ein kurzes Zeitalter des Schlangenträgers hin? Wenn man dem logischen Jung'schen Prinzip des »Morphomatoms« folgt, wäre die Antwort ja. Im Übrigen löst dieses Modell nicht das Problem der völlig unterschiedlichen Dauer der Zeitalter. Das Fischezeitalter ist fast dreimal so lang wie das Widderzeitalter. Und auch dies kann nur grob geschätzt werden, da wir diese problematischen Übergänge zwischen den Konstellationen haben.

Dies begründet den definitiven Todesstoß, die technischen Unvollkommenheiten sind unüberwindbar. Man kann dieses Problem nur lösen, indem man alle Logik und Vernunft außen vor lässt. Selbst wenn man sich entscheidet, alle nichtzodiakalen Konstellationen aus diesem Modell auszuschließen – was man überlegen könnte. Dann muss man das Modell auf die sichtbaren Konstellationen eingrenzen, doch es bleibt dann weiterhin die Thematik der unklaren Grenzen und der unterschiedlichen Dauer der Epochen. Aber das ist immer noch nicht alles, es gibt noch ernstere Probleme in der symbolischen Interpretation der Fische.

Der Antichrist?

Als Robert Hand sein Modell der Zeitalter entwickelte, folgte er C. G. Jung. Der Ausgangspunkt ist, dass Jung die Fischekonstellation zweiteilt, was an sich korrekt ist, aber er sieht den ersten Fisch als Christus und den zweiten Fisch als den Antichrist. Wenn also Sterne im christlichen Fisch sich auf dem Frühlingspunkt befinden, haben wir die Herrschaft des Katholizismus und sobald die Sterne sich im zweiten Fisch auf dem Frühlingspunkt befinden – wie es jetzt der Fall ist – dann ist das Christentum vorbei. Das ist nun keine besonders plausible Idee. In der christlichen Symbolik ist der Antichrist nicht der dunkle Bruder von Christus oder sein Spiegelbild, er ist ein Gegner von Christus auf einer sehr niedrigen Ebene. Er ist eine satanische Manifestation in menschlicher Form und Christus, der Sohn Gottes, ist nicht auf gleicher Ebene mit dem verdammten Engel des Untergangs. Es ist sehr unwahrscheinlich, dass der zweite Fisch den Antichrist symbolisiert, ein Fisch ist ein Symbol für göttliche Bewusstheit, daher kann er nicht von finsterer Natur sein. Das korrekte Symbol für eine dämonische Energie ist eine Schlange oder ein Drachen, wie es klar im Alten Testament oder auch in traditionellen Bildern gezeigt wird.

Es ist interessant, diesbezüglich Robert Hand zu zitieren: »Die neue Ordnung (der Antichrist) ist nicht unbedingt schlecht. Die Energie des Antichrist ist nicht wirklich böser als die desjenigen, den wir Christus nennen.« Es ist schon sehr merkwürdig, so etwas zu sagen. Der Antichrist IST als eine symbolische Figur nun einmal eine direkte Manifestation des Bösen. Was machte der junge Robbi Hand, als alle Kinder in die Sonntagsschule gingen? Vielleicht hat er inzwischen seine Sichtweise geändert. Die ganze Ausdrucksweise ist nicht nur ein sonderbar, sie ist auch erschreckend. Wenn ich eine Wahl hätte, würde ich die Ordnung des Christus gegenüber einer unvermeidlichen »neuen Ordnung« Satans vorziehen.

Seine Aussage war mehr oder weniger direkt inspiriert von Carl Gustav Jung und führt zu einigen sehr interessanten Beobachtungen. Man weiß, dass C. G. Jung das Christentum wegen seiner zentralen Opfernatur ablehnte, und er sah sich selbst als einen »prophetischen« Geist, der die neue Religion der analytischen Psychologie einbrachte, um es zu ersetzen. Tatsächlich versuchte er die Präzession zu benutzen, um kosmischen Beistand für sein Projekt zu erhalten, da die Ära des ersten Fisches in seinem Modell vorbei war und die Zeit des zweiten Fisches, des Antichrist-Jungianismus gekommen war.

Nicht nur die Symbolik ist sehr unwahrscheinlich, Jung hatte also eindeutig »politische« Motive, die dazu noch seine Interpretationen disqualifizieren. Es ist immer gut, C. G. Jung sehr kritisch zu lesen, weil es eine klare Tendenz in seinen Schriften gibt, Symbolen eine »kreative« Bedeutung zu geben, damit sie zu seinen eigenen besonderen Ideen, Ideologien und Vorurteile passen. Manche seiner Schriften mögen interessant sein, aber es gibt keinen Grund, den Mann als den Propheten zu sehen, der er vorgab zu sein. Er hat einfach in zu vielen Punkten unrecht.

Die Folgerung kann nur sein, dass das einfache und ausgefeilte Jungsche Mophormatonmodell nicht gut genug funktionieren wird. Es gibt weder ein Wassermannzeitalter noch ein Fischezeitalter oder sonst irgendein Zeitalter eines Zeichens. Es kann kein New Age aufkommen, in dem wir alle spirituell befreit sein werden und die Astrologie wieder auf breiter Ebene akzeptiert ist. Es handelt sich da eher um eine politisch motivierte Illusion, für die es keinen astrologischen Nachweis gibt. Es basiert alles auf einer lang anhaltenden Verwechslung der Konstellationen mit den Zeichen in irgendeiner Form und daran, dass man »mich mit meinem Cousin« verwechselt. Man kann die eher flüssigen überlappenden Konstellationen nicht in das völlig steife 12-faltige Zeichengefäß stopfen, sie passen einfach nicht hinein. Wir müssen akzeptieren, dass wir nicht genau bestimmen können, wo wir in Hinblick auf die Präzession jetzt stehen.

Wir brauchen die Präzession auch nicht, da wir die unbestreitbaren grundsätzlichen Veränderungen in unseren Zeiten klar und objektiv durch die Zyklen der Großen Konjunktionen von Saturn und Jupiter, die es schon immer dafür gab, erklärt bekommen. Dieser Zyklus trat nun in die Lufttriplizität ein, das erklärt all diese massiven Luftprozesse, die wir um uns herum erleben: Massenmigration, Tourismus, Globalisierung und die extrem rasante Entwicklung der Informations- und Robotertechnologien. Luft ist Bewegung, Wissen, Verbindung und Kommunikation.

Auf der tiefsten Ebene ist die Präzession ein symbolischer Ausdruck für das »Gesetz der Einmaligkeit« wie der Sufimeister Ibn al Arabi, der »Shaykh al-Akbar« in dem kleinen Juwel von Buch über die »Mystische Astrologie« erklärt (niedergeschrieben von Titus Burkhardt). Nichts wiederholt sich jemals genau gleich, da die göttliche Schöpferkraft unendlich und unerschöpflich ist, deswegen kann das astrologische Modell nie ein geschlossenes System werden. Selbst wenn nach einer sehr langen Zeit eine bestimmte Konstellation von Planeten wieder vorkommen sollte, wären die Sterne wegen der Präzession auf ganz anderen Positionen und würden einen ganz neuen, einzigartigen Moment kreieren. Insofern ist alles immer offen für das Göttliche, das man im Modell der Sphären sehen kann, wo das Empyreum alle Sphären umarmt. Darum wird es *Habitaculum Dei* genannt, das ist Gottes Wohnstatt.

Appendix C: Sieben Pfeiler der Weisheit – Die Planetenpunkte

Planetenpunkte repräsentieren die pure Essenz der Planetenergien, so dass zum Beispiel der Mondpunkt, besser bekannt als der Glückspunkt, die konzentrierte Mondenergie mit all ihren möglichen Bedeutungen ist. Die Rechenformeln sind immer dieselben in Taghoroskopen wie in Nachthoroskopen.

Mond, Pars Fortunae (PF): der Glückspunkt, von Hunger, der lunare Aszendent: Asz + Mond – Sonne

Sonne, Pars Solis (PS): der Punkt der Fülle, der Geist der Zukunft: Asz + Sonne – Mond

Venus: der Punkt der (idealisierenden) Liebe, große Fülle, die Essenz der Einheit: Asz + PS – PF

Merkur: der Punkt der Verzweiflung, die Notwendigkeit der Wahl, »du kannst nicht alles haben«, starker Hunger: Asz + PF – PS

Mars: der Punkt des Mutes, Größe der Seele, für mehr kämpfen als seine direkten Interessen: Asz + PF – Mars

Jupiter: der Siegespunkt und die Hilfe von oben: Asz + Jup – PS

Saturn: der Punkt der Gefangenschaft und des Entkommens: Asz + PF – Sat

---

Die Formel des Merkurpunkts wiederholt die Formel des Glückspunktes nur mit den Punkten der Sonne und des Mondes anstelle der Sonne und des Mondes selbst und er kann als ein konzentrierter Mondpunkt, also als Punkt des unstillbaren Hungers, angesehen werden. Merkur ist Verzweiflung, weil er alles in irdische Details zerlegt.

Dasselbe gilt für den Punkt der Venus, er wiederholt die Formel des Sonnenpunktes nur mit den Punkten des Mondes und der Sonne anstatt Sonne und Mond (dieser Punkt wird als großer Überfluss gesehen, weil Venus alles vereint).

Deutung (die Punkte wirken sich konkret, aber auch auf mehr psychologische und spirituelle Weise aus).

Wenn die Punkte in Konjunktion oder Opposition zu anderen astrologischen Faktoren mit einem kleinen Orbis (2°) sind, zeigt das einen sehr wichtigen Kontakt des astrologischen Faktors mit der elektrisierenden essenziellen Planetenenergie an, die manchmal sogar einen entscheidenden Einfluss im Leben ausübt. Im Falle einer Konjunktion oder Opposition gibt es einen klaren konkreten Effekt.

Die Stellung eines Punktes in einem Haus und Disposition zeigen den Fokus eines Punktes in einem mehr psychologischen Sinn, zum Beispiel gibt der Glückspunkt im neunten Haus einen Durst nach Wissen.

Appendix D: Eine Erklärung der Würden und Rezeptionen

Um den Fallstudien in diesem Buch folgen zu können, muss man das klassische System der Würden kennen. Es gibt zwei Arten von Würden, die zweierlei Kräfte beschreiben.

Essentielle Würde

Die erste Würde heißt essentielle Würde, die zweite ist die akzidentielle Würde (unten mehr dazu). Der Grad der essentiellen Würde wird festgestellt durch die Position eines Planeten in einem Zeichen. Mars ist in Widder in seinem eigenen Zeichen und hat darum viel essentielle Würde. Aber Mars ist auch sehr stark im Steinbock, wo er seine Erhöhung hat, und das ist ebenfalls eine essentielle Würde.

Es gibt auch negative Platzierungen eines Planeten in einem Zeichen oder einer Erhöhung. Sie heißen Vernichtung und Fall. In anderen Worten wenn ein Planet in einem Zeichen gegenüber seinem Domizil oder seiner Erhöhung steht. Wenn ein Planet in so einer negativen Würde platziert ist, kann er nicht viel Gutes tun und ist »essentiell geschwächt«. Ein Beispiel ist Mars in der Waage: Er steht gegenüber seinem eigenen Zeichen, also im Exil. Dies ist ein schwieriger Mars, der auf irgendeine Weise Ärger verursacht. Wenn Mars im Krebs platziert ist, in Opposition zu seiner Erhöhung im Steinbock, hat er auch keine Würde, weil er in seinem Fall ist, und wird sich ebenfalls negativ auswirken.

Alle Planeten haben Zeichen, in denen sie entweder sehr stark oder sehr schwach gestellt sind, jeweils nach dem unten gezeigten Muster.

Sonne: Stark in ihrem eigenen Zeichen Löwe, erhöht im Widder. Schwach: im Exil im Wassermann (gegenüber Löwe) und im Fall in der Waage (gegenüber Widder).

Mond: Stark im eigenen Zeichen Krebs und erhöht im Stier. Schwach: im Exil im Steinbock und im Fall im Skorpion.

Merkur: Stark in den eigenen Zeichen Zwillinge und Jungfrau. Schwach: im Exil im Schützen und im Fall *und* Exil in den Fischen. Jungfrau ist Merkurs eigenes Zeichen und seine Erhöhung: Hier ist Merkur also besonders stark.

Venus: Stark in ihren eigenen Zeichen Stier und Waage, in der Erhöhung in den Fischen. Schwach: im Exil im Widder und Skorpion, in der Jungfrau im Fall.

Mars: Stark in den eigenen Zeichen Widder und Skorpion und erhöht im Steinbock. Schwach im Exil in der Waage und im Stier und im Krebs im Fall.

Jupiter: Stark in seinen eigenen Zeichen Schütze und Fische und erhöht im Krebs. Schwach im Exil in den Zwillingen und in der Jungfrau, im Steinbock im Fall.

Saturn: Stark in seinen eigenen Zeichen Wassermann und Steinbock und in der Waage erhöht. Schwach im Exil im Löwen und Krebs und im Widder im Fall.

In diesem Schema geht es nur um klassische Herrschaft. Jupiter herrscht in den Fischen, Mars herrscht im Skorpion und Saturn herrscht im Wassermann. Die äußeren Planeten spielen keine Rolle in diesem Muster, was logisch ist und man sich gut merken kann.

Platzierung im eigenen Zeichen, Erhöhung, Exil und Fall sind die wichtigsten Würden, die die Hauptunterschiede in der Kraft der Planeten beschreiben. Es gibt noch drei andere kleinere positive Würden, von denen die Zuordnungen nach den Elementen die wichtigsten sind. Ein Planet, der in einem Zeichen steht, dessen elementare Natur mit seiner eigenen Natur übereinstimmt, hat einige Kraft, obwohl sicher nicht so viel wie ein Planet im eigenen Zeichen oder in seiner Erhöhung. Wenn ein Planet im richtigen Element steht, sagt man, er ist **»in Triplizität«**. Triplizität ist einfach ein anderes Wort für »im gleichen Element« stehend.

Es ist leicht zu erkennen, ob ein Planet in seiner Triplizität ist. Der erste Schritt ist zu überlegen, ob wir ein **Taghoroskop** oder ein **Nachthoroskop** vorliegen haben. Wenn die Sonne über dem Horizont und in den Häusern 7 bis 12 steht, dann ist es ein Taghoroskop. Wenn die Sonne unter dem Horizont ist und in den Häusern 1 bis 6 steht, ist es ein Nachthoroskop. Wenn das klar ist, wenden wir folgendes Schema an

Tageshoroskop: Sonne, Venus, Mars und Saturn können eine extra essentielle Würde bekommen durch Platzierung in einem passenden Zeichen.

Essentielle Würden durch Triplizität: Sonne in Feuerzeichen,

Saturn in Luftzeichen, Mars in Wasserzeichen, Venus in Erdzeichen.

Nachthoroskope: Jupiter, der Mond, Mars und Merkur bekommen eine extra essentielle Würde wenn sie in einem passenden Zeichen platziert sind.
Essentielle Würde durch Triplizität: Jupiter in Feuerzeichen, Merkur in Luftzeichen, Mars in Wasserzeichen, der Mond in Erdzeichen.

Da gibt es noch ein anderes System, das jedem Element drei anstatt zwei Planeten zuordnet. Manche Astrologen ziehen es vor, weil es älter ist. In der Praxis kann das nicht bewiesen werden und das Zweiherrschersystem ist genauso alt wie das mit den drei Herrschern. In allen Bereichen der Astrologie funktioniert es gut.

Neben den Triplizitäten gibt es auch die kleineren Würden **Term** (termini: Grenzen) und **Gesicht** oder Dekanat. Diese geben einem Planeten ein wenig zusätzliche Kraft, aber nicht viel. Die Grenzen sind zugeordnet auf der Basis von fünf Planetenzonen, durch die jedes Zeichen geteilt werden kann, in jeder Zone ist ein Planet in seinem »Grenze«. Gesichter funktionieren auf dieselbe Weise, aber sie teilen die Zeichen in drei Zonen von jeweils zehn Graden. Diese kleineren Würden haben viel weniger Wirkung als die anderen Würden, aber manchmal sind sie auch wichtig. Im Schema unten ist ein Überblick über alle fünf Würden gegeben.

Zeichen	Domizil	Erhöhung	Triplizität Tag	Nacht	Grenzen nach Ptolemäus					Gesichter -10	-20	-30	Exil	Fall	Zeichen
♈	♂ T	☉ 19	☉	♃	♃ 6	♀ 14	☿ 21	♂ 26	♄ 30	♂	☉	♀	♀	♄ 21	♈
♉	♀ N	☽ 3	♀	☽	♀ 8	☿ 15	♃ 22	♄ 26	♂ 30	☿	☽	♄	♂		♉
♊	☿ T		♄	☿	☿ 7	♃ 14	♀ 21	♄ 25	♂ 30	♃	♂	☉	♃		♊
♋	☽ T/N	♃ 15	♂	♂	♂ 6	♃ 13	☿ 20	♀ 27	♄ 30	♀	☿	☽	♄	♂ 28	♋
♌	☉ T/N		☉	♃	♄ 6	☿ 13	♀ 19	♃ 25	♂ 30	♄	♃	♂	♄		♌
♍	☿ N	☿ 15	♀	☽	☿ 7	♀ 13	♃ 18	♄ 24	♂ 30	☉	♀	☿	♃	♀ 24	♍
♎	♀ T	♄ 21	♄	☿	♄ 6	♀ 11	♃ 19	☿ 24	♂ 30	☽	♄	♃	♂	☉ 19	♎
♏	♂ N		♂	♂	♂ 6	♃ 14	♀ 21	☿ 27	♄ 30	♂	☉	♀	♀	☽ 3	♏
♐	♃ T		☉	♃	♃ 8	♀ 14	☿ 19	♄ 25	♂ 30	☿	☽	♄	☿		♐
♑	♄ N	♂ 28	♀	☽	♀ 6	☿ 12	♃ 19	♂ 25	♄ 30	♃	♂	☉	☽	♃ 15	♑
♒	♄ T		♄	☿	♄ 6	☿ 12	♀ 20	♃ 25	♂ 30	♀	☿	☽	☉		♒
♓	♃ N	♀ 27	♂	♂	♀ 8	♃ 14	☿ 20	♂ 26	♄ 30	♄	♃	♂	☿	☿ 15	♓

Von links nach rechts gibt dieses Schema für jedes Zeichen die Planeten an, die dort »Würde haben«. Die erste Kolumne neben den Zeichensymbolen zeigt die Zeichenherrscher, die zweite Kolumne die Erhöhungsherrscher und dann werden die Triplizitätsherrscher genannt (zuerst der Herrscher in einem Taghoroskop, dann der

Herrscher in einem Nachthoroskop). Unter Grenzen werden deren Herrscher erwähnt, fünf Zonen in jedem Zeichen. In der letzten Kolumne sind die Gesichter oder die Dekanatsherrscher, die über Zonen von 10 Grad herrschen. Rechts stehen Planeten, die in ihrem Exil und in ihrem Fall per Zeichen sich befinden. Die speziellen Gradzahlen, die in der Erhöhungskolumne zu finden sind, zeigen den Platz im Zeichen, wo der Planet extra erhöht ist. Von rechts nach links werden die Herrscher schwächer, der Zeichenherrscher ist sehr viel wichtiger als der Herrscher eines Terms oder eines Gesichts.

Als ein Beispiel können wir Merkur im 9. Grad von Stier in einem Taghoroskop nehmen. Wie viel Würde bekommt Merkur hier? Der Zeichenherrscher von Stier ist Venus und der Erhöhungsherrscher ist der Mond; das heißt, dass Stier ein Zeichen ist, welches von Venus beherrscht wird und wo der Mond erhöht ist. Daher haben Venus und der Mond viel Kraft, um hier in einer guten Weise zu wirken. Merkur kann es nicht und er wird keine Würde durch Herrschaft oder Erhöhung erlangen. Der Herrscher der Erdtriplizität ist Venus in diesem Taghoroskop, Merkur bekommt durch Triplizität also auch keine essentielle Würde. Aber Merkur hat eine Würde durch die Grenze. Der Planet ist platziert in der zweiten Grenze des Stieres zwischen 8 und 15 Graden und in dieser Grenze herrscht Merkur, also ist er in Bezug auf die Grenze am richtigen Platz. Das erste Dekanat des Stieres, die ersten 10 Grad des Zeichens, wird auch von Merkur beherrscht, daher bekommt er Kraft durch das Gesicht. Wir sagen dann, dass Merkur Grenzen- und Gesichtswürde hat. Es ist nicht viel, aber es ist besser als nichts und viel besser als eine Schwächung durch Exil oder Fall.

Ein anderer Ausdruck, der erklärt werden muss, ist **peregrin**. Ein Planet ist peregrin, wenn er überhaupt keine Würden hat, weder positiv noch negativ. Er ist nicht in seinem eigenen Zeichen platziert und hat auch keine Würde wie Erhöhung, Triplizität, Grenze, Gesicht, Exil und ist nicht im Fall. Peregrin bedeutet treibend; es ist weder gut noch schlecht und hat einfach nur keine Richtung. Darum ist es oft eine Herausforderung, denn Dinge, die keine

Richtung haben, geraten leicht auf Abwege. Es wird oft gesagt, dass ein Planet im Exil oder Fall *und* peregrin ist, weil er keine positive Würde hat. Das ist falsch, ein Planet in einem schlechten Zustand ist direkt schlecht, ein treibender Planet treibt und das ist nicht dasselbe. Er kann nicht neutral und schlecht zur gleichen Zeit sein.

Wir sollten auch die Wohltäter und die Übeltäter betrachten. Die Wohltäterplaneten sind Jupiter und Venus, diese Planeten neigen zu einem guten, angenehmen Einfluss auf uns. Aber das stimmt nur, falls sie auch sie einige essentielle Würden haben, ihre wohltuende Natur ist verringert, wenn sie Würde verlieren. Jupiter in Exil in Jungfrau kann zum Beispiel nicht mehr Wohltäter genannt werden, er ist ein »akzidentieller« Übeltäter und wird sich nicht gut auswirken. Saturn und Mars sind von Natur aus Übeltäter und neigen zu unerfreulichen Effekten. Wenn jedoch diese Übeltäter essentielle Würde haben, verlieren sie viel von ihrem üblen Charakter und können sich sogar sehr positiv auswirken. Die anderen drei Planeten sind mehr oder weniger neutral, obwohl dieselben Würdeprinzipien gelten, je mehr essentielle Würde sie in sich vereinen, desto mehr positive Effekte haben sie.

Akzidentielle Würde

Das Ausmaß der essentiellen Würde oder der planetarischen Kraft zeigt seine Qualität darin, wie rein und effektiv er sein eigenes Selbst sein kann. Venus in der Waage ist ganz und gar Venus und in diesem Zustand kann der Planet passend zu seiner Natur handeln. Die andere Art von Würde nennt sich akzidentiell und sie zeigt etwas anderes: die Kraft, mit der ein Planet sich in der Welt manifestieren kann. Es geht nicht darum, ob ein Planet so arbeitet, wie er es seiner Natur nach soll, sie zeigt nur, wie stark sein Einfluss in der Welt ist. Akzidentielle Würde ist *Quantität*, essentielle Würde ist *Qualität*. Wir können das einfache Schema unten benutzen, um den Grad der akzidentiellen Würde zu bestimmen.

Stark: Stellung in einem Eckhaus, im 11. Haus, schnelle Bewegung (nicht für Saturn), direkte Bewegung, keine engen Aspekte mit Übeltätern, Freude (siehe unten), Konjunktion mit den sehr guten Fixsternen *Spica* und *Regulus.*

Mittelmäßig: Platzierung in den Häusern 2, 3, 5 oder 9.

Schwach: Konjunktion oder Opposition mit der Sonne (verbrannt), rückläufig, Platzierung in den üblen Häusern 6, 8 oder 12, sehr langsame Bewegung (nicht für Saturn), enge Aspekte mit Übeltätern, Belagerung (Platzierung zwischen zwei Übeltätern), in Opposition mit dem Haus, in dem sich die Freude befindet, auf dem Übeltäter *Algol.*

Der Mond ist schwach, wenn er abnimmt, und stark, wenn er zunimmt. In der **Via Combusta**, der »verbrannten Straße« (die Zone von 15° Waage bis 15° Skorpion) ist der Mond auch geschwächt (nur der Mond!). Der Nordknoten weitet aus und stärkt. Eine Konjunktion mit dem Nordknoten ist im Allgemeinen positiv, wenn etwas allerdings der Signifikator einer Krankheit eine Konjunktion zu dieser expansiven Kraft bildet, dann ist das nicht gut. Der Südknoten wird Dinge verkleinern oder hemmen und das ist eher negativ.

Freude ist eine akzidentielle Würde, die von einer Platzierung in einem »guten Haus« herrührt, einem Haus, in dem der Planet sich von Natur aus wohlfühlt: Merkur im 1. Haus, der Mond im 3. Haus, Venus im 5. Haus, Mars im 6. Haus, die Sonne im 9. Haus, Jupiter im 11. Haus und Saturn im 12. Haus. Ein Planet in seiner Freude fühlt sich behaglich und hat daher etwas mehr Kraft, sich in der Welt zu manifestieren. Ein Planet in Opposition mit seinem Haus der Freude fühlt sich nicht wohl und ist daher geschwächt.

Eine sehr schädigende Schwächung ist die **Verbrennung** – eine Konjunktion mit der Sonne. Wenn der Orbis zwischen einem Planeten in Konjunktion mit der Sonne weniger als 8.30° beträgt, nennt man dies eine Verbrennung. Das schadet dem Planeten. Zwischen 8.30° und 17.30° Entfernung von der Sonne nennt man dies »unter den Strahlen der Sonne«. Das ist auch schwierig, aber lange nicht so schlimm wie eine Verbrennung (ein Planet in Domizil wird von der Verbrennung nicht geschädigt!). Es gibt noch einen speziellen Fall, ein Planet genau in Konjunktion mit der Sonne nennt sich **Cazimi** und das ist äußerst mächtig. Ein Cazimi-Planet ist nicht zu stoppen. Der Orbis für Cazimi beträgt nur 17.30 Bogenminuten, daher sehen wir es nicht oft.

Da gibt es auch noch die akzidentiellen Würden von **Hayz** und **Halb**, bezogen auf die korrekte Position eines Planeten in einem Horoskop, die den Planeten stärker macht. »Halb« heißt in der richtigen Hälfte des Horoskops. Die Tagesplaneten Saturn, Sonne und Jupiter sollten in einem Taghoroskop über dem Horizont und in einem Nachthoroskop unter dem Horizont stehen. Und genau gegenteilig gilt es für die Nachtplaneten Mond, Venus und Mars. Um in Hayz zu sein, was den Planeten akzidentiell stärker macht als nur in Halb, müssen die männlichen Tagplaneten nicht nur im richtigen Teil des Horoskops stehen, sie müssen auch in männlichen Zeichen stehen. Die nächtlichen weiblichen Planeten Venus und der Mond sollten in Halb und in femininen Zeichen sein, um in Hayz zu stehen. (Luft-Feuerzeichen sind männlich, Erde-Wasserzeichen sind weiblich.) Mars ist männlich und nächtlich, ein Merkur, der vor der Sonne aufgeht, ist täglich. Geht er nach der Sonne auf, ist er nächtlich. Hayz und Halb sind nur eine von vielen akzidentiellen Würden und ihre Bedeutung sollte nicht überschätzt werden.

Saturn, Jupiter und Mars werden akzidentiell stärker, wenn sie vor der Sonne aufgehen (östliche Position), während der Mond, Venus und Merkur stärker sind, wenn sie nach der Sonne aufgehen (westliche Position), und sie werden schwächer, falls es umgekehrt ist. In nördlicher Breite zuzunehmen (das heißt mit wachsender Sichtbarkeit am Himmel), macht einen Planeten stärker; wachsende südliche Breite schwächer. Das ist alles sehr verständlich, da akzidentielle Würde mit der Kraft zu tun hat, mit der man sich in der Welt manifestiert.

Sehr wichtig in der Astrologie sind Rezeptionen. Sie zeigen, welchen Effekt Planeten aufeinander haben und ob sie sich gegenseitig helfen oder ob sie sich schaden. Um diese Verbindungen festzustellen, brauchen wir die Tabelle der essenziellen Würden. Ein Beispiel wird zeigen, wie es funktioniert. Nehmen wir an, wir schätzen den Effekt von Merkur im Widder in einem Leben ein. Die wichtigsten Rezeptionen, die Merkur vom Widder aus macht, führen die Analyse des Horoskops weiter. Die allgemeine Regel, wenn man Rezeptionen analysiert, lautet, dass ein Planet in einem Zeichen einen positiven Effekt auf seinen Dispositoren und einen negativen Effekt auf die Planeten im Fall oder in Exil in diesem Zeichen haben wird. Also hat Merkur im Widder einen negativen Einfluss auf Venus (die ihr Exil im Widder hat) und Saturn (der seinen Fall im Widder hat). Sie wirkt positiv auf Mars (Zeichenherrscher von Widder) und die Sonne (die ihre Erhöhung im Widder hat). Rezeptionen wirken auch durch die schwächere Triplizität, Term und Gesichtdispositoren, aber diese Rezeptionen sind offensichtlich schwächer.

Durch das Netzwerk der Rezeptionen können wir alle diese Verbindungen zwischen den relevanten Signifikatoren systematisch auffinden, und wir sollten eine solche Analyse immer durchführen, bevor wir fortfahren.

Über den Autor

Oscar Hofman lebt in Gorinchem (Niederlande) und praktiziert alle Branchen der traditionellen Astrologie: medizinisch, Geburtsastrologie, Elektionen, Stundenhoroskope und Mundanastrologie. Er ist der Gründer der internationalen Schule der klassischen Astrologie und er bietet ein volles Trainingsprogramm in Traditioneller Astrologie (Stundenastrologie, Elektionsastrologie, Geburtsastrologie, medizinische und mundane Astrologie) in sechs Sprachen an, mit Studenten weltweit in mehr als 30 Ländern. Er unternimmt viele Reisen, um zu lehren, und hat Klienten in vielen Ländern der Welt. Er hat fünf Bücher geschrieben über Stundenastrologie in der Praxis, über medizinische Astrologie, Fixsterne und Mondhäuser, herausgegeben in sechs Sprachen. Er ist der erste europäische Astrologe, dessen Bücher ins Chinesische übersetzt wurde.

Er wird auch als einer der führenden Experten der Welt in klassischer medizinischer Astrologie angesehen. Im November 2007 erschien sein Buch über traditionelle medizinische Astrologie – die erste Publikation in diesem Feld seit 1677. Es wurde übersetzt auf Russisch, Französisch, Englisch, Griechisch, Chinesisch und Deutsch.

Oscar Hofman kann erreicht werden per E-Mail unter oshofman@xs4all.nl, über die Website (mit internationaler Agenda): www.pegasus-advies.com oder telefonisch 00-31-183-649405. Auf seiner Website schreibt er wöchentlich einen Blog auf Englisch und Französisch.

Literatur

Unglücklicherweise gibt keine Bücher über die westlichen Mondhäuser, die wirklich nützlich sind und die eine logische und vollständige Methode mit ausgearbeiteten Beispielen haben. Es gibt nur Informationen verteilt über mehrere Texte, einige davon habe ich unten erwähnt.

Al Biruni, *Elements of the Art of Astrology* (1029), Ascella, London, England, Facsimile aus dem Jahr 1934.

Titus Burckhardt, *Mystical astrology according to Ibn Arabi,* Louisville, 2001.

Titus Burckhardt, *Sacred art in East and West,* Fons Vitae, Louisville 2001.

John Frawley, *Die Wahre Astrologie,* Bad Kreuznach 2008.

John Frawley, *Die Wahre Stundenastrologie,* Stromberg 2009.

John Frawley, *Die Wahre Astrologie Angewandt,* Düsseldorf 2012.

René Guénon, *Symbols of Sacred Science,* Hillsdale 2004.

René Guénon, *Traditional Forms and Cosmic Cycles,* Hillsdale 2001.

René Guénon, *The Symbolism of the Cross,* Hillsdale 2001.

René Guénon, *The Reign of Quantity and the Signs of the Times,* Hillsdale 2001.

René Guénon, *Spiritual Authority & Temporal Power,* Hillsdale 2001.

René Guénon, *The King of the World,* Hillsdale, 2001.

René Guénon, *The Esoterism of Dante*, Hillsdale, 2001.

René Guénon, *The Great Triad,* Hillsdale, 2001.

Oscar Hofman, *Die Fixsterne im Horoskop – Mythologie, Mondhäuser und Konstellationen,* Tübingen 2016

Wiliam Lilly, *Christliche Astrologie*, Tübingen 2001.

Marcus Manilius, *Astronomica – Astrologie,* Stuttgart 1990.

Henry Cornelius Agrippa of Nettesheim – *Three Books of Occult Philosophy,* St Paul, 1997.

Ptolemaeus, *Tetrabiblos*, Tübingen 2012.

Vivian Robson, *Fixsterne,* München, 1990

Christopher Warnock, *The Mansions of the Moon,* ohne Ort., 2010.

Standardwerke der Astrologie

Oscar Hofman

Die Fixsterne im Horoskop

Mythologie, Mondhäuser und Konstellationen

320 Seiten, Hardcover,
6 Abbildungen
ISBN 978-3-89997-238-2

Für die Betrachtung der Fixsterne haben die Sternbilder und die mit diesen verbundenen mythologischen Geschichten eine zentrale Bedeutung. Denn darin zeigt sich, mit welcher Situation der Horoskopeigner verwoben ist. Die Fixsterne berühren das Horoskop und das Leben durch die Konjunktion mit einem Planeten, einer Hausspitze oder einem arabischen Punkt. Oscar Hofman zeigt die Wege der Deutung und beschreibt alle Konstellationen. Ebenso behandelt er die wichtigsten Einzelsterne und deren Wirkungen. Auch die sogenannten Mondhäuser sind eng mit den Fixsternen verbunden und werden in die Deutung integriert. Abgerundet wird das Buch durch 25 ausführliche Fallstudien und einen praktischen Anhang mit allen Fixsternen.

»Egal welche Art der Horoskopdeutung man für sich bevorzugt, ob klassisch oder modern, ob psychologische oder realistisch, tropisch oder siderisch, dieses Buch lohnt sich auf jeden Fall, da es das eigene Deutungsspektrum erweitert und vor allem bereichert.« Meridian 3/2016